高等学校广告专业系列教材

# 广告调查

Guanggao Diaocha

黄京华　编著

高等教育出版社·北京

内容提要

本教材是配合高校广告学、市场营销学及相近专业的"广告调查"课程而编写的。

本书以学以致用为目的，在讲解广告调查相关概念的基础上，重点讲述了广告调查和广告研究的几种常用的基础方法，包括二手资料收集、问卷调查法、访谈法、观察法和实验法。对于每一种方法的讲解均从概念入手，以方法的操作为核心，最后落实于应用。同时，也关照到新媒体环境对广告行业的影响，拓展介绍了相应的新的广告调查与研究方法。教材中案例和思考题的设计也有利于帮助读者完成理论到实践的转换，促使读者从学习者变为应用者。

本书适用于广告学、市场营销学等相关专业的本科生教学，也可作为相关专业研究生学习参考书。

**图书在版编目（CIP）数据**

广告调查／黄京华编著. --北京：高等教育出版社，2015.5（2024.5重印）
ISBN 978-7-04-042215-3

Ⅰ.①广… Ⅱ.①黄… Ⅲ.①广告-调查-高等学校-教材 Ⅳ.①F713.8

中国版本图书馆 CIP 数据核字(2015)第037834号

| | | | | | | |
|---|---|---|---|---|---|---|
| 策划编辑 | 沈浮郡 | 责任编辑 | 沈浮郡 | 封面设计 | 赵 阳 | 版式设计 杜微言 |
| 责任校对 | 陈旭颖 | 责任印制 | 刁 毅 | | | |

| | | | |
|---|---|---|---|
| 出版发行 | 高等教育出版社 | 咨询电话 | 400-810-0598 |
| 社　　址 | 北京市西城区德外大街4号 | 网　　址 | http://www.hep.edu.cn |
| 邮政编码 | 100120 | | http://www.hep.com.cn |
| 印　　刷 | 涿州市京南印刷厂 | 网上订购 | http://www.landraco.com |
| 开　　本 | 787mm×960mm　1/16 | | http://www.landraco.com.cn |
| 印　　张 | 14.25 | 版　　次 | 2015年5月第1版 |
| 字　　数 | 240千字 | 印　　次 | 2024年5月第6次印刷 |
| 购书热线 | 010-58581118 | 定　　价 | 30.20元 |

# 前　言

　　本书是高等教育出版社广告专业系列教材中的一本广告实务类教材。契合教材的定位，这本《广告调查》旨在讲清楚基本的广告调查操作方法，并对各种方法的适用范围和应用方向做较为详尽的解读，使读者能够学以致用。

　　为此，本教材的内容和结构作如是设计：选取的内容包含三个层面，一是，广告调查的概念、流程和相关知识准备；二是，讲解包括问卷调查法、访谈法、观察法和实验法在内的几种主要的调查方法；三是，通过综合性的应用案例对所讲述的几种调查方法的综合应用加以阐释，并对其他调查方法及其应用略作拓展。对于调查方法的讲解循序渐进，从定义或概念入手，重点讲述其操作方法和应用范畴，以实际的应用案例收尾。相应的应用案例，既包括站在调查实施的立场上对调查方法进行讲解和说明的案例，也包括从应用的角度说明在广告和营销运作中调查的作用以及如何根据不同的广告或营销需求选择适用的调查方法的案例。同时在传统的调查方法中增添相关的网络和新媒体方面的内容，包括以网络为工具或技术平台的调查方法的介绍，以及应用于网络的调查方法及案例。手机等新媒体的相关内容则以案例或资料链接的形式呈现，启发读者探讨调查方法如何利用新媒体以及如何应用于新媒体等方面的问题。

　　本教材共九章，前三章可算作基础篇，分别概述了广告调查的基本概念、操作及管理流程和与调查相关的预备知识。第一章主要对什么是广告调查、为什么要进行广告调查、广告调查的发展及主要方法、做广告调查时需要注意的问题进行探讨。第二章对广告调查的流程、方案设计和实施管理进行整体梳理。第三章对广告调查中的抽样技术、问卷设计、数据分析和报告撰写这几个专业性较强的重要环节所涉及的相关概念和专业知识进行讲解。第四章相对独立，讲解二手资料的收集与应用，主要介绍二手资料的概念与重要性、二手资料的收集方法和获取途径、二手资料的应用范畴、二手资料的应用案例等。第五至七章是方法篇，从概念、操作方法、应用范畴和应用案例等方面讲解了四种主要的调查方法。第五章讲解定量调查的代表性方法——问卷调查法，第六章讲解定性调查的典型方法——访谈法，第七章是观察法，第八章是实验法。第九章是应用篇，通过列举并分析消费者研究、媒体评估和广告效果研究方面的综合性应用案例，对各种调查方法的综合应用加以阐释，并围绕相关的应用启发和引导读者学习更为丰富的调查方法。

本教材适用于广告学专业和市场营销学等相关专业的本科生教学，也可以作为相关专业研究生学习的参考书。为便于读者阅读，在每章前面列举了学习要求和关键词，末尾配有思考题，对文中部分内容附有拓展性的资料链接。教师可根据实际教学的需要对相应内容酌情取舍。建议读者研读案例时，既要学习它的基本操作方法和应用思路，更应该带着反思和批判的观念，指出不足之处，并寻求可行的解决方案。对思考题不仅仅停留在"思考"层面，还应尽可能地实际去"做"，这样才能达成本教材"学以致用"的初衷。

由于种种主观客观的原因，这本教材的编写工作时断时续，陆续有一些广告学院的研究生参与了资料收集、部分案例和章节的初稿撰写工作：唐莉莉、刘甜甜、章慧、滕藤和廖慧查阅市场调查行业资料；唐莉莉撰写全球市场调研规模资料链接的初稿；刘甜甜整理翻译广告调查行业规范的部分内容，整理撰写国家统计局资料的初稿；贾洪芦整理益普索的案例资料；朱琛撰写问卷举例、综合案例2和综合案例3的初稿；王笛撰写第七章观察法的部分初稿。陈柏霖、王琦、崔浩、王罡、张尚娟、王晃、郭潇雨、姚琪钰、刘鹏、杨春玲和周世佳也帮助收集了部分资料。还有宋春侠女士帮助整理打印资料。艺术设计系研究生朱欣意设计了本书封面。其他对这项工作提供各种帮助的同学和老师，不再一一列举。感谢你们！

在高等教育出版社武黎和沈浮郡两位编辑耐心而坚定的催促之下，本教材得以在2014年年底完成，在此对她们表示深深的敬意和感谢！

# 目　录

# 第一章 绪论

## 学习要求

了解广告调查的定义、内容和分类；理解广告调查与市场调查的关系；理解广告调查的概念、广告调查在广告活动中的作用和主要应用领域、广告调查方法在新媒体环境下的拓展和新的应用范畴。同时，认识调查中所涉及的道德伦理问题。

## 关键词

市场调查、广告调查、调查伦理

本教材讲授的是关于广告调查的相关知识，重点讲授广告调查的各种方法和应用。那么，什么是广告调查或者说广告调查是什么？为什么要进行广告调查？如何做广告调查？做广告调查时需要注意什么问题？读者需要对这些问题形成基本的认识，以构建关于广告调查的知识结构体系，作为深入学习后续内容的基础。

## 第一节 什么是广告调查

广告调查由两个关键词构成，一是广告，二是调查，不过重点还是在调查。因此在给出广告调查的定义之前有必要回顾广告和调查的相关概念。

### 一、市场调查的概念

"调查"的字面意思是为了了解情况进行考察。给"调查"加上不同的定语，可以指在不同领域内实施的调查活动或行为，如社会调查、民意调查、市场调查等。广告调查则主要引申自市场调查的概念。

狭义的市场调查主要指市场营销中的调查，如由美国市场营销协会提出的市场调查的概念：

市场调查是一种通过信息将消费者、顾客和公众与营销者连接起来的方法。这些信息用于识别和确定营销机会及问题，产生、提炼和评估营销活动，监督营销业绩，改进人们对营销过程的理解。市场调查规定了解决这些问题所需的信息，设计收集信息的方法，管理并实施信息收集，分析结果，最后要沟通所得的结论及其意义。[①]

而广义的市场调查的概念等同于"调查"的概念，可作为社会调查、民意调查，以及狭义的市场调查的统称：

市场调查就是用科学的方法、客观的态度，以人们的意见、观念、习惯、行为和态度为调查研究的主要内容，有效地收集和分析有关信息，从而为管理决策部门制定有关的战略和策略提供基础性的数据和资料。[②]

这一宽泛的定义，包含以下几层意思：

1. 利用市场调查的不仅可以是企业、公司等营利机构，还可以是政党、政府、机关、学校、医院和社会团体等机构的管理决策者或个人。

2. 市场调查的内容可以是涉及具体的习惯或行为，如常见的媒介接触习惯和对商品品牌的喜爱等，也可以是抽象的概念，如人们的理想、信念、价值观和人生观等。

3. 市场调查的对象可以是消费者，也可以是机构或者组织的代表。

事实上，目前国内外调查业的发展，已将市场调查、民意调查和社会调查等逐步融为一体。究其原因，一方面在于这些调查研究领域之间存在着交叉与重合，另一方面在于这些不同研究领域的调查在调查方法上基本是相通的，没有本质的差别。不同研究领域在调查方法上的区别只是针对不同的研究对象和研究内容在通用方法的基础上发展出各领域独特的方法。因此，也可以从广义的角度来理解市场调查的概念。相应的，对广告调查概念的理解也不要仅仅局限于狭义的市场调查的含义。

## 二、广告调查的概念

### （一）广告运作中的调查

广告由一系列有组织的活动构成。从广告的发起、规划，到执行的全过程，被称作"广告运作"。在广告运作过程中，广告主、广告代理商和广告媒介密切合作，环环相扣，分别扮演不同的角色，承担不同的任务，形

---

① 黄升民、黄京华、王冰：《广告调查》（第 2 版），中国物价出版社 2002 年版，第 9 页。
② 李小勤：《市场调查的理论与实践》，暨南大学出版社 1999 年版，第 9 页。

成现代广告最为基本的运作模式，并遵循以下的一般程序：

广告主依据营销战略和计划制订总体的广告战略和广告计划，包括广告目标、广告费用预算、广告时机和广告规划等。

1. 进行市场调查与分析。包括总体的市场构成、同类产品和竞争对手的情况、消费和消费者情况等。这一环节有时由广告主委托调查公司进行，有时则由广告代理公司纳入广告策划环节中进行。

2. 进行广告策划。主要由广告代理公司进行，包括依据营销战略制定具体的广告战略与策略、制订具体的广告运作或广告活动计划。

3. 进行广告创意。主要由广告代理公司或下游机构进行，负责将广告信息转化成富有创意的广告表现。

4. 进行广告设计制作。主要由广告代理公司或下游机构进行，主要负责将创意过程中产生的广告表现策略转化成具体的广告作品。

5. 实施广告战略与策略和发布广告作品。广告战略与策略的实施主要由广告代理公司负责，广告发布则由广告媒介负责。

6. 测定广告效果和收集反馈。主要是对广告效果进行测定，并将相关信息反馈给广告主。由广告代理公司或专门的调查机构负责。

广告运作的本质是信息的采集、加工和传播的过程，广告运作的特性是需要对多种未知因素进行把握和确定。从上述广告运作的内容可见，在其中的多个环节都需要进行"调查"活动以保证广告运作的有效性：

为了制订适用的广告战略和广告计划，需要进行充分的市场调查，以明确广告目标市场，调查可能包括对消费者类型的区分，对市场状况或市场潜力的了解，以及对市场竞争情况的分析等。

在广告策划过程中，需要对竞争品牌和媒体进行深入的了解，也需要作相应的调查，以制定明确的广告目标，选择恰当的广告策略。

广告创意过程中的创意或文案测试，媒体投放时对媒体的评估，都属调查范畴。

若对广告效果进行科学客观的评价，更需要专业的调查手段作保证。

新媒体环境下，新媒体传播即时、互动、社区化等方面的特性导致广告的运作模式变得多样化，信息采集、加工和传播的过程和方式也更为复杂，对调查提出了新的需求：对线上和线下市场的了解与评估、传统媒体和新兴媒体的测评、网络人际传播的效果评价，乃至大数据的分析解读，等等。

### （二）广告调查的定义

如前文所述，广告运作过程涉及大量的调查活动，这些调查活动虽然在方法和技术上与市场调查一致，但其应用范围限定于广告运作的各个环节，有其独特性，由此发展出广告调查的概念。在日本电通公司的《广告用语事典》中，广告调查的定义是：广告调查是指伴随着广告活动所进行的一切调查活动。它包括：为发现或决定广告的诉求点而做的调查；为购买者显在化而做的调查；媒介的量的调查；关于媒介特性的调查；媒介的接触率（如视听率、注目率等）的调查；商品或企业形象的调查；广告影响力（冲击力）的测定调查；购买动机的调查；关于投入市场的广告量的调查等。[①] 在《现代广告通论》（第2版）中，广告调查被定义为：广告调查是系统的信息收集和分析活动，它提供广告决策所需的相关信息，帮助广告公司制定或评估广告战略，并对广告效果做出评价。[②]

从上述广告调查的定义可见，广告调查是根据广告运作流程各个环节的需要所进行的调查活动，是广告运作流程各个环节得以顺利进行的基础和保障。广告调查所提供的有关市场、媒介和广告效果等方面的信息是广告运作的科学依据。

广告调查与市场调查的区别在于：广告调查所涉及的内容，主要与广告运作的内容相关联，其目的服从于广告运作的需要；而市场调查所涉及的内容更为宽泛，其目的服从于市场营销的需要。就调查方法而言，两者并无本质区别。因此，从不同的视角出发，广告调查既可以被看做是市场调查的一部分，也可以与市场调查比肩并列，但总体来说两者在方法上是一致的，无须特别加以区分。

### （三）广告调查的作用

广告调查贯穿于广告活动的整个过程。在广告活动不同时期所做的调查，所要解决的具体问题和所起的作用有所不同：

#### 1. 广告战略调查

广告战略调查帮助广告公司明确广告活动针对的目标市场、目标市场中消费者的特征与偏好、市场竞争状况、品牌在消费者心目中的形象以及对该类产品而言重要的因素等。广告战略调查通常在广告活动的初期进行，

---

① 黄升民、黄京华、王冰：《广告调查》（第2版），中国物价出版社2002年版，第26~27页。
② 丁俊杰、康瑾：《现代广告通论》（第2版），中国传媒大学出版社2007年版，第3~4页、第213~219页。

决定广告"对谁说"和"说什么"的问题。

2. 广告创意概念调查

一旦制定了广告战略，接下来的工作就是确定广告创意概念。在创意概念未产生之前，可通过试调查寻找关键信息。广告创意概念调查通常在广告活动的初期或中期进行，决定广告"说什么"和"如何说"的问题。

3. 广告媒介调查

广告媒介调查是广告调查的一项重要内容。企业支出的广告费大部分都花在媒介版面和媒介时间的购买上，因此媒介调查在广告调查中举足轻重。媒介调查包括目标受众的媒介接触习惯、媒介种类（如报纸、电视、网络、户外等）、具体的媒介载体（指具体的某个节目或者某个刊物）、媒介的版面和时间、媒介价格和媒介排期标准等。广告媒介调查通常在广告活动的初期或中期进行，决定广告"在哪里说"的问题。

4. 广告效果调查

广告效果调查分为事前测定、事中测定和事后测定。广告效果的事前测定，就是在广告计划实施之前，先对广告作品和广告媒介组合进行评价，预测广告活动实施以后会产生怎样的效果；广告效果的事中测定是在广告正式发布之后直到整个广告活动结束之前的广告效果的测定；广告效果的事后测定是在广告活动全部结束之后的总体评价。广告效果调查有可能贯穿整个广告活动的不同时期，决定广告"结果如何"的问题。

### 三、广告调查发展略述

1879 年，美国的 N. W. 艾尔父子广告公司承担了首次正式的调查项目，是最早进行调查的广告公司。

早期的学者，几乎把广告调查与广告效果测定视为同义语，广告效果测定从 1900 年开始即受到瞩目。

从 1900 年到 1960 年，有关广告效果的测定几乎全部属于心理学范畴，当时许多研究人员以实验心理学的方式来测定广告效果。那一时期的一些广告著作中所提及的广告研究部分，偏重于广告文案调查，而且都在实验室里进行。如：1900 年盖尔（H. S. Gale）的《广告心理学》，1903 年斯克特（W. D. Scott）的《广告心理学》，1913 年霍灵沃斯（H. L. Hollingworth）的《广告与销售》，1941 年丹尼尔·斯塔克（Daniel Starch）的《广告原论》等。到了 1932 年，丹尼尔·斯塔克首先发起了印刷媒体的阅读率调查。而 1930 年前后，广告效果的测定除了引进社会调查的技巧外，也开始采用机器调查法。

从 1961 年到 1968 年，广告被视作传播的一部分，因此以测定传播效果的手法，作为广告效果测定的模式。1961 年，考利（R. H. Colley）开发了著名的 DAGMAR 法则（Defining Advertising Goal for Measured Advertising Results）。

从 1969 年开始，广告效果测定提升到测定广告对销售的影响度。1969 年坎贝尔（R. H. Campbell）的《广告对销售商品及利润的效果测定》一书，即是其中的代表作。事实上，目前有关广告效果的测定几乎都被纳入了市场调查的领域。而随着市场调查渗透到有关广告活动的各个环节，广告调查概念的外延也得到了相应拓展。

### ● 资料链接：2012 年全球市场调研营业额增至 391 亿美元[①] ●

欧洲民意与市场调查协会（ESOMAR）2013 年度的全球市场研究报告称：全球市场调研营业总额增长至 390.84 亿美元，同比增长 3.2%，按通货膨胀率修正后仍可保持 0.7% 的增长比率。总的来说，亚太地区、非洲和拉丁美洲地区的强劲表现使其成为推动 2012 年调研行业全球增长的主要力量，其他地区则表现为负增长或增长缓慢。

◇ 报告扩大了市场定义，将咨询服务领域纳入市场调研行业，将此前测量的市场规模额外地增加了 15%，如今全球行业价值接近 400 亿美元。

◇ 受欧元区经济低迷影响，欧洲 21 个市场呈现下滑趋势。然而，德国继续保持逆转趋势，实现 5.8% 的增长。欧洲地区营业额为 156 亿美元，同比增长 1.4%，按通货膨胀率修正后净下降 1.2%。

◇ 北美调研市场实现连续三年增长，但受经济复苏停滞不前的影响，其净增长率降至 0.4%。北美地区营业额增至 145 亿美元。

◇ 拉丁美洲，增长率上涨 5.6%，达 19 亿美元，使其成为市场调研行业 2012 年表现最佳的地区。

◇ 上一年增长最快的亚太地区依然呈现出强劲的增长，这很大程度上归功于日本经济的复苏，亚太地区的营业额上涨了 4.8%，达到 63 亿美元。

---

① < GLOBAL RESEARCH REVENUES INCREASE TO US ＄39.1 BILLION IN 2012 >，载欧洲民意与市场研究协会（ESOMAR）官方网站，HTTP://WWW. ESOMAR. ORG/NEWS – AND – MULTI-MEDIA/PRESS – ROOM/PRESS – RELEASES. PHP？PAGES ＝ 1&KEYWORDS ＝ GLOBAL RESEARCH REVENUES INCREASE&SUBJECT ＝ &FILTER_START_DATE ＝ &FILTER_END_DATE ＝ &X ＝ 45&Y ＝ 13&IDPRESS ＝ 72.

◇ 受外国投资进一步增加的影响，非洲的营业收益增长了 4.8%，达 3.99 亿美元。

◇ 中东地区营业总额下降了 4.3%，降至 2.65 亿美元，持续动荡的局势和国际制裁导致市场调研行业投资信心的不足。

## 第二节　广告调查的方法

从不同的视角出发，可以对广告调查作出不同的分类，并对应于不同的调查方法描述。通常可以从所要研究和解决问题的性质、调查对象的特点、调查的组织形式、调查资料的来源或获取方式，以及调查执行的方式等不同的角度对广告调查加以分类。其中，资料来源的性质和调查执行的方式是广告调查具体实施时的关注重点，因此也是本书介绍广告调查方法时的两个主要切入点。

### 一、案头调查和实地调查

按照资料来源不同可将广告调查分为案头调查（Desk Research）和实地调查（Fields Survey）两种。

案头调查也被称为二手资料收集和二手数据分析，是收集已有的资料、数据、报告或已发表的文章等有关的二手信息，并加以整理和分析的一种广告调查方法。

实地调查与案头调查不同，实地调查以收集原始资料为目的，致力于获取一手的资料或数据。实地调查的基本流程是在制订严谨详细的调查计划基础上，由访员直接向受访者收集资料或数据，并对收集的资料和数据进行整理和分析，最后做出完整的报告。

### 二、实地调查方法及分类

实地调查以收集原始资料为目的，根据其调查实施的方式不同可将其分为观察法、调查法和实验法。观察法是指不通过提问或交流而系统地记录人、物体或事件的行为模式的过程。而调查法则是通过问卷或访谈收集所要了解信息的方法。实验法是指从影响调查问题的众多因素中选取一个或几个因素（即自变量），将它们置于一定的条件下，对因素进行改变，观察这些因素的改变对其他因素，即对因变量有什么影响，分析自变量和因变量之间是否存在因果关系。其特点是，在实验法中研究人员不是被动的数据收集者，而是研究过程的积极参与者。

需要注意的是在有些阐述广告调查方法的论著中，就将原始资料的收集方法统称为调查法。这样的概念虽然简单，但却不利于各种研究方法的学习和应用。也有将实验法单独区分，将非实验法称为调查法的情况。

## 三、定性调查和定量调查

对于实地调查，按照调查执行的方式可将广告调查分为定量调查（Quantitative Research）和定性调查（Qualitative Research）两大类。其本质在于调查执行的方式不同，所获取资料的性质有所区别：所获取的资料具有数量意义，并且在分析时侧重资料的数据描述和解读，其所对应的就是定量调查。否则，即为定性调查。因此，研究者为了获取不同性质的资料，会选择不同的调查执行方式。

在对实地调查执行方法不同划分的前提下，定性调查和定量调查所指涉的具体调查方法不尽相同。当调查法的概念不包含观察法和实验法时，定性调查意指以小样本为基础的无结构的、探索性的调查研究方法，主要包括小组访谈（Focus Group Interview）、深度访谈（In－depth Interview）和投射法（Projective Technique）等方法。定量调查则意指能够收集量化特征资料的各种具体的调查方法，主要是指用不同方式执行的问卷调查方法，如面访调查（Face－to－face Interview），邮寄调查（Mail Interview），电话调查（Telephone Interview），网络调查（Online Interview）等。

当调查法作为原始资料收集方法的统称时，前面所述的实验法被归为定量调查方法，观察法大体上被归为定性调查方法。对于有些以记录被观察对象数量特征为主要目的的观察法，则应该归为定量调查方法。

## 四、广告调查的其他分类

按照调查所要研究和要解决问题的性质可将广告调查分为探索性研究（Exploratory Research）、描述性研究（Descriptive Research）、因果关系研究（Causal Research）和预测性研究（Predictive Research）。探索性研究的目的是提供资料和数据以帮助研究者认识和理解所面对的问题，常常用于大规模的正式调查之前，帮助研究者将问题定义得更准确，为调查方案设计、问卷设计提供更为明确的思路。描述性研究的目的是描述总体市场的特征和功能，一般以有代表性的大样本为调查基础。描述性研究的特点是事先制定好具体的假设，事先设计好有结构关系的方案。因果关系研究的目的是获取与所研究问题有关的起因与效果之间关系的证据。预测性研究的目的在于掌握市场机会，制订有效的营销计划，通常在因果关系研究的基础上进行。

按照调查对象的不同可将广告调查分为消费者调查（Consumer Research）和非消费者调查（Non‑consumer Research）两类。两者的区别在于前者的调查对象是具有消费行为的人，也就是消费者，这里的消费者涵盖了媒介消费者——受众。后者的调查对象为消费者以外的其他对象，即调查对象不是以一般消费者的身份，而是以政府、各类机构和企业代表的身份参与调查。

按照调查的组织形式可将广告调查分为专项调查（Ad Hoc Research）、连续性调查（Continuous Research）和搭车调查（Omnibus）。专项调查一般是指受某个客户（企业或组织）委托，针对某些问题进行的一次性调查，即从给定的总体中一次性的抽取样本进行调查，并且只从样本中获得一次性信息的调查。连续性调查一般指的是对一个（或几个）固定的样本进行定期的、反复的调查。样本中的被调查者（个人或者是机构）一般不随调查时间的变化而变化。如消费者固定样本组（Panel）调查或其他固定组调查，连续的跟踪调查和品牌测试，零售研究（Retail Scanning），连续性的媒介研究等都属于连续性调查的范畴。搭车调查是指多个客户共同利用一个样本进行调查，根据各个客户搭车调查问题的数量和类型，决定客户需要支付的费用。

按照调查是否借助网络平台展开实施，可将广告调查分为线上调查（Online Research）和线下调查（Offline Research）。线上调查或称为网络调查，一般是指利用网络平台完成传统调查中从问卷的发布、填答、数据分析，到形成调查报告的完整过程或部分环节。随着移动互联网的发展，互联网的众多应用拓展至移动互联网，线上调查的概念也延伸至移动互联网。与线上调查相对应，线下调查是指不借助互联网或移动互联网的平台所做的调查，包含传统意义上的各类调查形式。

另外，还可以按照调查的内容、调查的是文本还是人员等，区分出不同产品的调查、文案调查等，在此不一一赘述。

## 第三节　广告调查的伦理与规范

广告调查在运作过程中，常常需要在信息获取的效率和遵守社会伦理与规范之间找到平衡点，其从业人员应具备一定的道德素养和职业操守，以维护消费者和其他利益相关者的权益。随着互联网技术和其他互动多媒体的开发和使用，相应的问题正变得日益复杂和重要。有关的行业协会在制定行业规范，引导和监督会员遵守相关规范上起着主导作用。

## 一、行业规范

任何行业都要遵循一定的行业规范，市场调查行业由于其以信息收集为主要目的的行业特性，其行业规范尤其重要且具有一定的独特性。国内外的调查行业规范在遵守相应国家法律的前提下，主要以行业协会为主导制定自律性的规范条款，要求会员遵守和执行。如国际商会（ICC）和欧洲民意与市场调查协会（ESOMAR）共同制定了《市场研究与社会调查国际准则》[①]，并建议在全球范围内应用这一调查从业人员自我约束性的法规。法规主要基于下列原则作出相应的行业规范：

1. 市场调查人员必须遵守所有相关的国家和国际法律法规。

2. 市场调查人员必须遵守职业道德，不做任何可能有损市场调查行业声誉的事情。

3. 市场调查人员在对儿童和青少年开展调查活动时，必须对其采取特殊照顾。

4. 受访者接受访问应出于自愿且同意参与，调查活动的前提必须是充分了解调查项目的目的和本质且没有受到任何误导。受访者所有有关调查的言论都应该受到调查人员的尊重。

5. 市场调查人员应尊重受访者的个人权利，受访者不应因参与市场调查项目受到伤害或不利影响。

6. 市场调查人员不得将在市场调查项目中收集到的个人信息用于市场调查以外的其他目的。

7. 市场调查人员应确保调查项目和活动的设计、实施、报告和记录准确、透明和客观。

8. 市场调查人员应遵守公认的公平竞争原则。

---

① 《ICC/ESOMAR 市场研究与社会调查国际准则》，载中国市场信息调查业协会官方网站，http: //app. camir. org/enterprise/jsp/templet/browse/TempletRecordShow. jsp? appHostName = app. camir. org&BrowseTID = 314&baseDn = page%3D16639%2Cou%3D16232%2Cou%3D15857%2Cou%3D15843% 2Cou%3DData%2Cou%3Dcamir. org%2Co%3Deast&domain = camir. org&definePk = 15843&templetID = 328&recordDetailTid = 326&sysLanguage = cn.

美国调查研究组织 CASRO 要求其会员严格遵守 CASRO 设立的"调研标准和道德规范"（Code of Standards and Ethics for Market, Opinion, and Social Research）①，这是一个严格的全球通用的标准，该标准也是调查行业的一个基准。其中，分别对受访者的责任、对客户的责任、向客户和公众报告时的责任以及对外部承包商和访员的责任做出了详细和明确的规定。

对受访者的责任中，关于保密性和隐私保护有明确的要求和说明。在关于保密性的条款中，强调"受访者是调查研究行业的命脉，对于其个人信息的保护是至关重要的，不得随意将其信息透露给第三方，包括客户和公众，除非受访者自己主动要求或允许信息公开。"同时也对一些无须保密的特定情况，以及特殊的应用和相应的保障措施进行了规定和说明。

有关受访者隐私和避免骚扰的相关规定，所遵循的基本原则是，调查研究机构要在调查研究与受访者个人信息之间做出平衡：首先确保受访者不受任何不必要的骚扰；其次由于受访者与访问者是自愿合作的性质，应明确规定自愿合作的范围。具体条款如下：

1. 研究机构、分包商和访谈主持人应尽一切合理的努力，确保受访者理解访问者/受访者合作的目的。

（1）访问者/研究公司必须提供真实可靠的有关自身和公司关系的证明。

（2）访问者/研究公司应得到真实直观的答案。

2. 欺诈行为和虚假陈述，如利用研究的幌子以达到销售或招揽目的，是明令禁止的。

3. 调查研究机构必须尊重个人的权利，受访者有权拒绝接受采访或终止正在进行的采访。侵犯这些权利的技术不应该被采用，但调查研究机构可能会做出合理的努力以确保访谈进行，包括：（1）解释该研究项目的目的；（2）提供足够的礼物或金钱奖励以促进合作；（3）受访者最初不愿意参加时在不同时间多次与此受访者接触。

4. 调查研究机构安排受访者在其方便的时间进行访谈。

5. 冗长的访谈可能是一个负担。调查研究机构应根据研究需要来调整访谈时间，以免受访者因长时间访问而引发误答。

6. 调查研究机构有责任开发相应的方法，以尽量减少涉及敏感问题时

---

① *Code of Standards and Ethics for Market, Opinion, and Social Research*，载美国调查研究组织（CASRO）官方网站，http://www.casro.org/? page = TheCASROCode2014.

受访者的不适和担心。

7. 为充分了解受访者，可以使用电子设备（录音、录像、拍照）和单面镜房间。

在此基础上，专门对网络调研中涉及的隐私保护问题，做了详尽的阐述，同时还就如何遵守隐私保护的相关法律法规作出说明。

对客户的责任中，强调调查研究机构与客户之间应该保有相互信任和彼此尊重的关系，并据此规定了调查研究机构以诚信和保密为原则维护这种关系的具体方法。向客户和公众报告时的责任中，规定了以准确无误地描述调查数据为目的的，所必须报告的相关调查信息。对外部承包商和访员的责任规定调查研究机构不能要求任何外部承包商和访员从事违背该"调研标准和道德规范"相关规定的活动。

## 二、网络调研中的隐私权保护

对受访者隐私权的保护是市场调查行业的基本规范之一。随着网络的普及，各种网络应用渗透到人们生活的方方面面。人们在享受网络所带来的种种便利的同时，也日益承受着由网络的虚拟性、隐匿性、流动性以及无国界性所带来的对隐私权的威胁。由此隐私权在网络环境下延伸为网络隐私权。

网络隐私权，简单说，是指网络上未明确声明允许公开的所有的有关个人的信息和数据，不被非法收集、公开、侵犯和利用的权利。一般包括以下几方面内容：诸如姓名、年龄、血型、种族、通讯地址、健康状况、个人爱好、职业、交易程度、个人信用和财产状况等个人资料被收集的知情权；对个人计算机的个人资料的保护和对网上通信内容等个人私事和个人领域的保护权，以及选择是否进行信息披露的最终决定权；保护权利主体不受网络不当披露个人资料的安全请求权，以及有权浏览自己的被收集的信息并对记录错误的内容进行更正的权利；保护权利主体对个人隐私的正当利用，排除他人非法利用，有对被侵犯隐私所造成损失的求偿权。

目前，网络上隐私权被侵犯的形式主要有：网络服务商对个人资料及个人活动的侵害；通过 Cookies 和电脑硬件、软件系统窥探个人信息的行为；公司对职员网络监视的行为；政府对网络的监控行为；电子邮件的侵权行为；网络论坛中的隐私被泄漏和利用的问题；黑客攻击中的隐私问题等。

具体到网络调研中隐私权的保护，如前所述，在美国调查研究组织CASRO 设立的"调研标准和道德规范"中，专门对网络调研中涉及的隐私保护问题，做了详尽的阐述。国内也有专门的行业标准就网络调研中的隐私保护问题提出规范。在中国市场调查协会发布的"中国网络市场调研行业工作标准"① 中，要求研究者必须避免非必要的侵扰网络受访者隐私的行为。在受访者未知或者未经受访者允许的情况下，研究者不能将受访者的个人信息透露或出售给第三方。样本库会员所提供的各类信息未经本人许可，样本库所有者不得以任何借口及形式泄露、出售给第三方。研究者应该主动在自己网站上的明显位置发表隐私权保护声明。样本库所有人在招募样本库会员时须首先与会员签订隐私权保护协议。

研究者应制定隐私保护政策并且准备隐私声明以叙述该项政策。这一声明应尽可能形成一个链接并被设置于每一个网络调研项目中。此项文件的目的就是给予受访者有关隐私保护权的指导。隐私声明的标准条款如下：

◇ 声明是谁在做调查——研究者可以提供一个超链接至研究者的主页以使受访者获取更多信息。

◇ 研究者保证在所有情况下受访者的身份和他们的答案将被视作机密并将只用于研究目的。除非获得受访者或研究最终客户的明确许可，否则该信息将不会被透露或出售给第三方。

◇ 不得误导会员——在与会员的合作中，研究者将不会就调查或研究目的及研究结果的用途误导会员。

◇ 自愿——像所有形式的市场和民意调查一样，样本库会员的合作永远必须是基于自愿基础上的。

◇ 未成年人——明确告知有关如何访问未成年人的方法。例如：在研究涉及未成年人时，研究者将遵守我国现行的《中华人民共和国未成年人保护法》和联合国 1998 年颁布的《未成年人网络隐私权保护法（COPPA）》，并在调研开始之前寻求父母或法定监护人的许可。

◇ 如何与研究者联系——例如：研究者将提供一个电子邮件地址和/或电话号码给受访者，以便受访者与研究者讨论有关调研项目的任何问题。

◇ 安全措施——例如：研究者的网站必须有安全措施，以便将可能发生之丢失、误用和变更资料等情况控制在研究者的可控范围之内。只有特定的工作人员能够获得受访者提供的信息。而该项信息将仅用于数据分析和质量控制。

---

① 《中国网络市场调研行业工作标准》，载市场研究协会（CMRA）官方网站，http://www.emarketing. net. cn/right/detail. jsp？rid = 10.

◇ 垃圾邮件——明确声明不发送垃圾邮件或将电子邮件地址提供给他人作此类用途。

受访者以进行市场调研为目的自愿加入网络样本库时，应对其声明：

◇ 注册过程——描述注册过程。

◇ 调研数据库——描述存储的有关调研数据管理、控制和样本选择的信息。

◇ 联系的频率——发表有关联系频率的声明。

◇ 密码识别系统——使用方法，描述它如何工作和它所提供的安全保证。

◇ 选择进入和退出的政策——以通信为目的的会员联络不同于调研，如样本库维护或奖励计划。研究者须声明哪些通讯信息将被递交（此项是可选规定），并澄清任何潜在的通讯信息将不被提供给第三方。

◇ 奖励——解释所有奖励计划（如果这一内容是以研究者与受访者合约为基础的）。

研究者获得邮件列表用于发送调研邀请时，应声明：

◇ 信息来源——研究者须明确声明电子邮件清单的来源，或在调研中提供该项信息。此外，如果该名单为研究者所提供，表明名单的提供者已经为研究机构所核实，且名单中的个人对于未来收到电子邮件的联络有一定的预期。

◇ 密码识别系统——如果使用密码，研究者将描述它如何运作以及其所提供的安全机制。

◇ 停止和开始访问过程——在可能的情况下，研究者将解释信息是如何被许可储存的。

● 资料链接：Cookies （信息记录程序）[1] ●

Cookies 是在用户发生网页浏览行为时，由 Web 服务器置于用户硬盘上的一个非常小的文本文件，它可以隐秘地记录并储存用户数据、识别用户身份、追踪用户偏好等，以便其在下次登陆时服务器可直接提供与该用户

---

① Ching – Chih Wen, *The Use of Modern Online Techniques and Mechanisms in Market Research*, IEEE CIMCA – IAWTIC 2006 (International Conference on Computational Intelligence for Modelling Control and Automation, and International Conference on Intelligent Agents, Web Technologies and Internet Commerce).

对应的特定网页内容。其最初的概念是为协助门户网站或如谷歌、雅虎等搜索引擎公司记录用户的浏览需求、存储用户的账户名称及密码，以显示用户需求的信息。然而，随着业界对网络数据的深度探究及运用，一些调研公司，如 Double Click 公司选择应用 Cookies 这类信息记录程序来收集网站访问者的使用偏好。

使用 Cookies 的优点包括：信息追踪快速高效、数据实时更新、非常小的文本文件使数据存储负担相对较轻、在全球范围内静默隐秘地获得和存储用户偏好。Cookies 获取信息的成本是非常低廉的，但数据的质量和反馈率却相当高，这是因为一旦访客键入浏览，尽管 Cookies 是单向传输，但会提供绝对真实准确的访问信息。在实际应用中，可对 Cookies 生成的数据及信息进行集成和分析后提供给商业合作伙伴、第三方或广告代理商，向他们准确地展示客户最喜欢的内容、产品或服务。

Cookies 的缺点则是，信息和数据是离散的，因此需要专业的软件对 Cookies 的文本或代码进行解码。此外，Cookies 的高反馈率只来自对计算机缺乏技能的使用者，而其他对计算机有基本技能的使用者可以使用网页浏览器，如 Mozilla Firefox 来阻止或是限制 Cookies 访问用户的电脑并进行记录的行为。另外，有人认为 Cookies 可能存在侵犯用户隐私的问题。

## 第四节　广告调查与新媒体

以互联网和移动互联网为代表的新媒体的发展对消费者的生活方式、生产和经营者的营销思维以及整体的媒介环境产生了巨大的影响，也因此对勾连消费者、广告主和媒体这三者的广告运作方式产生冲击。近年来以网络广告为代表的新媒体广告的数量呈持续上升趋势。从各媒体广告份额占比变化看，网络的份额由五年前的4%，已经快速提升至 2013 年的 12%，互联网的广告营销价值越来越得到广告商的认同。2013 年，中国互联网广告市场规模 1100 亿元，突破亿元大关，增速 46.1%。① 新媒体环境下的广告表现形式和内容乃至发布方式也发生诸多变化。这些都对广告调查产生了直接或间接的影响。除了前一节所提到的在新媒体环境下广告调查所面临的道德伦理方面的新的问题需要面对和解决，新媒体的发展更重要的是

---

① 《昌荣传播 2014 中国广告市场分析及预测》，载中国广告网，http://www.cnad.com/html/Article/2014/0303/20140303120038589.shtml.

给广告调查带来了新的课题：一方面新媒体带来新的研究课题，广告调查要研究新媒体环境下消费者的变化、新的媒体和广告的形式以及相关的效果；另一方面也产生了一些新媒体特有的广告调查方法和技术。

有关互联网和移动互联网等新媒体的研究包括消费者对各类新媒体的接触及应用的研究，如 CNNIC、艾瑞等机构定期发布的相关研究报告，以及对新媒体和传统媒体的认知、使用行为和动机等方面的研究。这些研究既可以采用线下调查的方法，也可以采用线上调查的方法，抑或是两种方法共用。

募集线上样本库或利用网络社区等方式展开的线上调查，对消费者在网上的行为数据，如会员注册、浏览内容等相关数据的分析，乃至利用 APP 提供基于地理信息的在线调查服务（GIS），这些利用互联网或移动互联网平台发展的调查方法和调查技术也正在得到广泛的应用。

总之，随着新媒体的发展，广告调查在内容、方法和技术上都有了新的拓展，学习者对此应该予以足够的关注，才能够将所掌握的广告调查基础知识融会贯通地应用于新媒体，并及时了解伴生于新媒体的广告调查方法和技术。

## 案例：九〇后大学生网络化生活形态调查[①]

2011 年笔者主持的一项针对九〇后大学生网络化生活形态的研究综合使用了定量和定性的调查方法。该项研究以定量的问卷调查方法为主，辅之以定性的深度访谈方法。研究覆盖了国内有代表性的八座一线和二线城市，包括北京、上海、广州、武汉、成都、沈阳、西安和郑州。采用面访问卷调查的方式，共调查了涉及 33 所高校在内的 1 600 名大学生（每个城市 200 人），并对其中 50 名学生进行了面对面深度访谈。调查对象是 1990 年以后出生的在校大学生。调查执行时间是 2011 年 6 月 14 日至 2011 年 7 月 10 日。问卷调查的 1 600 名受访学生中，男女生所占比例分别为 48.9% 和 51.1%；年龄最小的 17 岁，年龄最大的 21 岁，年龄为 21 岁和 20 岁的学生所占比例为 67.2%。本科生和专科生各占 87.6% 和 12.4%。

问卷调查数据显示，作为网络一代的九〇后大学生初次上网大多集中于初中阶段：问卷调查的 1 600 名学生中，开始接触互联网的时间始于小

---

① 黄升民、丁俊杰、黄京华、杨雪睿主编：《2012IMI90 后大学生网络化生活研究报告》，中国广播电视出版社 2012 年版，第 2～3 页、第 139～144 页。

学或更早的占 26.1%，始于初中的占 46.1%，比例最高，始于高中的占 23.2%，从大学开始接触互联网的仅占 4.6%。在深度访谈的受访学生中不乏资深网民，他们的一个共性就是在初中甚至小学的时候就开始玩网络游戏。

如图 1-1 所示，九〇后大学生目前的上网频率以每天上网的人最多，比例达到 61.6%，一周三天或以上上网的比例是 21.4%。可见八成以上的九〇后大学生上网较为频繁。

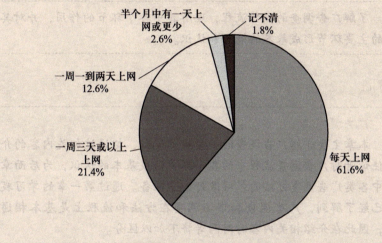

图 1-1　90 后大学生目前的互联网接触频率（$n = 1599$）

## 思考题

1. 举例说明广告调查在广告作业流程中的作用。

2. 举例说明什么是案头调查？什么是实地调查？

3. 举例说明什么是定量调查？什么是定性调查？

4. 谈谈你所理解的广告调查伦理问题？你认为如何平衡调查伦理与调查实施的关系？

5. 在互联网上查询盖洛普、AC 尼尔森、央视—索福瑞三家公司的发展历史与现状，以及他们各自的业务范围。

6. 查询一家专门做网络调查的市场调查公司，并简述其主要的调查方法。

# 第二章 广告调查的流程与管理

## 第一节 广告调查的基本流程

广告调查是一项操作性很强的工作，以科学的方法为指导，它的每一个环节的工作都有一定的规律可循，在学习广告调查各个环节的操作方法与规则之前，有必要对其整体的操作流程进行了解与把握。

### 一、广告调查流程图

广告调查所涉及的具体内容不同，对调查的步骤有不同的影响和要求，可以说每一个不同的调查，其具体细节都不尽相同，但是其基本步骤大体一致。概括起来主要有计划准备、实施和分析报告三个阶段，每个阶段又包含不同的操作环节（如图 2-1 所示）。

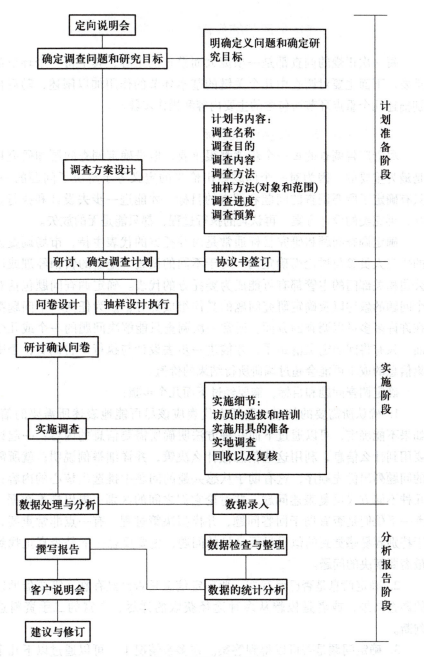

图 2-1　广告调查流程图

## 二、广告调查各个环节的作用

每一次正规的调查都是一项庞大而繁琐的工程，其中每一个环节都很重要。下面主要对调查中几个关键的基本环节的作用加以阐述，随后再分别描述几个重点环节所包含的主要内容和操作步骤。

### （一） 确定调查问题和研究目标

尽管广告调查的每一个步骤都很重要，但是确定调查问题和研究目标是最为重要的。因为对一个问题做出恰当的定义等于解决了问题的一半。只有确定了所要调查的问题和调查的目标，才能进一步去设计和执行。否则，再完美的设计方案，再认真的执行过程，都只能是无的放矢。

确定调查问题和研究目标通常是由委托方的代表主持，市场调查公司的研究人员参与讨论而确定的。对于不同的调查，企业的营销经理或广告公司相关部门的主管都有可能成为委托方的代表。确定调查问题包括对整个问题的叙述以及确定研究问题的具体组成部分，因为任何一个问题都存在许许多多可以调查的方面。通常一次调查只能解决问题的一个或几个方面，只有将问题定义清楚了，才能进一步去设计与执行广告调查，否则收集信息的成本可能会超过调研所得结果的价值。

确定调查问题和目标，需要经过下面几个步骤：

1. 确认所需要的信息。委托方代表应该尽可能地表述所需要的信息，如果不能确定，可以通过下面几种方法明确所需要信息的内容：一起讨论要用到什么信息，利用这些信息做什么决策，并详细举例说明；就所需要的问题列出优先顺序，这有助于从感兴趣的问题中挑选出核心的内容；用几种不同方式反复表述问题，并讨论它们之间的区别；提出样本数据，思考一下他们是否有助于回答问题，并模拟决策过程。有一点非常重要，对于特别容易感觉到的似乎显而易见的问题，更要反思一下是否真正找到了最需要解决的问题。

2. 确定信息是否已经存在。要确定信息是否已经存在，需要借助以往的调查结果，或者是依赖从多种途径获取的详尽、丰富的二手资料进行判断。

3. 确定问题是否可以得到答案。在多数情况下，可以通过以下几个方面预先判断成功收集信息的可能性：肯定地知道所需信息已经存在或确实能够获得；根据以往的经验，虽然不能完全肯定，但是有相当的把握收集到信息；知道探索的问题是新问题，有劳而无功的风险。

4. 通过试探性调查界定问题。确定问题的过程并不是一件容易的事。通常营销经理、广告公司主管和市场研究人员需要借助二手资料收集和分析以及小范围的定性研究来完成这个工作。二手资料主要包括企业微观环境与宏观环境的内容，具体指：企业内部有关生产、销售记录与预测数据，外部有关政治、法律、人文方面的信息，对于产品的目标消费者的信息以及来自竞争对手的消息。小范围的定性研究经常通过与业内的专家以及其他有见识的人（比如关系良好的销售商等）的深度访谈或小组访谈来进行。将收集的二手资料与定性研究资料进行整理、分析，请委托方的决策者参与讨论，在可控的财力范围内归纳出问题点。

5. 界定调查问题。通过多次讨论、二手资料的收集分析和试探性调查后，就该正式界定调查问题。在界定调查问题时，调查者往往会犯两类错误：问题定义得太宽或太窄。

第一类错误是定义问题太宽，使得无法为项目的后续工作提供明确的方向和路线。比如说：改善品牌形象，提高品牌知名度；研究品牌的广告战略，等等。

第二类错误是定义问题太窄。定义太窄的问题，可能会阻碍营销人员出现新的思路，使思维受到局限，最终可能导致问题无法得到解决。

为了减少定义问题时常犯的这两类错误，可以将调研问题用比较宽泛的概念来表述，同时规定其各个具体的组成部分。宽泛的概念可以为问题提供较广泛的视角，避免走入死胡同，而具体的组成部分又将宽泛的概念分割成具体的部分，为后续工作指出明确的行动路线。

6. 调查目标的确定。问题的识别过程最终结果是形成调查目标，目标应根据回答调查问题所需的具体信息加以表述。整个调查项目中所投入的时间和金钱都是为了实现既定的调查目标，因此调查目标必须尽可能具体和切实可行。

7. 将调查目标表述成为假设。调查人员经常以假设的形式来陈述调查目标，假设是两个或更多个变量之间的关系的推测性表述，这些关系可以通过经验数据加以检验和判断。优良的调查目标中被假设的关系应该具有明确的意义。

**（二）调查方案设计**

调查方案是进行调查项目的一个框架和蓝图。在明确了调查问题之后，具体的操作应如何进行，必须通过调查方案来落实。在方案设计中应规定具体的操作实施细节和方法。具体应该包括：确定调查名称、明确调查目的、简述调查内容、选择调查方法、确定抽样方法（范围和对象）、调查费用预算和调查进度安排等内容。

### （三） 抽样并设计调查问卷

抽样实际上是调查方案设计的一部分。但在调查过程中却是相对独立的一个步骤。如何抽样是很重要的一个环节，关系到最后结果的科学性。在制订抽样计划前，必须回答几个问题。首先，必须界定所涉及的总体，也就是将要从中抽取样本的群体。其次需要回答的问题是，采用随机样本还是非随机样本。对于不同的调查方法，其常用的抽样方法存在较大的差别。

与抽样设计同时展开的还有问卷设计。无论是以何种方式进行的调查，一般都需要有事先设计好的问题记录单或问题提纲，一般将其统称为问卷。对于不同的调查内容和调查方式，问卷的形式和内容也会有很大差别。

### （四） 实施调查

实施调查是市场调查的具体执行部分。这一部分有严格的规定和程序，有很多的细节问题需要注意。

### （五） 分析数据

数据收集后，下一个过程就是进行数据分析。分析的目的是解释所收集的大量数据并提出结论。

### （六） 准备和撰写报告

数据分析完成后，调查人员还必须准备报告，并向管理层沟通结论和建议。这是整个过程中的重要环节，因为希望调查结论发挥作用的营销人员必须使经理相信，其依据所收集的数据得出的结论是可信和公正的。

## 第二节　广告调查的整体方案

在广告调查流程图中可以看到，广告调查的方案设计是流程中重要的一环，是调查流程中其他各个环节得以顺利进行的前提，调查方案设计的优劣直接影响到调查成本的多少、调查质量的高低。

## 一、调查方案的设计

调查方案指实现调查目标或检验调查假设所要实施的计划。在调查之前根据调查研究的目的、调查对象的性质，对调查工作总的目标和各个阶段进行通盘考虑和安排，并提出相应的调查实施方案，制定出合理的工作程序。调查方案包括整个调查的全部内容，调查方案是否科学、可行，是整个调查成败的关键。

调查方案设计通常是由计划书来体现。简单来说，一份广告调查的计划书主要包括调查目的、调查内容、调查范围及对象、调查方法、调查日程以及调查预算等方面。而一份详细的计划书还要增加调查报告结果的架构、二手商业资料的名称、出处以及内容概要等项目。

客观上不存在唯一的调查计划方案，调查人员往往有很多选择，每一种选择都会有其优缺点，这就需要调查人员进行全盘考虑和权衡。一般来说，需要权衡的主要是调查成本和调查信息质量之间的关系，通常所获信息越精确，错误越少，成本就越高。另外需要权衡的还有时间限制和调查类型，调查人员必须在很多条件的约束下，向客户提供尽可能科学的调查方案。

广告调查的方案设计一般包括以下几部分工作：

1. 确定调查目的和内容

确定调查目的，就是明确调查中要解决哪些问题，通过调查获得什么样的数据资料，取得这些资料有什么用途等问题。衡量一个调查方案设计是否科学的标准，主要看调查的方案设计是否体现调查目的的要求，并符合客观实际。

在确定了调查目的的基础上，才能确定调查的内容，这样可以避免列入一些无关紧要的调查项目，或者是漏掉比较重要的调查内容，以至无法满足客户的需求。

2. 确定调查的对象和范围

明确调查目的之后，就要确定调查对象和范围，这主要是为了解决对谁调查和由谁具体提供资料的问题。调查的对象就是根据调查目的、任务，确定所要调查的总体，调查总体是由某些性质上相同的调查单位所组成的。在确定调查对象和范围时，应该注意以下三个问题：

（1）由于市场现象具有复杂多样的特点，在很多情况下，调查对象比较复杂，必须用科学的方法加以指导，严格界定调查对象的含义，并且明确它与其他有关现象的界限，以免造成调查实施时由于界限不清而发生差错。

（2）不同的调查方法决定不同的调查对象，定量调查的调查对象通常是在一定的抽样方法指导下选出的，如果调查方法是定性的，那么关于调查对象的寻找和定量调查的对象将有很大的不同。

（3）要特别注意调查对象和调查范围之间的联系。在调查费用有限的情况下，选择调查范围是建立在确定调查对象的基础上的，如果调查对象确定为城市的消费者，在确定调查范围的时候，必须给出城市的界定标准，以及尽量选择典型的城市作为调查的范围。

3. 确定研究方法

考察一项调查结果的科学性、客观性，最重要的就是检查调研方法的合理性、科学性。调研方法运用得正确、合理，是获得可靠结果的基本条件。因此，对于调研者而言，这一步不可忽视。研究方法的选择依赖于所要进行的调研的性质。依据所要达到的调研目的，可分为三种性质的调研：探索性调研、描述性调研和因果关系调研。

（1）探索性调研。探索性调研的目的是通过对一个问题或情况的探测或研究，来提供对问题深入的了解。这种调研方式一般不涉及问卷调查，所用方法灵活多样，研究过程有较大弹性且无一定结构，不涉及大样本和随机抽样。调研的重点随着新看法的出现而不断改变，调研者的创造力和洞察力在探索性调研过程中至关重要。一般可以借助以下方法进行：二手数据的收集、个案研究、观察法以及其他定性研究方法。

（2）描述性调研。描述性调研的结果就是要描述某些事物——通常是事物总体的特征与概念。描述性调研多以大样本为基础。一般可以借助以下方法进行：二手资料的收集、问卷调查和其他定量调查方法。

（3）因果关系调研。因果关系调研的目的是要获取有关起因和结果之间联系的证据。例如经营管理部门要了解"降价可以使销售增加"这一假设是否成立，就需要通过因果关系调研来检验。研究因果关系的主要方法是实验法。

4. 确定数据收集的方法

调查中采用何种方式收集数据不是固定的，而是取决于调查目的、调查对象和调研方法的差异。例如，进行消费者固定样本调查，可考虑用面访法、邮寄法等；而调查电视收视率，可使用日记法、测量仪调查法或电话访问法等。所使用的调查方法得当，才能获得较准确的信息。

## 5. 调查资料的整理和分析方法的选择

实地调查中收集的原始数据大多是零散的、不系统的，只能反映事物的表象，无法深入研究事物的本质和规律性，这就需要对大量的原始资料进行加工汇总，使之系统化、条理化。目前这种资料处理的具体工作已经可以借助计算机完成，但是在方案中也要明确分析方法的思路。定量和定性资料分析方法的差异很大，即使是定量的资料，也需要确定使用何种程序、运算方法和计算精度等，同时也要确定对数据进行什么样的分析。描述性分析有频数分析、交互分析，研究两个或多个变量相关性的有方差分析、回归分析、相关分析、聚类分析、因子分析等。每种分析方法都有其自身的特点、适用性和相关的技术要求，应根据调查的要求，选择最佳的分析方法，并在方案中进行规定。

## 6. 确定调查日程和时间期限

在调查方案的设计过程中，需要制定整个调查工作完成的期限，以及各阶段的日程安排，即必须有详细的调查日程进度计划，以便督促或检查各阶段的工作，保证按时完成整个调查项目。通常一项普通的问卷调查，从问卷的设计、印制到问卷的发放、回收和分析，可能要 2 个月左右的工作时间，一些大规模的调查会持续半年到一年。规模小的定性调查，所需时间可以作弹性安排。也有对时间性要求较强的调查，如收视率调查等，在可能的情况下，调查期限应尽可能缩短。

通常一个调查项目的进度安排大致要考虑以下几个方面：

（1）总体方案的设计、合议；

（2）抽样方案设计、实施；

（3）问卷设计、测试、定稿；

（4）访员的挑选与培训；

（5）实施调查；

（6）数据的录入、整理和统计分析；

（7）调查报告撰写；

（8）客户说明会；

（9）建议与修正、定稿。

## 7. 确定调查预算

调查费用的多少通常根据调查的目的、调查的范围和调查的难易程度而定。调查方案设计中的预算部分也是客户比较关心的问题。在进行调查预算安排时，需要遵循的原则是：既尽可能将预算使用在最恰当的方法中，同时也要将可能需要的费用尽可能全面考虑，以免将来出现一些不必要的麻烦而影响调查的操作。通常一项调查中实施调查阶段的费用安排仅占总预算的40%左右，而调查前期的计划准备阶段与后期分析报告阶段的费用安排则分别占总预算的20%和40%左右。

在安排调查经费预算时，一般需要考虑如下几个方面：

（1）调查方案设计费与策划费；

（2）抽样设计费、实施费；

（3）问卷设计费（包括测试费）；

（4）问卷印刷、装订费；

（5）调查实施费用（包括试点调查费用、访员劳务费、受访者礼品费、督导员劳务费、异地实施差旅费、交通费以及其他杂费）；

（6）数据录入费（包括问卷编码、数据录入、整理）；

（7）数据统计分析费（包括上机、统计、制表、作图以及必需品花费等）；

（8）调研报告撰写费；

（9）资料费、复印费等办公费用；

（10）管理费、税金等。

8. 其他部分

一份完整的市场调查方案，还应包括关于调查报告的架构、二手资料的收集思路、出处、内容概要以及调查机构的介绍、人员的设置和访员的管理、培训等内容。

## 二、调查方案的可行性与评价

调查方案通常可有多种选择，研究者需要从多个方案中选取最优的；同时调查方案设计工作也不是一次完成的，需要必要的可行性研究，对方案进行试点和修改。可行性研究是科学决策的必经阶段，也是科学设计调查方案的重要步骤。

评价调查方案的优劣，可以从不同的角度出发：首先是方案设计是否体现调查目的和要求；其次是方案设计是否科学、完整和具有可操作性；第三是方案设计能否保证调查质量；最后是调查实效检验，即通过实践检验调查方案的科学性。对调查方案进行可行性研究的方法有很多，这里重点介绍试点调查法。

试点调查法是调查方案可行性研究中一个十分重要的方法，对于大规模的市场调查尤其显得重要。试点调查的主要目的是使调查方案更加科学和完善，而不在于收集具体的调查资料。具体地说，试点调查的主要任务有两个：

1. 对调查方案进行实地检验。方案设计是否符合实际，目标制定是否得当，调查指标设计是否正确，哪些需要增加，哪些需要减少，哪些说明和规定要修改和补充等等，都要通过试点调查进行实地检验。试点调查完成以后，要分门别类地提出具体意见和建议，使调查方案的制订更为科学和更具操作性。

2. 作为实战前的演习，可以了解调查工作安排是否合理，存在哪些薄弱环节。

在操作试点调查时，应该注意以下几个问题：

1. 应该选择适当的调查对象。要选择规模较小、代表性较强的试点样本。必要时可先采取小样本的试点，再扩大试点的范围，然后全面铺开。

2. 应采取灵活的调查方法和方式。调查方式和方法可以多用几种，经过对比以后，从中选择适合的方式和方法。

3. 应做好试点的总结工作。即要认真分析试点调查，找出影响调查成败的主客观原因。不仅要善于发现问题，还要善于结合实际探求解决问题的方法，充实和完善拟定的调查方案，使之更加科学和易于操作。

# 第三节　广告调查的实施管理

调查的实施是广告调查流程中的核心环节，因此对于调查实施的管理极为重要。调查实施的管理分为两个层面，一是对合作公司的项目管理，二是项目实施过程中对抽样、经费、进度等方面的控制和对访员的管理，等等。

## 一、实施管理概述

在整个调查流程中，实施阶段（数据收集阶段）的管理和监督是一个非常重要也比较难以控制的环节。一般情况下调查公司在设计调查方案、问卷和抽样结束后，就进入数据实地收集阶段。通常这个时候有两种途径完成数据收集的工作：一种是调查公司在以往执行过程中积累了大量高素质的访员，因此可以独立完成数据收集的工作；另一种是，调查公司委托当地专业的实地执行公司来完成数据收集工作。这种专业的数据收集公司往往熟悉当地的情况，在数据收集执行上有丰富的经验。实施阶段最重要的工作就是对访员的管理和监督，必须依照相关的管理程序，处理好访员与管理者，调查公司与实地执行公司之间的关系（见图2-2）。

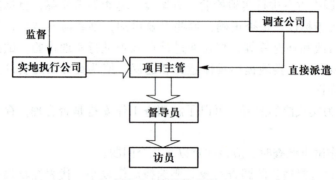

图 2-2　实施管理分工

从图中可以看到，实施调查中，最重要的管理者是项目主管，负责管理整体调研执行工作的顺利操作：负责挑选督导员和访员；负责培训督导员和访员；负责实施过程中的管理和质量控制；负责评价督导员和访员的工作。项目主管通过督导员来进行最终的访员管理。督导员是具体的项目运作监督人员，负责实施过程的检查和实施结果的验收，具体体现在对访员的管理和监督。督导员应该对访员的调查结果进行尽可能详尽的和尽可能及时的检查。通常实地工作的要求是，督导员必须每天检查访员的访问结果，并且及时进行总结，与项目主管交流调查的进展情况。访员是整个调查实施过程中的一线执行者，负责第一手资料的采集工作，因此访员本身的条件、素质、责任心等都在很大程度上直接制约着调查的质量，影响着调查结果的准确性和客观性。

## 二、实施过程中的监督和管理

### （一）抽样控制

对抽样的监督管理主要是指在调查中保证访员严格按照抽样方案去选取样本。关于抽样的详细情况，访员都应当事前详细地列在抽样记录单上，督导员应该每天及时记录访员访问的数量、质量，具体包括受访者是否在家、拒访数量等信息。督导员还必须及时和项目主管交流抽样的进度，汇报抽样的实际情况。然后项目主管根据实际调查中遇到的各种问题，包括一些突发性的新情况，再对抽样方案做出适当调整。

## （二） 经费控制

实施阶段所需费用主要包括试点调查费用、访员劳务费、督导员劳务费、受访者的礼品费用、交通费用、材料费用（纸张、用于记录的机器等）、问卷以及相关资料的印刷费用、必要的办公费用，等等。在进行调查预算经费的管理中，最大的费用开支是访员的劳务费和受访者的礼品费用。

支付访员的劳务费一般是按照访员访问份数的计件支付方式，即每一份问卷有固定的劳务费，然后按照访员访问份数的多少，向访员发放劳务费。所以在调查访问中，要求督导员必须非常严谨地管理访员的访问质量，如果出现问题，样本作废，就可能在调查经费上造成一定的浪费。

## （三） 进度控制

调查的进度管理也很重要，而且这是很繁琐的一项工作，项目主管和督导员要严格控制整个项目的进度，及时调整，保证整个项目按照计划顺利完成。项目的进度与访员的数量有关，但是，访员的数量也不是越多越好，这里还有督导员对访员的管理和控制问题。如果访员过多，督导员的工作压力增大，可能会直接影响督导员对访员的检查和管理。另外督导员还需要控制访员的访问速度，访员的速度太快意味着在访问过程中肯定存在问题；访问速度太慢也会直接影响调查的进度。所以督导员要每天与所管理的访员进行沟通，检查他们的工作进度。此外督导员还应该每天与项目主管进行沟通，汇报项目的进展情况以及出现的问题。

## （四） 访员控制

如前所述，访员在整个调查项目中的作用举足轻重，访员素质的高低、工作效率和质量都直接制约着一项调查的质量，影响着调查结果的准确性和客观性。所以本节接下来专门对访员的控制和管理加以阐述。

## 三、访员的管理

### （一） 访员的挑选

访员的数量和质量是显示一个市场调研机构实力的重要指标，但由于各方面条件的限制，一个市场调研机构通常不可能拥有太多的专职访员，而兼职访员的队伍又不太稳定。因此，调研公司常常要进行招聘访员的工作。在选择访员时考虑到调查的性质、收集数据的具体方法，应该尽量选择能与受访者相匹配的访员。尽管具体要求会随调查项目的不同而有所变化，但是对访员的条件和素质要求一般基本相同：有高度的责任心和敬业精神；对调查工作热心、感兴趣，愿意接触和了解社会；诚实可靠，勤勉耐劳；客观公正，不存偏见；仪表大方，态度亲切，平易近人，以外向性格为佳；普通话流利，能使用一定的方言；有较高的文化素养和必要的市场调查知识。

发达国家一般采用的典型访员是 35～54 岁的已婚妇女，要求具有中等以上的文化水平和中等以上的家庭收入。在实地的问卷调查中，如果访员与调查对象的共同特征越多，访问的成功率也就越高。国内因为生活方式的差异和调查业本身的不成熟，专职访员还不多，目前聘用大学生为兼职访员的情况比较常见。

关于是否应挑选有经验的访员，业界存有争议。访员通常是公司的兼职人员，接受公司的访员培训后开始工作。虽然有些访员经验丰富，但也可能在最初的培训时没有受到很好的训练和监督，形成不好的工作习惯，在实际的调查中可能给督导员在管理上造成很多问题；相反没有经验的访员，可以从零开始进行严格的培训，反而能够弥补和克服经验上的不足。

## （二）访员的培训

为了保证访问工作的高效高质，对访员进行培训是非常必要的。通常对访员的培训有两种情况，即入门培训（或常规培训）和针对某个具体项目的专项培训。对于新近录用的访员，不管他们是否曾为其他机构或个人工作过，都要进行严格的常规培训。对于在本调查机构已经工作了一段时间，并通过多次调查实施积累了丰富经验的访员，只需进行每次调查前的专项培训即可。

### 1. 常规培训

对访员进行训练，目的是提高他们的访问技能、处理问题的能力以及端正他们的访问态度。因此，常规培训主要包括下列四个方面：

（1）态度训练。目的是让访员明确访问工作对市场调查客观性、科学性的重要作用。通过训练，促使他们在今后的访问实践中做到认真细致、一丝不苟地按照要求完成所有任务。

（2）技能训练。目的是提高访员与陌生人打交道的能力，以有效地完成访问任务。

（3）问题处理训练。访问过程中，访员常常会碰到这样或那样的问题，如找不到被抽取到的样本，受访者不愿意配合等。此时，如果访员经过训练，他们就知道该如何处理。否则就可能因处理不当而对抽样、访问结果产生不良的影响。

（4）市场调查专业知识培训。目的是让访员对市场调查的基础知识有基本的了解，在进行访问时能够从调查的角度出发，正确处理出现的问题。

2. 专项培训

不同的调查项目，其访问的方式、内容均不相同。所以即使是经验丰富的访员，在调查实施之前，也必须对他们进行项目操作指导和训练。专项培训的内容包括：熟悉问卷、熟悉抽样方式以及此次调查中一些需要特别注意的问题。

3. 培训方法

（1）讲解。由项目主管或督导员就上述几方面内容进行讲解，即采用授课的形式先从认识上加以训练。

（2）模拟训练。即设计作业情境，让访员进行具体操作，可以让访员之间互相进行一对一的模拟调查，检查他们在模拟作业中存在的问题并加以指导和纠正。

（3）实际操作训练。既可让新聘访员充当有经验的老资格访员的助手，也可以让新聘访员担当访问主角，有经验的访员在旁辅导。采用这种训练方法，目的是使访员从实干中提高技能，掌握技巧。这样的方式也比较容易激发访员的学习兴趣。

（4）实际陪访训练。对于没有访问经验的新访员，督导员要陪同其完成最初的访问作业，即进行陪访，以及时发现和纠正在实际访问过程中存在的问题。

（三）**访员的监控**

对访员的监控是保证调查项目能够高质、高效完成的重要环节，因为访员的作弊可以说是市场调查实施过程中防不胜防的事情，通常有经验的市调人员可以从以下四个方面对访员进行监督控制，判断访员访问的真实性，从而根据每个访员工作完成质量的好坏来给予他们相应的奖励和惩罚。

1. 现场监督

在访员执行访问的过程中，督导员可以进行实地的考察监督。比如在街头拦截访问中，督导员可以在调查地点较为隐蔽的地方，悄悄观察访员是否按照抽样设计对受访者进行访问；在电话调查中，督导员可以通过专门的电话监听系统对访员进行监督。

2. 问卷复查

督导员必须每天回收当天的问卷，并且对回收的问卷进行一定比例的复查。通常第一步先检查问卷的回答情况，查看是否有漏答；第二步检查问卷回答的前后是否符合逻辑；最后检查开放题的填答情况，是否有不正确的操作等。

一般来说，督导员对每个访员交回的问卷是随机抽取的，复查的比例至少是样本量的20%，即按照每个访员完成样本量的20%抽取。但是如果在某个访员的问卷上发现较多问题，就需要加大对该访员的复查量或者对该访员的问卷进行全面的复查。

有些访员的作弊技巧比较巧妙，仅通过一般的问卷检查难以发现，这就要求调研人员在问卷设计这一环节就有意识地加入一些测谎题，然后根据测谎题来判断回收问卷的真伪。

3. 电话回访

由于考虑到对访员的监控需要，调查人员在问卷设计上一般都会要求受访者留下联系电话和姓名。因此督导员可以通过问卷上受访者提供的联系方式，对回收的问卷进行电话回访。

电话回访首先看受访者留下的电话号码是否可以打通，然后核对受访者姓名，受访时间，问卷完成情况，访问过程是否按照调查规定的程序和要求进行，访问结束以后是否收到礼品等一些细节。

需要特别强调的是，电话回访是监控访员最有效的一种方式，但是督导员在采用电话回访时应该注意到以下的几个问题，防止因回访失误而打击访员的积极性：第一，不要因为打不通受访者提供的电话就简单判断访员作弊，因为有些受访者害怕受人打扰而故意留下不真实的电话号码，所以需要排除来自受访者方面的原因而不能一味将责任归结到访员身上。第二，电话回访时，接电话者很可能是受访者家庭中的其他成员，并不清楚受访者是否接受过调查，所以督导员一定要寻找到受访者本人进行电话回访。总之，电话回访是一件考验督导员耐心和责任心的工作，也是判断一个优秀督导员的重要依据。

4. 实地复访

根据访员记录的受访者真实地址，督导员可以进行实地复访。这种方法比电话回访更为可靠科学，但是由于在市场调查中样本的数量通常较大而且分布零散，该方法需要耗费较多的人力物力，因而较少被调研人员采用。

## （四）访员手册的制定

访员手册是一个不容忽视的细节，它把对访员的具体要求用书面形式体现出来，根据日本学者林周二所著的《市场调查》一书，访员手册大致包括以下内容：

1. 调查概要。包括调查名称、调查部门及负责人、联络处、每位访员访问数、调查日期、期间检查时间、回收等。

2. 基本注意事项。包括必须遵守指标及熟悉问卷内容等。

3. 访员携带物品。含受访者名册、问卷、调查手册、身份证明书、赠品、地图、铅笔、纸夹等。

4. 访问时应注意事项。包括注意服装及措辞、明白表明身份及注明调查目的、确认是否受访者本人等。

5. 无法调查时。遇到受访者搬家、不在、死亡、疾病、拒绝访问、去向不明时得中止调查。

6. 对受访者之释疑。说明抽样方法及不公开姓名的原则等。

7. 对问卷的说明。包括结构概要、特别注意事项、询问方式及登录方法等。

8. 访谈时的注意事项。应避免受访者看到调查项目以外的资料，制造良好气氛，记录问题之解答，且使受访者乐于接受调查等。

9. 访问完毕须注意有无遗漏事项。

10. 回收期限。包括按期限完成并交回问卷及应缴回物品等。

11. 有关给予访员的报酬事项。

### 案例：自助调查系统的操作流程①

Surveycool® 调查系统是由原 Oracle 研发团队以国际领先的技术进行技术研发，融汇专业调研的全流程，自主设计问卷模板且拥有强大的数据库支持。利用 Surveycool® 自助调查平台（www.surveycool.com），企业可以自助创建账号、设置密码、设计问卷、测试问卷、发送问卷、回收问卷、统一分析问卷等，进行全流程调研管理。自助调查服务以企业自己操作为主，主要通过调查系统的标准化、专业化设计，引导企业自己进行专业调查。其调查流程包括：

---

① 根据数字100官方网站资料整理，http://www.data100.com.cn/pro_diaoyan.html。

1. 创建问卷

用户可以通过以下三种方式来创建问卷：

（1）从问卷模板中选取，定制修改

近百份问卷模板，覆盖各行各业，选择适合的问卷模板参考，并可修改为满足用户要求的问卷。

（2）重新设计新的问卷

17种调查问卷的题型任意选择，选择题、填空题、排序题、评分题、矩阵单项/多项选择题、矩阵打分题等等。

通过逻辑关系、随机排列选项等专业调查设置，保证回答质量。

问卷中可插入企业的LOGO、广告片、包装图等。

（3）调用原来的问卷

复制原来的问卷，修改后再次使用。

问卷创建完成后，将进入测试环节。

2. 测试问卷

测试问卷主要为测试问卷中的逻辑关系是否正确、文字表达是否容易理解、是否有遗漏选项等。用户可以通过以下两种方式来测试问卷：

（1）网络链接测试

将网络问卷链接拷贝给同事、朋友，邀请他们点击链接测试问卷。

（2）电子邮件测试

通过邮件形式给同事、朋友发送问卷，他们将可以在邮件中点击问卷链接测试问卷。问卷测试完成后，将进入发送环节。

3. 发送问卷

用户可以通过以下三种方式发送问卷：

（1）网络链接发布

将系统生成的网络问卷链接拷贝给同事、朋友，或将此链接发布到论坛、博客、公司及其他网站中。可以控制只能回答一次，以及设定回答完毕后弹出指定的网页。

（2）电子邮件发送

通过邮件形式给同事、朋友发送问卷，可以设定不同的组，针对不同的组别编写不同的邮件内容。可以控制只能回答一次，以及设定回答完毕后弹出指定的网页。

（3）向凯摩—百在线样本库发送

凯摩一百募集了在线样本库，拥有其详细的背景信息，可以根据项目调查要求从该库中抽取到合适的受访对象，该群体将及时、认真地参与调查。

问卷发送完成后，将进入结果回收环节。

4. 回收问卷

用户可以随时追踪问卷的回收状况：

（1）自动显示回收状态

通过此环节可以详细地了解到每个受访对象的回答情况，包括：已经全部回答、未回答、部分回答等各种状态。

（2）自动跟踪处理

系统将根据每个受访对象的回答情况进行跟踪处理，对未回答的对象进行催答。

5. 查看结果

用户可以随时关注统计结果：

（1）即时总体报告

系统自动生成即时的统计结果，通过表格及图形（柱状图、饼状图、条形图、趋势图等）的形式进行生动展现。

（2）深度报告

通过进行交叉及筛选等设置，能够得到不同群体或不同属性的深度分析报告。

（3）查看单份结果及输出

可以查看到每个受访者的回答情况，以及可以将原始数据库导出，导出格式支持 SPSS、SAS 等软件。

## 思考题

1. 广告调查流程包含哪些主要环节，其作用是什么？

2. 结合自助调查系统的案例，分析比较其与一般广告调查操作流程的异同。

3. 广告调查方案的设计包含哪几方面的工作？如何理解调查方案的可行性？

4. 如何做好调查问卷的复核工作？

# 第三章 广告调查的设计与分析

## 学习要求

　　掌握抽样设计和问卷设计的相关概念、操作步骤和方法。掌握数据分析的基本思路，了解报告撰写的要求。

## 关键词

　　*抽样设计、问卷设计、数据分析、报告撰写*

　　抽样设计和问卷设计，以及调查数据分析和调查报告的撰写，是广告调查流程中的重要环节，因其内容具有较强的专业性，同时也对所有的调查方法具有普适性，因此在本章将这几方面的内容作概括性介绍，其对于不同调查方法的独特之处，将在讲述各种调查方法时专门加以阐述。

## 第一节　广告调查的抽样设计

　　抽样设计是所有调查都会涉及的环节。只不过在观察法、实验法以及定性调查方法中，由于这些调查的小样本特性，抽样设计的工作量相对较低。而在以问卷调查法为代表的定量调查中，抽样设计是调查实施过程中的重要环节，抽样设计的好坏直接关系到调查能否顺利进行和调查所得数据的质量高低。

### 一、抽样设计的相关概念

　　根据所覆盖调查对象的范围是全部还是部分，可将调查分为普查和抽样调查。普查是对总体中的每一个个体进行调查；与普查相对的是抽样调查，即按照一定的程序，从所研究对象的同质总体中抽出部分个体进行调查。在一定的条件下，对抽样调查所得到的数据资料，可以运用数理统计的原理和方法，对总体的数量特征进行估计和推断。普查与抽样调查相比，其结果更为准确，但通常情况下由于其执行难度过大，其适用性远低于抽样调查。换句话说，抽样调查的应用比普查更为普遍。在学习抽样设计方法之前，有必要先了解与抽样调查相关的几对概念：

1. 总体和样本（Population and Sample）

总体或同质总体，是指提供所需信息的人或物的全体。通常可以用一些简单的数值对总体信息进行描述，这些简单的数值被称作总体的参数（总体指标），总体的参数根据总体中各个单位的标志值计算，按照惯例总体参数用希腊字母表示，常用的总体参数有总体平均数 $\mu$、总体比例 $\pi$、总体方差 $\sigma^2$ 等。

样本是总体的一部分，它由从总体中按一定程序选取的部分个体或抽样单元组成。样本是总体的子集，相对较小，但精心选择的样本能够准确地反映出所抽查总体的特征。描述样本信息的简单数值被称作样本统计量（样本指标），是根据样本中各个单位的标志值来计算的。样本统计量按惯例用大写的英文字母表示，常用的样本统计量有样本平均数 $\overline{X}$、样本比例 $P$、样本方差 $S^2$ 等。样本中包含个体或部分的数量，就是所谓的样本量。

2. 抽样单元和抽样框（Sample Cell and Sample Frame）

为了便于实现抽样，通常将总体划分为有限个互不重叠的部分，每一个部分都叫做一个抽样单元。抽样单元可大可小，如在全国性居民生活状况的抽样调查中，可以设置省为一级抽样单元，省下面的不同城市设置为二级抽样单元，城市中街区设置为三级抽样单元，家庭户设置为四级抽样单元。抽样时，给抽样单元赋予一个被抽中的概率，可以是相等的也可以是不相等的。

在设计抽样方案时，需要有一份关于全部抽样单元的资料，从中可以抽出样本单元，这份资料就叫抽样框。如既有的人员名单、住户登记表、电话号码簿、企业名录等等。在抽样框中每个抽样单元都有自己对应的位置，这常常通过编号来实现。另外应该注意的是，在利用现有名单作为抽样框时，要先对该名单仔细核查，避免有重复、遗漏的情况发生，以提高抽样框与总体的一致性。

3. 随机抽样和非随机抽样（Random Sampling and Non‑random Sampling）

抽样可分为随机抽样（也称概率抽样 Probability Sampling）和非随机抽样（也称非概率抽样 Non‑probability Sampling）两种方式。随机抽样是指总体中的每一个个体都具有同等的被抽选可能性的抽样方法。非随机抽样包括不遵循随机原则的情况下从总体中选择特定的调查个体（单位）的所有方法。

根据调查对象的性质和研究目的的不同，随机抽样方法主要有：简单随机抽样、系统抽样、分层抽样、整群抽样、多级抽样等。由于在有些调查中得不到总体完整的名单，或者使用随机抽样的方法选取样本过于昂贵，这时就要使用非随机抽样的方法来选取样本。非随机抽样方法经常使用的主要有：便利抽样、判断抽样、配额抽样、滚雪球抽样等。

4. 抽样误差和非抽样误差（Sample Errors and Non – sample Errors）

样本是总体的一部分，虽然有代表性，但是并不等同于总体。因此用样本得到的结果去推断和估计总体肯定会产生一定误差，这种由抽样引起的误差就叫抽样误差。抽样误差是客观存在的，但是抽样误差的大小与抽取的样本能否代表总体有密切的关系，为了使抽样误差减小，要尽可能地使样本结构与总体结构相一致。抽样误差可以通过一定的统计方法进行测量并加以控制。

非抽样误差是指在抽样调查中由人为因素造成的误差。这种误差是由研究人员、访员和受访者造成的。例如在调查过程中由于访员的工作马虎而造成的记录错误，受访者拒绝配合或不认真作答，等等。非抽样误差是无法测量的，但可以通过一定的措施，诸如加强对访员的培训，提高调查人员的素质，采用合理的资料收集方法，设计高效的问卷等手段来尽量降低。

5. 随机性原则和效果最佳原则

调查人员在进行随机抽样设计时，必须遵循两个基本原则：即随机性原则和效果最佳原则。

随机性原则是指在进行抽样的时候，总体中的每一个个体被抽取的可能性是相等的，某一个体能否被抽取到完全靠所谓的运气，而不是调查人员主观决定。效果最佳原则是指在调查经费固定的条件下，选取抽样误差最小的方案；或在所要求的精度确定的条件下使调查费用最少。总之效果最佳原则要求在尽量节省人力、费用的同时，保证调查结果的准确性、科学性。

## 二、抽样的步骤

实施一个具有可操作性的抽样计划大致需要 7 个步骤，见图 3–1。下面将详细讨论各个步骤。

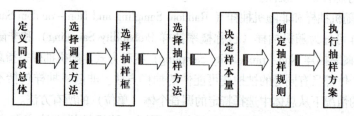

图 3–1　制定一个抽样计划的步骤

## （一） 定义同质总体

根据调查目的，必须详细描述可提供信息的有关个体或全体所具有的特征。同质总体可从地域特征、人口统计特征、产品或服务使用情况、认知程度等几个方面进行描述。在抽样执行中，首先利用地域或者人口统计特征的资料对总体进行确认，然后在问卷调查实施中，利用问卷最前面的筛选问题最终确定总体的特征，包括产品或服务的使用情况、认知程度等。

## （二） 选择调查方法

资料收集的方法对抽样的过程有非常重要的影响。调查人员是采用定量调查还是定性调查，对抽样方法的选择是完全不一样的。

## （三） 选择抽样框

理想的调查情况下，抽样能够在完整和准确的名单中进行，但是遗憾的是在实际调查中，要获得这样一份名单是非常困难甚至是不可能的，调查人员获得的名单可能在时效性、完整性上都存在或多或少的问题。例如在一项关于娱乐消费的调查中，调查的总体是那些在最近 30 天内去酒吧三次或三次以上的人，但是根本就没有一种方法可以完全提供这份名单。而且在抽样框和同质总体之间很少有极好的对应关系，比如在市场调查中，调查人员常常会把城市黄页作为电话调查的抽样框，但是黄页中却不包括那些没有电话的居民和那些没有公布私人电话号码的居民。

总之，在抽样领域里，形成一个适当的抽样框经常是调查人员面临的最有挑战性的问题。因此在充分认识到抽样框问题的基础上，市场调查人员常常需要对抽样框做必要的误差预测和修正。如果没有合适的抽样框就无法使用随机抽样的方法，而只能选择非随机抽样的方法。

## （四） 选择抽样方法

选择哪种抽样方法取决于调查对象总体的规模和特点、调查的性质、抽样框资料、调查经费的预算以及对调查结果精确度的要求。如前所述，可供选择的抽样方法可以分为两大类：随机抽样（概率抽样）和非随机抽样（非概率抽样），两者各有特点。（见表 3-1）

表 3-1　随机抽样与非随机抽样的优点与局限

| | 优　点 | 局　限 |
|---|---|---|
| 随机抽样 | ① 调查的结果可以用来推断总体；<br>② 调查人员可以获得被抽取的不同年龄、不同层次的人们的信息；<br>③ 能够估算抽样误差。 | ① 在大多数情况下，随机抽样所需的费用要比非随机抽样高，通常精挑细选的做法不仅增加调研费用而且还要有专门的时间对样本进行复核修改；<br>② 随机抽样比非随机抽样需要更多的时间策划和实施，必须遵守的抽样计划执行程序会大量增加收集资料的时间。 |
| 非随机抽样 | ① 费用比随机抽样低，非随机抽样的这一特点对那些精确性要求不严格的调查有相当大的吸引力；<br>② 一般来讲，非随机抽样实施起来要比随机抽样用的时间少；<br>③ 如果合理地运用非随机抽样，它能产生极具代表性的合理的抽样结果。 | ① 不能估计出抽样误差；<br>② 调查人员无法知道抽样中的单位所具有代表性的程度；<br>③ 抽样结果不能推及总体。 |

　　从表中可以看到，随机抽样占有优势的方面恰是非随机抽样的劣势，反之亦然。鉴于随机抽样和非随机抽样各自的优缺点，一般来讲，当抽样框难以获得或者调查经费比较有限的时候，可以采用非随机抽样；如果是对调查结果的精确性要求较高，则采用随机抽样。可以说没有一种所谓"最好"的抽样方法，在实际调查中抽样计划由于受到各种不同条件的限制而千差万别。调研人员除了需要决定是否选择随机抽样或非随机抽样以外，还必须在众多的抽样方法中选择其一。主要的抽样方法如图 3-2 所示。

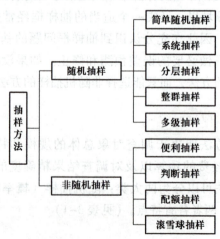

图 3-2　抽样方法的分类

## （五） 决定样本量

样本量的确定是调查中非常重要的环节，因为样本量的多少直接关系到样本能否很好地代表总体，过多或过少的样本量都会降低抽样调查的科学性和准确性。定性调查的样本量主要取决于抽样成本。

对于定量调查而言，样本量的确定主要取决于三个方面：抽样方法、抽样成本、抽样误差。一般来讲，抽样方法越随机，在其他条件不变的情况下，所需样本量越小。所以简单随机抽样所需样本量最小，非随机抽样所需样本量最大。抽样成本和样本量之间存在着正比关系，随着样本量的增加，抽样成本呈直线递增，通常样本量增加1倍，抽样成本也增加1倍。抽样误差和样本量之间存在着反比关系，样本量增大，抽样误差减小；反之，样本量减小，抽样误差增大。但是这两者之间的关系不是线性的，抽样误差只是以样本量相对增长速度的平方根速度递减，即如果样本量增加了3倍，抽样成本也增加了3倍，而抽样误差只降低了1/2。

因此，在限定的抽样误差范围内，使抽样成本达到最小的样本量是抽样设计的最佳选择。但是由于抽样成本很难估计，一般不能用此方法决定样本量。通常的做法是，先确定一个容许的误差水平，在一定的置信度下，计算样本量。表3-2列出了按照上述思路计算得出的常用调查所需最小样本量的部分计算结果。

表3-2　简单随机抽样所需最小样本量

| 最大容许误差 ＼ 置信度 | 90% | 95% | 99% |
|---|---|---|---|
| 1% | 6 806 | 9 604 | 16 641 |
| 2% | 1 702 | 2 401 | 4 160 |
| 3% | 756 | 1 067 | 1 849 |
| 4% | 425 | 600 | 1 040 |
| 5% | 272 | 384 | 666 |
| 6% | 189 | 267 | 462 |
| 7% | 139 | 196 | 340 |

需要注意的是，上表中的计算结果是在调查问卷回收率为100%的理想情况下得到的理想值。一般情况下，有效问卷的回收率很难达到100%。因

此，在确定样本量的时候，需要把问卷回收率这一因素也考虑进去，以保证回收问卷达到设定的置信水平 $\alpha$ 和精度所要求的样本量。

除此之外，在实际调查中还有一些因素会影响样本量的确定。例如，在分层抽样中，当各层按比例进行分配时，有时会出现某一层或某些层的样本量太少，以至于当它和其他层作比较时，样本数量没有达到统计方法的基本要求。遇到这种情况，在抽样设计时就应当事先考虑，适当增加这一层或这些层的样本数量。为了避免增加的样本数量对样本总体产生影响，在统计处理中可以采用加权处理的方法，把增加样本的影响消除掉。

综合考虑上述几点因素，样本量的确定就清晰和明朗化了。可以将其概括为下列五个步骤进行具体操作：

第一，根据调查研究的目的，确定调查的置信水平（$\alpha$）和精度（或最大允许误差 $\Delta p$）；

第二，由 $\alpha$ 和精度要求，确定最小样本量 $n$；

第三，在对研究精度没有太大影响的条件下，根据经费来决定是否减少某些子总体的样本量；

第四，从统计分析的角度考虑是否增加某些子总体的样本量；

第五，根据已有经验或有效问卷回收率的预测，考虑是否增加样本数，增加多少。

总之，在实际调查中，其他随机抽样方法样本量的计算比简单随机抽样还要复杂；而且有些非随机抽样的样本量无法用上述方法确定。所以杨泽荣在《传播研究方法总论》中给出了一个决定样本量的一般原则，即"大样本小样本"的原则。大样本即样本量较大，其对总体的代表性要优于样本量较小的小样本。对于抽样调查（随机和非随机的），该原则明确限定了大样本、小样本的样本量：样本量达到总体单元数的 5% 或以上，这样的情况称之为大样本；样本量不到总体单元数的 5%，这样的情况称之为小样本；样本量虽不足总体单元数的 5%，但是大于 500 也算做大样本；若小于500 则为小样本。也就是说，要选取有代表性的样本，应尽量使样本量达到总体单元数的 5% 以上，若样本量是总体单元数的 5% 以下，也最好在 500以上。

## （六）　制定抽样规则

无论使用随机抽样或者是非随机抽样，在一个调研项目的资料收集阶段，必须指定和明确选择样本单位的详细规则。对于随机抽样的成功实施来说，这个过程更为重要，抽样规则必须详细、清晰、不受访员的干扰。如果没有制定合适、详细的抽样规则，在实际抽样中会给访员带来很多麻烦和较大的随意性，非抽样误差也随之大大增加。

### （七）执行抽样方案

在实施抽样计划之前，必须对整个抽样的方案进行核查，进一步确定抽样方案的准确性和可能的问题，并及时做好修正和补充工作。

## 第二节　广告调查的问卷设计

问卷设计在调查中起着举足轻重的作用。几乎每一种调查形式都依赖于问卷的使用。问卷调查法对问卷的依赖程度不言而喻，即使是观察法、访谈法等定性调查方法一般也都需要制定一份问卷或类似问卷的提纲以利于调查的顺利进行。

### 一、问卷的定义与分类

#### （一）问卷的定义

问卷是为了达到调查目的和收集必要数据而设计的一系列问题，是收集来自于受访者信息的正式一览表。问卷提供标准化和统一化的数据收集模式，它使问题的用语和提问程序标准化，每一个受访者看到或听到相同的文字或声音，每一个访员也必须询问相同的问题。如果没有问卷，每个访员随感而问，不同的访员用不同的方式提问，调查人员将陷入这样的困惑：即受访者的回答是否受到了访员用词试探或解释的影响？对不同受访者进行比较的基础就不存在了，一堆混乱的数据从统计分析的角度来看也难以处理。从这个意义上讲，问卷是一种控制工具，问卷限定了访员在标准化、统一化的问题框架内提问，受访者也针对所限定的问题作答。

#### （二）问卷的分类

广义的问卷包含了所有调查形式的记录或问题清单。比如，观察法所需要的记录清单，小组访谈法的问题讨论提纲，深度访谈法的访谈提纲，以及问卷调查法的问题清单。

狭义的问卷特指问卷调查法的问题清单，它的内容和形式都是经过严格设计的，以满足问卷调查使用标准化的问题收集量化信息的需求。

从调查执行的方式来区分，问卷可分为，面访问卷、邮寄问卷、电话调查问卷、网络调查问卷。这几类问卷的问题主体部分区别不大。需要注意的是，由于执行方式的不同，对于问卷的相关问题的说明，如作答方式、问卷回复方式等的详略程度要求不同，一般的原则是与受访者的直接接触程度越低，相关的说明就越要详细，比如邮寄问卷中关于调研目的的解释、问题的填答方式都要比面访问卷的更为详细，还要补充面访问卷中所没有的关于问卷回复方式的说明。

以问卷中问题的形式来区分，可将问卷分为结构式问卷和非结构式问卷。如果一份问卷以封闭式问题和量表式问题为主，则问卷称为结构式问卷；如果问卷以开放式问题为主，则问卷称为非结构式问卷。

## 二、问卷的问题类型

根据实际调查的需要，对于所要调查的不同方面或内容的问题，要用不同的问题形式进行提问。问卷中对问题的提问形式，被称为问卷的问题类型。通常情况下，一份问卷可能包含不同的问题类型，问卷的问题类型主要有三种：开放式问题、封闭式问题和量表式问题。

### （一）开放式问题（Open Question）

开放式问题是一种应答者可自由回答和解释有关想法的问题类型，也就是说，调查人员没有对受访者的选择进行任何限制。对于开放式的问题，经常需要"追问"，为了获得更详细的材料或使讨论继续下去，开放式的问题要求访员对受访者不断地追问和激励。

通常，小组访谈的问题提纲和深度访谈的访问提纲主要由开放式问题构成。对于量化调查问卷，开放式问题常常作为补充性问题出现在问卷中。

### （二）封闭式问题（Closed Question）

封闭式问题是一种需要受访者从一系列的应答项中做出选择的问题。封闭式问题避免了开放式问题的缺点：首先，可以减少访员的误差，因为访员只需要在选项上打"√"或是画圈，记录下编码或是按一下键；其次，它可以提供更为实际的应答，同时，因为受访者无需对有关主题进行解释，从而避免了向那些善于表达自己意思的人偏斜的倾向；而且编码和录入的过程大大简化了，也就大大减少了这方面可能发生的误差。

这里，我们应该注意预先编码的开放式问题和多项选择题之间的差异。一个预先编码的开放式问题允许受访者随心所欲地回答，访员只是根据他们的回答在记录单上做记号，列出的答案从来不读也不给受访者看。如果受访者给出的是一个没有预先编码的答案，他就将在其他栏内逐字记下。相对地，封闭式题目中的多项选择题要向受访者读出选项供他们选择。

还有一种情况是在封闭式问题中包含一定的开放性，例如为了使问题答案的选项更为完备所设立的"其他"选项，并要求受访者注明"其他"的具体情况。这类题目虽被称为半开放式问题，但其特征还是以封闭性为主。

### （三） 量表式问题 （Scaled–response Question）

所谓量表，就是通过一套事先拟定的用语、记号和数目，来测定人们心理活动的度量工具。采用量表的方式进行相关问题的询问，即量表式问题。

量表式问题的主要优点是可以对受访者回答的强度进行测量，另一个优点是许多量表式应答可以转换成数字，并且这些数字可以直接用于编码。最后，对量表式问题，调查人员可以使用一些更高级的统计分析工具。量表式问题最明显的缺点是受访者的误解，因为量表式问题有时对受访者的记忆与回答能力的要求过高。

## 三、问卷设计流程

尽管不同的调查方法，其问卷内容和形式差别很大，但问卷设计的流程基本相同。完整的问卷设计主要由下述步骤组成。

### （一） 确定调查目的和对象

在进行具体的问卷设计前，首先必须明确调查目的和调查对象，也就是要清楚究竟你想从什么样的人那里得到什么样的信息，调查的目标应尽可能精确、清楚，对调查对象应有尽可能多的了解，这将为以后的调查奠定良好的基础。

例如，某电台欲进行一次调查。调查对象不仅仅局限于其听众，也可能包括不收听该电台节目甚至不收听广播的人群。根据这一调查要求，在问卷设计时，调查人员就要充分考虑到广播听众和非广播听众的不同，对两者加以区别。

### （二） 确定问卷的结构

明确了调查的目的和对象之后，就要着手构建问卷大致的结构。这就好比写文章，要谋篇布局，分段论述。通常可以根据问卷主题，设立若干副标题，也就是次主题，副标题不能脱离主题而独立。在确定问卷结构时应注意每个次主题与主题之间、各个次主题之间的逻辑关系与内在联系，各个次主题在围绕主题的前提下，要由易到难、由客观性问题到主观性问题逐渐展开。

## （三）确定问题的形式

一旦问卷的结构和形式决定下来，实际的问卷设计过程也就开始了。这一阶段首先要确定的是用于询问的问题类型。对于问题类型的选择要根据实际的需要，选择恰当的问题类型。既不要一味追求复杂的量表式问题类型，徒增调查执行的难度；也不能都用开放式问题类型敷衍了事，给后期的数据分析制造麻烦。

## （四）确定答案的种类

在编写问卷时，每一个问题对应若干答案。分析经由问卷所收集的数据资料时，要利用数据库使工作简便易行，问卷中的问题即对应为变量，相应的答案对应为数字代码。在调查中，由于各种问题所探询的深度和动机不同，其答案所能呈现的数据测量的精确程度亦不相同，按照其精确程度由低到高可以将问题的答案分为四种类型：命名量表、次序量表、等距量表和比率量表。

1. 命名量表（Nominal Scale）

又叫"定类量表"（Categorical Scale），是最低测量水平的量表，它是用数字来代表事物或把事物归类。这里的数字没有数量化的关系。如"1"代表男，"2"代表女，或用1、2、3等数字代表不同的职业等。用这种量表测量的变量不能作加、减、乘、除运算。适用的统计方法有频数分析、卡方检验以及部分相关分析。

编制命名量表时，一定要注意答案必须详尽无遗，并且互相排斥。

2. 次序量表（Ordered Scale）

又叫定序量表，比命名量表的测量水平高。不同的取值大小可以表示程度的高低或一定的顺序，例如用1表示很不喜欢，2表示不喜欢，3表示无所谓，4表示喜欢，5表示非常喜欢。用该量表得到的数字表示等级或大小顺序，并不表示量的绝对大小，等级间的间隔也不一定相等，因此一般不能作加、减、乘、除运算。适用的统计方法有部分相关分析和非参数统计等。问卷的人口统计中最常使用的问题"教育程度"就属于次序量表。

### 3. 等距量表（Numerical Scale）

等距量表比次序量表又进一步，它的数值不仅指明了大小，而且还有相等单位，但没有绝对零点，也就是说，等距量表中的 0 不表示没有，仅仅是取值为 0。例如温度，它的"0"值，表示"0℃"这一特定温度，属于等距量表。等距量表的数值可以进行加、减运算，但不能进行乘、除运算。适用的统计方法有皮尔逊积距相关、$T$ 检验、方差分析和 $F$ 检验、回归分析、多元统计分析等。

### 4. 比率量表（Ratio Scale）

也称等比量表，它包含有等距量表的所有属性，又有绝对零点。例如身高、体重、时间等。与等距量表不同，比率量表取值为"0"时，表示"没有"。

比率量表资料可以进行加减乘除运算，大多数描述统计方法和高级统计方法均可运用。

在调查中使用何种测量等级，首先取决于被测对象自身的特性，其次是测量的目的和研究的要求。例如，性别、民族、宗教信仰等只能按性质分类的指标，就必须也只能用定类测量。又如，利润这类的数量指标，如果仅要求将企业分为有无利润两类的话，就可以使用定类量表；如果要求将盈利企业分为 10 万元以下、10 万 ~ 100 万元、100 万元以上等几个等级，则应进行定序测量；如果要求计算出各类企业的利润具体差距或其比例关系，则应进行等距测量或等比测量。一般来说，调查的精确度要求越高，就应采用数量化程度较高的测量层次，对调查的精确度要求不高或不可能获得精确的数据，就应采用数量化程度较低的测量层次。

由于问卷的每个题目都可以看做是一个变量，其答案选项特征与以上四种量表分别相对应的题目被称作定类变量、定序变量、定距变量和定比变量。较高级别的变量可以转换成较低级别的变量，反之则不行。

### （五）确定问题的措辞

一旦决定了问题的内容和回答的形式，下一步就是实际设计问题。措辞的好坏，将直接或间接地影响到调查的结果，因此对问卷问题的用词必须十分审慎。下面几点需要在问卷设计时引起注意。

1. 问卷措辞必须准确清楚。如果调查人员认为问题是绝对必要的，那么，问题的表达对每个人来说必须意味着同样的意思，应当避免含糊不清的词语。例如，"你是否经常收看电视？"对于这个问题，每个人对"经常"的理解不同，会导致结果的不一致。应在"经常"后加注"每周 3 ~ 5 天"，使受访者对"经常"一词有基本一致的理解。

2. 使用普通词汇，尽量避免专业词汇。问卷不是词汇测试，用语要适合受访者的文化水平。

3. 避免问题带有诱导性。"您觉得这样的包装精美吗？"——这样的问题带有一定的诱导性，使受访者从一开始就带有偏见，从而人为地增加了作某一特定回答的机会。所以，这样的问题可以设成："您觉得这包装怎么样？"就减少了诱导的可能。

4. 应该考虑到受访者理解问题和回答问题的能力。这包括两方面的内容。首先，在某些场合，受访者可能对回答问题所需的信息一无所知。在收视率的调查中，调查人员一般会将受访者的年龄限定在 4 周岁以上，这主要是因为 4 周岁以下的儿童即使收看了电视节目也很难描述清楚其收看电视的情况，会给调查结果带来误差。另一个要考虑到的问题是遗忘。例如，"您在电影院里看的最近一部电影名称是什么？""主角是谁？""当时您买了些什么样的零食？""有没有买爆米花？""爆米花的价格是多少？"受访者一般记不住这些问题的正确答案。为了避免类似的情况发生，我们有必要在题目中设定相对较短的时间限制。例如，"在过去的一星期里，您去过电影院看电影吗？"

5. 要考虑到问卷中敏感问题的提问。对有些问题，受访者可能不愿意给出真实的答案，或者会朝合乎社会需要的方向倾斜。对于这类问题，有两种处理方式，一是可以使用第三人称的方式询问，例如，"许多人的信用卡都透支，您知道是什么原因吗？"另一种方式是在问题前声明这种行为或态度是很平常的，使受访者能以平常的心态来讨论尴尬问题。例如："许多人患有痔疮，您或您的家庭成员有这方面的问题吗？"

6. 问卷必须尽量简单、直接，避免使用冗长复杂的语句。从修辞的角度讲，多一些修饰词，会使语言显得优美。但如果把这类句子用于要求受访者在很短时间里作答的问卷中，会造成理解上的困难。过长的句子会让受访者感到不耐烦，而最终无法认真完成问卷。

## （六） 确定问题的编排

问卷设计中还要考虑到问题的顺序。问卷不能任意编排，每一部分的位置安排都具有一定的逻辑性。其逻辑性描述在表 3-3 中列出。

表 3-3  问卷中各类问题的编排

| 位    置 | 类    型 | 例    子 | 理 论 基 础 |
|---|---|---|---|
| 过滤性问题 | 限制性问题 | "过去的一年里,您使用过隐形眼镜吗?" | 为了辨别目标回答者。对去年使用隐形眼镜者的调查。 |
| 最初的几个问题 | 适应性问题 | "您拥有何种品牌的隐形眼镜?""您已使用几年了?" | 易于回答,向受访者表明调查很简单。 |
| 前 1/3 的问题 | 过渡性问题 | "您最喜欢的隐形眼镜品牌是什么?" | 与调查目的有关,需费些力气回答。 |
| 中间 1/3 的问题 | 难以回答及复杂的问题 | 以下是隐形眼镜的 10 个特征。请用以下量表分别评价您的隐形眼镜的特征。 | 受访者已保证完成问卷并发现只剩下几个问题。 |
| 最后部分 | 个人情况 | "您的最高学历是什么?" | 有些问题可能被认为是个人问题,受访者可能留下空白,但它们是在调查的结尾。 |

在问题的编排过程中,有以下几点需要注意:

1. 如果有过滤性问题筛选受访者,应该放在问卷的最前面。

2. 在得到合格受访者后以一个能引起受访者兴趣的问题开始访问。在介绍性导语和经过过滤性问题发现合格的受访者后,起初提出的问题应当简单,容易回答,令人感兴趣,并且不存在威胁性。用收入或年龄问题作为第一个问题是一大错误,这些问题经常被认为具有威胁性,并且立即使受访者处于防卫状态。起始问题应易于回答,不需许多事先的思考。

3. 开始时问一般性问题。问卷应由一般性问题开始,使人们开始考虑有关概念、公司或产品类型,然后再问具体的问题。例如,有关隐形眼镜的问题,可以先开始于"在过去的一年里,您曾经购买过隐形眼镜吗?"促使人们开始考虑隐形眼镜的问题;然后,再问及有关购买的品牌、对所购买品牌的满意程度、再购买的意向、理想品牌的特点等问题;最后是年龄、性别等人口统计方面的问题。这样的问卷编排是合乎逻辑的,促使消费者跟着问卷考虑隐形眼镜的有关问题并以个人资料结束。

4. 需要思考的问题放在问卷中间。一开始,受访者对调查的兴趣和理解是含糊的,培养兴趣的问题为访问提供了动力和承诺。当访员开始量表式问题时，受访者受到鼓励去理解回答的类别和选择；另外，在有些受访者中，会有一些问题需要回忆，已建立起来的兴趣、承诺和与访员间的融洽关系保证了对这部分访问的回答。

5. 在问卷的关键处插入简短的鼓励或提示。当受访者的兴趣开始下降时，优秀的访员应能及时发现并努力重新培养起受访者的兴趣。对问卷设计者而言，应在问卷的关键点插入简短的鼓励或提示。例如，"下面没几个问题了"，"既然您已经帮我们提出了以上的意见，我们想再多问一些问题"等。

6. 把敏感性问题、威胁性问题和人口统计问题放在最后。一般来说，当调查进行到最后的时候，访员和受访者之间已经建立了比较融洽的关系，受访者已经不再像开始那样有很强的戒备心理，这时问敏感或带有一定威胁的问题，较容易得到答案。

### （七）问卷的评估

问卷设计完成以后，要对设计好的问卷进行几个方面的评估：问题是否必要；问卷是否太长；问卷是否回答了调查目标所需的信息；问卷看上去是否杂乱；是否给开放式的问题留够空间；问卷的外观设计等。

### （八）问卷的测试和修订

问卷设计初稿完成后，不能马上实施调查，需要做预先的测试，并将测试结果逐一讨论，用以发现问卷设计中出现的问题。如是否容易造成误解，或语意不清楚，或没有抓住重点等，并做合理修正。此种测试的调查，有的称为预调查（Preliminary Survey），也有的称为小规模试验调查（Pilot Survey），还有称为事前调查（Pre－test）。预先测试的样本数不用很多，通常对几十个受访者进行访问，能够充分发现问卷存在的问题即可。

### （九）问卷的合议、定稿

问卷经过修正后，还必须要与客户进行合议，才能定稿、印刷，最后才能正式实施调查。通常一张完整问卷的内容包含：调查机构；招呼语；自我介绍和说明目的；调查地点；访问时间和访问次数；样本编号；访员姓名；调查问题（正式问卷）；受访者基本资料；受访者联络地址；受访者签名；无法调查的理由；督导员签名等。

## 四、问卷设计注意事项

1. 问卷开头招呼语措辞要亲切、真诚。开始的几个问题设置，必须慎重，要容易回答，不要使受访者碍于启齿。如果所调查的是同一类产品的整体市场情况，以及被调查的品牌在整体市场中的地位，为了避免影响受访者的反应，或者蒙蔽受访者的真正看法，在开始询问时，一般尽量不让受访者知道所要调查的主要品牌是什么，以及委托调查公司的名称。

2. 一个问题只能有一个问题点。一个问题如有若干问题点，不仅会使受访者难以作答，其结果的统计也会很不方便。

3. 问卷的排列，要由浅而深，由易到难。一开始就询问难以作答的问题，易导致受访者的抗拒。

4. 考虑问题的关联性。同性质的问题应尽量集中在一起，可以避免受访者思考混乱。

5. 避免语意不清，模棱两可，以免使受访者左右为难。

6. 所列的限制条件要清楚，使作答时有正确的方向。

7. 措辞简单明了、客气温和，所有问题的措辞要尽量客观。

8. 注意措辞的强度，如"必要的东西"和"必备品"因为措辞强度不同，事实上很可能影响受访者回答。

9. 不可询问难以回忆的事项，避免为难受访者，问卷中不应有蓄意难为受访者的问题设置。

10. 类似下列这样的问题，不要放在问卷之首。

（1）关于受访者的个人资料——教育程度、经济状况、耐久消费品拥有情形等均须放在最后询问。

（2）类似测验智力问题——使受访者感到困难，有产生敌意之嫌。

（3）有关受访者的生活态度问题——受访者通常在回答这类问题时持谨慎态度。

（4）令人漠不关心的问题。

### 五、合格问卷的标准

一份合格的问卷，应该能符合以下几个要求：能提供必要的管理决策信息；充分考虑到受访者的情况；满足编辑、编码和数据处理的需要。

1. 对客户而言，问卷能提供必要的决策信息

任何问卷的主要作用都是提供管理决策所需的信息，不能提供管理或决策重要信息的问卷都应被放弃或修改。这就意味着首先要让使用这些数据的客户认可问卷。如果客户对问卷不满意就意味着问卷将要继续修改。

**2. 对受访者而言，问卷要充分考虑到他们的具体情况**

在整个调查过程中，受访者是最可贵的资源。问卷设计欠佳、令人迷惑、冗长的询问都可能使潜在的受访者流失，或者影响受访者填答问卷的质量。问卷设计最重要的任务之一就是要充分考虑到受访者的情况。一要使问题适合潜在的受访者。例如，针对儿童的问卷就应该使用儿童的语言表述。二要考虑访问环境和问卷的长度。例如，在商场等人流量大的环境下实施的拦截式调查，其问卷以简短为宜。

**3. 对访员而言，问卷必须易于管理**

问卷应该能充分考虑到访员的情况，使他们能方便地记录下受访者的回答，同时它还必须有利于方便快捷地编辑和检查完成的问卷，并容易进行编码和数据输入。

## ● 资料链接：电视观看动机量表 ●

《Communcation Research Measures》[①] 是一本有关大众传播研究各类问题测量量表的工具书。一个量表的提出一般应有其相应的理论背景和明确的测量目的。电视观看动机量表的提出以大众传播学中使用与满足理论为基础。该理论假定人们主动利用媒体以满足获取信息的需求，并研究检测人们使用媒体的种种原因。从表3-4电视观看动机量表的结构中可以看到，量表从不同的方面探求人们看电视的原因，所有问题的设定都紧密围绕其明确的研究目的。

表 3-4　电视观看动机量表

| 以下是人们给出的他们为什么看电视的种种原因。这些说法是否符合您自身的情况？请对每种说法圈选您最认同的评分：（5）完全正确，（4）比较正确，（3）说不清，（2）不太正确，（1）完全不正确 | | | | | |
|---|---|---|---|---|---|
| 我看电视是因为…… | 5 | 4 | 3 | 2 | 1 |
| 放松身心： | | | | | |
| 1. 因为看电视使我放松身心。 | | | | | |
| 2. 因为看电视让我得到了放松。 | | | | | |
| 3. 因为看电视是一种愉悦的休息方式。 | | | | | |

---

① Rebecca B. Rubin, Philip Palmgreen, Howard E. Sypher, *Communcation Research Measures*, Lawrence Erlbaum Associates, USA, 2004.

| 我看电视是因为…… | 5 | 4 | 3 | 2 | 1 |
|---|---|---|---|---|---|
| 伙伴关系： | | | | | |
| 1. 看电视使我不孤独。 | | | | | |
| 2. 当没人陪我或者跟我说话聊天的时候，我就看电视。 | | | | | |
| 3. 因为看电视使我减少了孤独感。 | | | | | |
| 习惯： | | | | | |
| 1. 我看电视仅仅因为电视的存在。 | | | | | |
| 2. 因为我正好喜欢看电视。 | | | | | |
| 3. 因为这是一个习惯问题，仅仅是我习惯于这么做。 | | | | | |
| 打发时间： | | | | | |
| 1. 当我没有其他更好的事情可做的时候我就看电视。 | | | | | |
| 2. 因为看电视挺打发时间的，尤其当我觉得无聊的时候。 | | | | | |
| 3. 因为看电视可以占用我的时间使得我有事可做。 | | | | | |
| 娱乐： | | | | | |
| 1. 因为看电视使我得到娱乐。 | | | | | |
| 2. 因为看电视使我觉得愉快。 | | | | | |
| 3. 因为看电视使我得以消遣。 | | | | | |
| 社交： | | | | | |
| 1. 因为当朋友们来访的时候，看电视是一种可选择的娱乐之一。 | | | | | |
| 2. 通过看电视，跟其他人聊天的时候，我就可以聊聊最近在上映什么节目。 | | | | | |
| 3. 我可以和同样在看电视的亲人或者朋友们一起看。 | | | | | |
| 信息： | | | | | |
| 1. 因为看电视帮助我学到了关于我自己和他人的一些事。 | | | | | |

| 我看电视是因为…… | 5 | 4 | 3 | 2 | 1 |
|---|---|---|---|---|---|
| 2. 有些事我以前从没做过，通过看电视使我学到了如何去办理这些事情。 | | | | | |
| 3. 通过看电视，我可以预先了解到什么事情是有可能发生的。 | | | | | |
| 激发情感： | | | | | |
| 1. 因为看电视也能使人毛骨悚然。 | | | | | |
| 2. 因为看电视能使人激动。 | | | | | |
| 3. 因为看电视使我精力充沛，充满活力。 | | | | | |
| 逃避： | | | | | |
| 1. 通过看电视能使我忘记学校、工作或者其他一些烦人的事情。 | | | | | |
| 2. 通过看电视能使我避开其他的家人或别的什么人。 | | | | | |
| 3. 通过看电视能使我逃离正在干的其他事情。 | | | | | |

需要注意的是以上量表中的问题在实际应用时，应打乱顺序，随机排列。另外，对于所有的量表都存在有效性和可靠性的问题，所以通常需要进行所谓的效度和信度检验。

# 第三节　广告调查的数据分析

定性调查的结果多以文字、影像等文本方式呈现，定量调查结果多以数据资料的方式呈现，对于不同形式的资料有不同的分析方法。对数据资料的分析相比于对文本资料的分析，需要更为系统的方法，因此有必要专门加以介绍。

整体的数据分析工作分为两个环节，一是数据的准备，包括对问卷的回收检查和数据的录入、整理工作，二是数据的统计分析，包括使用各种统计分析方法，对数据结果进行描述、分析变量间的相互关系等。

## 一、数据分析的前期准备

### （一）问卷的审核和编码

数据资料的处理过程从回收第一份问卷开始，按照事先调查方案的计划，尽量确保每份问卷都是有效问卷（所谓有效问卷，是指在调查过程中按照正确的方式执行完成的问卷）。为此，需要对问卷进行检查和校订，并进行编码工作，为数据分析做准备。

1. 问卷检查

问卷的检查一般是指对回收问卷的完整性和访问质量的检查，目的是要确定哪些问卷可以接受，哪些问卷要作废，检查的要点包括：

（1）规定详细的检查规则。一份问卷哪些问题是必须填写完整的，哪些问题出现缺失时可以容忍等，使督导员明确检查问卷的每一项流程。

（2）对于每份访员交回的问卷必须做彻底的检查，以确认访员是否按照相关的要求完成了访问，并且完整地记录在问卷的恰当位置。

（3）应该将问卷分成三种类型：第一种是完成的问卷，第二种是作废的问卷，第三种是有问题，但通过追访还可以利用的问卷。

（4）如果抽样中有配额的要求，那么应将完成的问卷中的配额指标进行统计分析，确定问卷是否完成配额的要求，以便及时补充不足的样本。

（5）通常下面情况的问卷是不能接受的：所回收的问卷明显不完整，有缺页；问卷中有很多内容没有填答；由于调查人员没有理解或者遵循访问指南造成的错误答题模式；问卷的答案几乎没什么变化，如在态度的选项上全部选择第 x 项；问卷的受访者不符合抽样要求；问卷的回收日期超过了访问的时限，等等。

2. 问卷的校订

为了加强问卷的准确性，对那些通过初步审核的问卷还要进行进一步的检查和校订，在校订的过程中，通常会发现问卷中存在有字迹模糊、问题漏答、问题选项漏选、前后回答不一致、答案模棱两可和跳答错误的问题。

问卷某些问题的答案可能出现字迹模糊的情况，特别是无结构的开放式问题，因为访员的记录不清晰，答案不容易识别。如果发现这样的问题，应对受访者进行追访，将不清楚的地方写清楚。

出现漏选或答案不清楚的题目且由于各种原因无法进行事后补充访问时，如果是普通的问题且数目不大，通常作为缺失值处理；如果涉及受访者的个人特征或问卷的核心问题，通常只能作为废卷处理。

问卷中有些问题的答案会出现不容易理解的模棱两可的情况，或者是使用了不是通用的缩写方式或词语，或者在应该单选一项的问题中，圈选了多项等，都必须通过追访进行补救。另外就是填答设有跳答题目的问卷时，可能出现跳答错误的情况，这可能是因为受访者没有很好地理解问题。如果出现这种情况，首先要核实受访者是否符合抽样的基本条件，如果符合，进行追问补充；如果不符合条件，问卷只能作废，重新补充样本。

回收、检查和校订问卷可能是非常烦琐且耗时很长的工作，但却是保证数据处理过程中减少误差的重要步骤。

3. 问卷的编码

编码是指对一个问题的不同答案进行分组和确定数字代码的过程。大多数问卷的大部分问题都是封闭式的，在调查之前就已经完成了编码过程，即每一组问题的不同答案的数字编码已经确定。

而开放式问题，因为不知道会得到什么答案，或者是希望得到比列出的封闭式选项更详尽的答案，所以在调查结束后，必须对这些开放式问题进行事后编码。开放题事后编码的工作量很大，无法预知会出现多少个新的代码和答案，而且有些答案是非常类似的，必须决定是合并成一类，还是分成不同的代码。具体地说，编码需要以下几个步骤：

（1）每个需要编码的项目都必须有一份编码表，将问题和项目的代码详细地标注在编码表的顶端位置，由于事先不知道会有多少新的代码或答案出现，所以一定要预备足够的空间。

（2）如果编码的工作由一个编码员完成的话，出现错误的可能性相对较小。但实际上，因为需要编码的问题可能很多，一个人没有办法按时完成，这就需要多个编码员。在这样的情况下，一定要注意多个编码员工作的协调。应尽可能安排编码员在相同的时间和地点，使用同一个编码表，这样就可以避免重复编码的情况。

（3）研究人员应详细制定编码的守则，指导编码员如何识别答案并且将其归类，以及如何分配编码等等，并同时对编码过程进行监督和检查。编码员在编码的过程中可能有两种倾向：一种是事无巨细地将出现的每一种答案给予新的编码，结果代码的数量比预料的要多得多；另一种情况是对答案的归类过于粗糙，可能丢弃了数据中有意义的差异。对于这两种情况都必须通过守则的规定，尽量避免。碰到无法确认的分类时，通常的做法是赋予一个新的代码，如果需要合并，可以在将来的数据处理过程中完成。

（4）可以对"不知道"、"无所谓"、"不清楚"、"缺失"事先规定编码，但是这些事先规定的编码不能与该问题各个选项的编码有重合。

（5）编码的字迹必须清楚，如果可能的话，及时进行计算机的录入管理。

## （二）数据的录入和整理

### 1. 数据录入

数据录入是指将问卷或编码表中的每一个项目对应的代码转化成计算机能够识别的形式的过程。这个过程需要数据录入装置（计算机）和一个存储介质（数据库软件、U 盘）。如果在数据的采集中使用 CATI、CAPI 的方式，键盘录入的过程在访问中就已经完成了。而且对于简单的问卷调查，使用调查卡进行光学扫描录入也能从时间上节约不少成本。越来越普及的网络调查也省去了数据录入的过程。但对于纸张问卷调查，在问卷完成后，还需要对问卷进行录入。

大多数问卷信息通过智能录入系统进行，即使用相关的数据库软件包，数据库软件不仅可以存储数据，而且在录入过程中，通过事先的数据库结构的编辑，可以对录入员录入的过程进行逻辑检查，避免数据录入过程中出现某种类型的错误，如入无效的编码、或者是超出范围的编码，同时对于跳答问题的录入也能进行很好的控制，减少错误。

数据库软件的录入检查范围，限制在最常见的逻辑错误上，对于选项范围内因为录入员的疏忽而出错的信息，往往不能察觉。而录入员在问卷的输入过程中，因为速度非常快，即使是非常老练的录入员，也会出现录入错误的情况。为了保证数据录入的准确性，有要对录入的结果进行核查，核查的方式主要有双机录入或三机录入。所谓双机录入的方式，是将同一份问卷分别由两个录入员进行两次录入，将两次的结果进行逐个比较，相同的部分是被认为没有错误的，如果出现不同的部分，检查问卷，及时修正。所谓三机录入，既将同一份问卷由不同的录入员录入三次，将三次的录入结果通过计算机进行比较，采用"2 排 1"的选择，如果 2 个结果是相同的，排除那个不同的答案。三机录入的方式可以减少翻阅问卷的人工。

无论是双机录入还是三机录入，都会增加调查的时间和费用。但是为保证数据收集、录入各个环节的准确性，越来越多的企业和市场调查公司要求采用这种方法。

### 2. 数据整理

如果在录入过程中，没有实行双机录入或三机录入的措施，在录入完成后，有必要对数据进行全面的整理检查。数据整理主要是尽可能地处理错误或不合理的信息以及进行一致性的检查。虽然此时数据已经过回收问卷、编码过程以及录入的重复检查，但由于数据的整理过程是使用计算机进行的，因而对数据的矫正更为彻底。

数据整理可以使用 SPSS 或 SAS 等软件进行，可以很方便地寻找出超出选项范围、极端值或逻辑上有问题的数据。通常的做法是首先对所有变量进行频数的计算，对连续性的变量进行均值、标准差、最小值、最大值等统计分析，超出范围的数据和极端的数值很容易检查出来。例如，设定的调查对象是 16～60 岁的人群。如果在年龄一项中，出现小于 16 或大于 60 的数值就是超出范围的。然后，根据对应的问卷编号、变量名称找出问卷，进行核实。

数据整理是对数据进行的最后一道检查程序，完成这一步之后的数据应该是"整齐、干净的"，下一步就进入数据的统计分析阶段。

## 二、描述性统计分析方法

在数据的录入和整理之后，就进入对数据的统计分析阶段。根据不同的研究目的和要求，要选择不同的统计方法。总的来说数据分析有三种情况：一是，对一个变量取值的归纳整理以及对其分布形态的研究，用表格或图形的方法，或者用众数、中位数、均值和标准差等统计量来描述；二是，对两个变量的相关性分析，可以用卡方分析、单因素方差分析、简单相关系数、一元线性回归分析等方法；三是，对于多个变量间的相关分析，可以用多元线性回归、判别分析、聚类分析和因子分析等方法。

由于大多数情况下，广告调查的数据分析只需对数据进行基本的描述即可，因此这里重点介绍第一种情况下的分析方法。将调查样本中包含的大量数据资料进行整理、概括和描述，这就是描述性统计。在数据分析中，它是最基本的分析方法。

### （一）变量类型

在上节中已经提到过四种变量类型，亦可称为变量类别。问卷的每个题目都可以看做是一个变量，由于所提问题的性质不同，对应的变量类别就不一样，与问卷题目的测量级别相对应，变量类别由低到高依次为：定类变量、定序变量、定距变量、定比变量。

定类变量的取值只有分类的意义，变量取值间的加减乘除没有实际意义。定序变量的取值不仅能够代表事物的分类，还能代表事物按照某种特性的排序，定序变量的值之间可以比较大小，或者有强弱顺序，但两个值的差没有什么实际意义。定距变量的值可以比较大小，两个值的差有实际意义。定比变量和定距变量在调查中一般不做区分。

在统计分析时，对不同类型的变量要采取不同的方法。一般的原则是适于较低类别变量的统计方法也可用于较高类别的变量，反之则不行。比如适用于定类变量的分析方法，同时也可用于其他类别的变量，反过来适于定距变量的方法一般不能用于其他类别的变量。

由于市场调查中的定类、定序变量较多，为了能使用更多的统计方法，常常将有些定类和定序变量通过某些转换变成定距变量或近似看成定距变量，这样只适用于定距变量的统计方法就可以应用于这些定类和定序变量了。

### （二）频数（Frequencies）和百分比（Percentage）

所谓频数，是表示变量某一个取值的个案数；所谓百分比，是表示该取值的个案占总样本的比例，即（频数/样本量）×100%。将变量所有取值的频数和百分比列在一个表中，这种表叫频数表，从中可以看到各个取值的分布情况。问卷中的单项选择题和多项选择题的频数表略有不同。

1. 单项选择题的频数表

下面以《IMI消费行为与生活形态年鉴》中的数据为例，说明单项选择题频数表的应用。

首先，从北京地区的数据中随机选取200个样本，为了解消费者最近三个月去超市的频繁程度，对这200个样本做频数表。数据库的样式及所包含的变量如表3-5所示。限于篇幅，只列出了前10个样本的数据。其中城市变量取值为1代表北京；问卷编号的值代表样本的问卷编号，由于是随机选取所以数字不是连续的；是否去过的值为1时，表明去过超市，值为2时表明没有去过超市；去的频次取值为1时，表明一周1次以上，取值为2时表明一周1~2次，取值为3时表明两周1次左右，取值为4时表明约一个月1次，取值为5时表明两三个月1次及以下；去超市的考虑因素是一个限选三项的多选题，因此用三个变量表示：考虑因素1、考虑因素2、考虑因素3，一共有14个选项，依次为：交通便利、质量可靠、价格适中、商品种类齐全、空间宽敞、经常有促销活动、室内外装潢设计现代化、提供餐饮休息配套服务、服务态度好、退换商品方便、可送货上门、大型商品保修、有大量进口商品、就近，对应编号依次为1~14，还有"其他"编号为99；性别取值为1时表示男性，取值为2时表示女性；年龄变量的实际数值就是样本的实际年龄值；教育程度取值为 1 时表示小学及以下，取值为 2 时表示初中，取值为 3 时表示高中/中专/技校，取值为 4 时表示大学专科，取值为 5 时表示大学本科，取值为 6 时表示研究生或以上。

表 3-5　北京地区消费者最近三个月去超市情况的数据

| 城市 | 问卷编号 | 是否去过 | 去的频次 | 考虑因素1 | 考虑因素2 | 考虑因素3 | 性　别 | 年龄 | 教育程度 |
|---|---|---|---|---|---|---|---|---|---|
| 1 | 1 | 1 | 2 | 10 | 12 | 14 | 1 | 44 | 3 |
| 1 | 5 | 1 | 3 | 6 | 8 | 9 | 1 | 57 | 3 |
| 1 | 11 | 1 | 2 | 1 | 4 | 6 | 2 | 31 | 4 |
| 1 | 14 | 1 | 3 | 7 | 10 | 1 | 43 | 3 |
| 1 | 20 | 1 | 3 | 2 | 3 | 7 | 2 | 50 | 2 |
| 1 | 27 | 1 | 2 | 1 | 11 | 13 | 1 | 54 | 5 |
| 1 | 41 | 1 | 2 | 6 | 10 | 1 | 17 | 3 |
| 1 | 44 | 1 | 4 | 5 | 7 | 11 | 1 | 29 | 3 |
| 1 | 53 | 1 | 4 | 4 | 8 | 12 | 1 | 23 | 4 |
| 1 | 63 | 2 | 缺失 | 缺失 | 缺失 | 缺失 | 2 | 30 | 2 |
| ⋮ | ⋮ | ⋮ | ⋮ | ⋮ | ⋮ | ⋮ | ⋮ | ⋮ | ⋮ |

对上面的数据用 SPSS 可以计算出受访者最近三个月去超市的频次，如下面表 3-6 所示。

表 3-6　北京地区消费者最近三个月去超市的频次

| 去过的频次 | 频数（人） | 百分比（%） | 有效百分比（%） |
|---|---|---|---|
| 1 | 45 | 22.5 | 23.3 |
| 2 | 94 | 47.0 | 48.7 |
| 3 | 31 | 15.5 | 16.1 |
| 4 | 19 | 9.5 | 9.8 |
| 5 | 4 | 2.0 | 2.1 |
| 有效样本 | 193 | 96.5 | 100 |
| 缺失值 | 7 | 3.5 | |
| 合计 | 200 | 100 | |

从表 3-6 中可以看到，47.0% 的受访者是一周去 1~2 次超市，由于七个不去超市的受访者没有填答此题，所以如果按对去过超市的受访者也就是有效样本来计算百分比，这一数值为 48.7%。

需要注意的是，表 3-6 中第一列的编码 1~5，在报告撰写时应转换为实际去的频次。表中的百分比也根据需要留一列即可，修改后的表格参见表 3-7。

表 3-7　北京地区消费者最近三个月去超市的频次

| 去过的频次 | 频数（人） | 有效百分比（%） |
|---|---|---|
| 一周 1 次以上 | 45 | 23.3 |
| 一周 1~2 次 | 94 | 48.7 |
| 两周 1 次左右 | 31 | 16.1 |
| 约一个月 1 次 | 19 | 9.8 |
| 两三个月 1 次及以下 | 4 | 2.1 |
| 合计 | 193 | 100 |

频数表的分析方式一般适用于定类变量和定序变量，对定距变量，必须先将变量的取值进行分组，每一个分组作为一个新的选项，然后可以对这些新的选项进行频数表分析和计算。

频数和百分比计算中，百分比大小比较是一个相对的概念，频数大小则是绝对的数值。在调查分析报告中，经常利用百分比来说明结果，但有时也需要用频数进一步说明实际数值之间的差异。例如在比较两个公司经营额的增长幅度时，A 公司和 B 公司的经营规模差异巨大的情况下，可能 A 公司的增长幅度没有 B 公司快，这是因为 A 公司的实际规模可能是 B 公司的几十倍，在这种情况下需要比较增长的实际数额，才能全面说明问题。

2. 多项选择题的频数表

在表 3-5 中的数据库列表中，选择超市的考虑因素是一个多项选择变量，限选三项。用 SPSS 命令中的多项选择频数分析可以得出表 3-8 所列的表格。表中第一列是所有考虑因素的编码，编码原则参见表 3-5 的变量说明；第二列是对每一种考虑因素选择的人数，由于每人最多可选三项，所以总的选择人次（475）超过有效样本量（193）；回应百分比是指以所有的回答总数为基数，计算每一选项的百分比，此列百分比的合计为 100%；案例百分比是以有效样本量为基数计算的百分比，此列百分比的合计一般超过 100%。例如，对"交通便利"这一选项，193 人中共有 112 人次选择此项，对所有475人次的回答所占的百分比为23.6%，对193个有效样本所占的百分比是58.0%。在报告撰写时根据所要表述内容的需要，一般只需要留其中一列百分比即可。

表3-8　北京地区消费者选择超市的考虑因素

| 选择超市的考虑因素 | 人次（人） | 回应百分比（%） | 案例百分比（%） |
|---|---|---|---|
| 交通便利 | 112 | 23.6 | 58.0 |
| 质量可靠 | 66 | 13.9 | 34.2 |
| 价格适中 | 94 | 19.8 | 48.7 |
| 商品种类齐全 | 66 | 13.9 | 34.2 |
| 空间宽敞 | 9 | 1.9 | 4.7 |
| 经常有促销活动 | 38 | 8.0 | 19.7 |
| 室内外装潢设计现代化 | 1 | 0.2 | 0.5 |
| 提供餐饮休息配套服务 | 2 | 0.4 | 1.0 |
| 服务态度好 | 18 | 3.8 | 9.3 |
| 退换商品方便 | 5 | 1.1 | 2.6 |
| 可送货上门 | 2 | 0.4 | 1.0 |
| 大型商品保修 | 1 | 0.2 | 0.5 |
| 有大量进口商品 | 1 | 0.2 | 0.5 |
| 就近 | 60 | 12.6 | 31.1 |
| 合计 | 475 | 100 | 246.1 |

**（三）交互表**

在调查中，有时需要研究两个变量之间是否存在一定的相关关系，例如了解消费者年龄和消费者每月在超市花费之间的关系，或者消费者的性别和消费者光顾某家百货公司的频率之间的关系，对此要做一些统计检验来回答这类问题。限于篇幅，本书对此方面的内容不加阐述，但在这里对于此种情况的数据描述作基本说明。

对于调查中得到的两个变量的数据，用一个表格的形式来表示它们的分布（频数和百分比），这种表格称之为交互表或列联表。对于单项选择和多项选择的题目，交互表的形式基本相同，表中的数据表示略有区别。以下仅以单项选择题目的交互表为例说明交互表的形式和数据表述方式。

欲描述受访者最近三个月去过超市的频次和受访者性别的关系，可用单项选择题的交互表，因为性别和去超市频次这两个变量都是单项选择题。见表3-9。

**表3-9 不同性别消费者去超市的频次**

| 去超市的频次 | 去过超市的男性 | | 去过超市的女性 | | 合　计 |
| --- | --- | --- | --- | --- | --- |
| | 人数（人） | 百分比（%） | 人数（人） | 百分比（%） | |
| 一周1次以上 | 16 | 16.8 | 29 | 29.6 | 45 |
| 一周1~2次 | 46 | 48.4 | 48 | 49.0 | 94 |
| 两周1次左右 | 18 | 18.9 | 13 | 13.3 | 31 |
| 一个月1次 | 12 | 12.6 | 7 | 7.1 | 19 |
| 两三个月1次及以下 | 3 | 3.2 | 1 | 1.0 | 4 |
| 合计 | 95 | 100 | 98 | 100 | 193 |

表格中的人数和百分比都是分类数据，如，第一个交叉格中的数字16，代表的是去过超市的男性中有16人是一周去一次以上的情况，占所有去过超市的男性（95人）的16.8%。16.8即第一行第二个交叉格中的数据。

从表中可以看到，似乎女性去超市的频次总的来说要比男性多一些。需要注意的是，此时只是对数据进行了描述，至于两者的相关性检验需要应用更为深入的统计分析方法，因此在没有经过统计检验之前不能妄下结论。

（四）统计量

统计量即在前面的叙述中提及到的样本统计量，其定义是"由样本提供的信息计算出的值"，这种"值"能够代表样本的某些特性。与之相对应的概念是总体的参数，即从完整的普查中计算出的值，这种"值"代表的是总体的某些特性。一般来说，总体的参数是研究者需要了解又难以测量的，通常用样本的统计量去给出它们的估计值，例如用样本的平均值去估计总体的平均值。根据统计量的值所代表的样本特征的不同，统计量可分为集中趋势统计量，即对变量数据中心的描述；离散程度统计量，即对变量数据分散程度的描述；还有其他的对变量数据分布形状描述的统计量。这里具体介绍前两种统计量。

1. 对变量中心的描述——众数、中位数、均值

用于描述一组调查数据或资料的中心的常用统计量有三种：众数、中位数和均值。

所谓众数（Mode），是表示一组数据中出现次数最多或最常见的数值。在市场调查的数据中，众数代表了典型的个案，或者是分布的高峰所对应的变量取值，也就是变量的所有取值中频数最大的取值。如在消费者的教育程度问题里，初中学历程度选项最多，所以初中相对应的变量编码就是众数。众数适合于描述定类和定序变量，对于定距变量，可先将数据分组，分组后的频数最大的那一组的组中值，就近似地认为是该变量的众数。

中位数（Median）表示一组数据按照大小的顺序排列时，中间位置的那个数值，即针对某个变量，有50%的个案的取值在中位数以下。通俗地讲，样本的所有观测值中，有一半的数比中位数大，另一半的数比中位数小。中位数计算时会遇到两种情况：当样本数是奇数时，将样本的所有观测值按由小到大的顺序排列，排在中间位置的数值即为中位数；当样本为偶数时，排在中间位置的两个数的平均值为中位数。中位数适用于定序变量，对于定距变量，可以将其看做定序变量直接计算中位数，也可以先对观测值进行分组，用中间那一组的组中值作为变量的中位数。

均值（Mean）即样本的所有 n 个观测值之和除以样本量。假设 n 个观测值用 X1，X2……Xn 表示，均值用 $\overline{X}$ 表示，均值的公式为：

$$\overline{X} = \sum X/n \quad (1) \quad \text{或} \quad \overline{X} = \sum Xf/n \ (2)$$

这里公式（2）是针对分组的数据而言，其中 X 表示某变量的取值，f 表示变量落在某一组中的频数，$\sum$ 表示对所有的值求和（或者对所有的组求和）。

均值是最典型也最常用的统计量，适用于定距变量和定比变量。均值也是最有"意义"的统计量，它可以看做是数据的"平衡点"或"重心"位置所在。因为均值在计算时，使用了所有的数据，所以相对于众数和中位数，均值所包含的信息量最大。但是均值受极端值影响比较大，个别的极端值会影响均值的数值变化。因此当调查的数据分布比较规则，不存在什么极端值，或数据对中心的偏离不是很大的情况下，均值是很好的描述工具；但如果存在极端值或分布偏离比较大时，还必须用中位数或众数加以补充。

表 3-10　三个中心度量的比较

| 均　　值 | 中　位　数 | 众　　数 |
|---|---|---|
| 适用于定距或定比变量 | 主要适用于定序变量 | 主要适用于定类变量 |
| 最稳定 | 较均值的稳定性差 | 最不稳定 |
| 计算时用到全部数据 | 只需中间的数据 | 可最快速求出 |
| 受极端值影响 | 对极端值不敏感 | 有时对个别值的变动也很敏感 |
| 分组变化时影响不大 | 分组变化时有些影响 | 分组变化时影响较小 |

通过表 3-10 的模拟数据，可以看到均值、中位数和众数的计算方法和三者特点的比较。在街头拦截 10 位行人，询问他们每天收看电视的时间，他们的回答如表 3-11 所示：

表 3-11　十位受访者每天收看电视时间的数据

| 受访者 | 1 | 2 | 3 | 4 | 5 | 6 | 7 | 8 | 9 | 10 |
|---|---|---|---|---|---|---|---|---|---|---|
| 收看时间（小时） | 2 | 2 | 3 | 2 | 5 | 1 | 2 | 2 | 7 | 1 |

将这 10 位受访者收看电视的时间相加，然后除以 10，就计算出均值为 2.7。也可以用下面的公式计算出同样的数值：$(1 \times 2 + 2 \times 5 + 3 + 5 + 7)/10 = 2.7$。

将 10 个数据从小到大排序：1，1，2，2，2，2，2，3，5，7；可以看到最中间位置（第 5 位和第 6 位）的两个数值都是 2，所以中位数为$(2 + 2)/2$。

从上面的排序中可以看到，10 个数值中 2 出现的次数最多，所以众数是 2。

三个统计量所代表的意义也不同：均值 2.7 表明，10 位受众每天收看电视的平均时间是 2.7 小时；中位数 2 表示，按每天看电视时间长短排序，看 2 小时处于中间水平；众数 2 的意思是，样本中每天看电视 2 小时的人最多。

2. 对变量离散程度的描述——方差、标准差、极差

众数、中位数、均值都是对变量分布中心的描述，当需要对变量的分散程度进行描述时，较常用到的统计量是方差、标准差和极差。

方差（Variance）和标准差（Standard Variance）都是表示数据分布对平均数的偏离程度或伸展程度的度量。方差的计算公式是：

$$S^2 = \frac{\sum_{i=1}^{n} (X_i - \overline{X})^2}{n-1}$$

其中，$S^2$——样本方差；

$X_i$——第 i 个观察值；

$\overline{X}$——样本均值；

n——样本容量

标准差 $S = \sqrt{S^2}$，标准差的大小反映了数据对均值的离散程度，标准差越小，表明数据越集中于均值附近，反之则越分散。

所谓极差，就是最大值和最小值之间的距离。

对变量中心的描述指明了一个变量典型的值，而对变量分布形状的描述则指出了数据的离散程度。只依赖集中趋势对数据的描述可能是不全面的，表 3-12 的例子可以说明此问题。

假定在两个不同区域分别调查 10 位受访者，了解他们每天收看电视时间的长短，结果如下：

表 3-12　两个不同区域受访者每天收看电视时间的数据

| 受访者 | 地区一的收看时间（小时） | 受访者 | 地区二的收看时间（小时） |
|---|---|---|---|
| 1 | 2 | 11 | 2 |
| 2 | 2 | 12 | 2 |
| 3 | 3 | 13 | 2 |
| 4 | 2 | 14 | 2 |
| 5 | 5 | 15 | 2 |
| 6 | 1 | 16 | 3 |
| 7 | 2 | 17 | 3 |
| 8 | 2 | 18 | 3 |
| 9 | 7 | 19 | 4 |
| 10 | 1 | 20 | 4 |
| 均值 | 2.7 | 均值 | 2.7 |
| 标准差 | 1.9 | 标准差 | 0.8 |

从上面的数据中，可以直观地看到两个地区收看电视时间分布形状是不一样的，但是仅从电视收看的平均时间来看，两个地区的收视情况是相同的。而通过比较两组数据的标准差，才能进一步发现两组数据分布上的差异：

地区一的标准差 =

$$\sqrt{\frac{1}{9}\left[(2-2.7)^2\times5+(3-2.7)^2+(5-2.7)^2+(1-2.7)^2\times2+(7-2.7)^2\right]}$$
$$=1.9$$

地区二的标准差 $=\sqrt{\frac{1}{9}\left[(2-2.7)^2\times5+(3-2.7)^2\times3+(4-2.7)^2\times2\right]}$
$$=0.8$$

地区一的数据标准差大于地区二，这表明地区一电视收看时间数据的分布更分散。

### （五） 缺失值处理

在数据处理的过程中，经常会碰到缺失值的问题。缺失值过多的话，说明数据收集过程中存在严重问题。一般认为可以接受的标准是：缺失值在10%以下。处理缺失值的方法有下面四种：

1. 用能够代表样本平均水平的样本统计量的值代替缺失值。缺失值可以使用一个样本的统计量去代替，最典型的做法就是使用该变量的样本平均值。由于该变量的平均值保持不变，其他的统计量如标准差、相关系数等都不会受到影响。如在收入或年龄问题中出现缺失值，可以使用收入、年龄的平均值代替缺失值。

2. 用从一个统计模型计算出来的值去代替缺失值。缺失值也可以利用某些统计模型计算得到的比较合理的值代替，如回归模型、判别模型等。如"个人收入"、"年龄"与"品牌的选择"可能存在关系，利用受访者对这三个问题回答的数据，可能构建一个回归方程。根据这个回归方程，对于没有回答"品牌选择"的受访者，可以根据"个人收入"和"年龄"的选项，利用回归方程式，计算出品牌选择的值。

3. 将有缺失值的个案删除。这种方法可能会导致样本量的减少。如果数据在收集过程中控制得不是很好，受访者多多少少会出现一些问题没有回答的情况。因此，删除个案的办法，会导致大量样本流失。

4. 将有缺失值的个案保存，仅在相应的分析中作必要的删除。这种方法会使分析中不同计算的样本量不同，也有可能导致不适宜的结果。在调查的样本量比较大，缺失值的数量又不是很多，且变量间不存在高度相关的情况下，市场研究者经常采用这种方法处理缺失值。

无论上述哪种处理方式，在使用统计软件进行数据分析时，分析人员只需根据样本的实际情况和数据分析的需要选择处理缺失值的方式，具体的处理则由软件自动完成。

## ● 资料链接：SPSS 软件简介 ●

SPSS 是为广大的非专业人士设计的，它功能强大，操作灵活，好学易懂，简单实用，因而很受非专业人士的青睐，国内统计界和高校统计系对SPSS 也是情有独钟。SPSS 是软件英文名称的首字母缩写，原文为 Statistical Package for the Social Sciences，即"社会科学统计软件包"。最近，伴随SPSS 产品服务领域的扩大和服务深度的增加，SPSS 公司已决定将其英文全称更改为 Statistical Product and Service Solutions，意为"统计产品与服务解决方案"。

SPSS 软件是在 1968 年由美国斯坦福大学的三位学生所开发。早期的SPSS 软件无论在用户界面的友好程度，软件操作的难易程度，可处理的数据量以及变量多少等方面都存在不少的问题。那时，SPSS 也像 SAS 那样需要用户自己编程来完成数据分析，而且它能处理的变量个数不超过 500 个，观测个案数也不能超过 500 个，这些都极大地限制了 SPSS 软件的推广和普及。自从 1995 年 SPSS 公司与微软公司合作开发 SPSS 软件的界面以后，SPSS 的界面变得越来越友好，操作也越来越简单。熟悉微软公司产品的用户学起 SPSS 的操作来很容易上手。因为 SPSS for Windows 的界面完全是菜单式的，用户需要运行哪些统计过程，只需要在菜单中选择就可以了。而且现在 SPSS 软件可同时处理的变量个数多，观测个案数也不断增大。目前从理论上说，只要用户的计算机硬盘和内存足够大，SPSS 就可以处理任意大小的数据文件。

SPSS 公司于 1975 年在芝加哥成立，迄今已近 40 年的成长历史。目前，SPSS 在全球拥有约 25 万家产品用户，它们分布于通讯、医疗、银行、证券、保险、制造、商业、市场研究、科研教育等多个领域和行业，是世界上应用最广泛的专业统计软件。1994 年至 1998 年间，SPSS 公司陆续购并了 SYSTAT公司、BMDP 软件公司、Quantime 公司、ISL 公司，并将各公司的主打产品收纳 SPSS 旗下，从而使 SPSS 公司由原来的单一统计产品开发与销售转向为企业、教育科研及政府机构提供全面信息统计决策支持服务，成为走在最新流行的"数据挖掘"和"数据仓库"领域前沿的一家综合统计软件公司。

# 第四节　广告调查的报告撰写

撰写调查报告是整个广告调查活动的最后阶段，也是相当重要的一个阶段。一项广告调查活动最后的成功与否和调查报告内容和质量的高低直接相关。优质的调查报告能够为广告调查起到锦上添花的作用；相反，拙劣的调查报告能够把好的广告调查弄得黯然失色，甚至影响到调查结果在有关决策中的作用。

## 一、调查报告的作用

调查报告的主要作用有四点：

1. 表述和总结调查结果

调查报告是对已经完成的调查项目做完整而准确的描述和总结。在调查报告中，通过对调查目的、调查背景、调查方法、调查结果的总结能够使客户对整个调查过程有一个清晰的了解。

2. 提出结论和建议

优秀的调查报告不是罗列大量的数据和图表，或者只对数据和图表做简单的描述。而是应该能从收集到的庞杂资料中得出概括性的结论，并且提出对客户有实际参考价值的意见和建议。

3. 充当参考文件

一旦调查报告撰写完毕，并被分发给客户的决策者，它的使命也就真正开始。从某种程度上来说，调查报告是一个价值不凡的参考文件。大多数的调查研究都包括几个目标和一系列意义重大的信息，然而要让决策者在短暂的时间里完全记住这些内容几乎是不可能的，因此调查人员会发现，决策者以及其他一些开展二手资料调查研究的人员常常会拿出原报告，重新阅读，以便熟悉调查的基本内容，而且企业也会把调查报告作为其内部资料保存，作为以后决策的参考。

4. 证明调查工作的可信度

调查报告可以让客户感受到调查人员对整个调查项目的重视程度和对调查质量的控制程度。客户对调查报告质量的评价是决定其是否采用调查结果的最基础因素。

## 二、调查报告的基本要求

一份合格的调查报告，起码要具备以下几个条件：

### 1. 语言简练，数据准确

报告的目的就是为了让阅读者能够在较短的时间里快速掌握调查的精要，获取所需要的信息，所以报告的语言要力求简练，让读者一目了然。另外在措辞上要尽量避免使用模棱两可和过于主观情绪化的词语，语气要自信、肯定。报告中的数据要仔细核对，务必做到准确无误，以免影响读者的判断。简练的语言和准确的数据是使调查报告具有说服力的关键。

### 2. 用语平实，通俗易懂

报告的阅读者大部分是没有经过专门的市场调查知识学习的企业决策者，他们不可能像市场调查人员一样熟悉专业的市场调查术语，因此报告的语言应该尽量平实，不要故意为了显示专业而使用大量烦琐、生涩的专业词汇。为了做到通俗易懂，要学会在报告中使用形象生动的各类图表配合说明，达到化繁为简的功效。

### 3. 结构严谨，条理清晰

好的报告一定是逻辑分明的报告，在撰写报告的时候，各个部分的中心意思一定要突出，且各个部分之间的逻辑关系要强，尽量做到条分缕析，把要说的问题说清楚，避免简单地将调查到的大量资料堆积在报告中。

### 4. 资料翔实，内容全面

在撰写调查报告时，要将调查过程中收集到的全部有关资料组织起来，既不能遗漏重要的资料，也不能将一些无关的资料统统写进报告里面。内容全面主要是指调查报告要将一项调查的来龙去脉都详细地加以介绍，让读者通过阅读报告对调查的全貌有一个清楚的认识，包括调查的结果和建议。

## 三、调查报告的基本结构

调查报告的格式不是固定不变的，其具体结构、格式、风格和体例都因调查的目的、调研人员以及调研性质不同而有所区别，但是大多数正规调查报告的基本结构大致相同。一份规范的调查报告一般应包括：序言、摘要、引言、正文和附录五个组成部分。以下逐一介绍这几个部分的撰写内容及要求：

### 1. 序言

调查报告的序言主要用来介绍调查研究课题的基本情况，序言部分通常包括封面、目录和索引。

（1）封面。封面一般只有一张纸，其内容包括：

① 调查报告的题目或标题。题目一般只有一句话，有时候可以加上一个副标题。文字可长可短，但应该将调查内容概括出来。

② 调查研究机构的名称。如果调查是由单一调查机构执行的，写上该机构名称即可；如果是多个调查机构合作完成的，则应该将所有的机构名称都写上，也可以同时附上调查机构的联络方式。

③ 调查项目负责人的姓名以及所属机构。即写清楚项目主要负责人的姓名及所在机构的名称。

④ 日期。即报告的完稿日期。

（2）目录。目录是关于调查报告中各项内容的完整一览表，但是不必过于详细。调查报告的目录和书的目录一样，一般只列出二到三个层次的标题以及页码。

（3）索引。如果报告中的图表特别多，为了方便阅读查询，可以专门再列一张图表索引，也可以分别列出图表的资料索引。索引的内容与目录相似，列出图表号、名称以及所在报告中的页码。

2. 摘要

摘要是对调查获取的主要结果的概括性说明，是整个报告的精华。阅读调查报告的人往往对于调查过程中的复杂细节没有什么兴趣，他们只想最快速地知道调查所得的主要结果和主要结论，以及他们如何根据调查结果进行下一步的活动。因此，摘要可以说是调查报告中极其重要的一个环节，它也许是从调查结果得益的读者唯一的阅读部分。由于这一部分如此重要，所以摘要应当用尽量清楚、简洁而概括的手法，扼要地说明调查的主要结论。关于论证性的详细资料只要在报告的正文中加以阐述即可。

摘要的篇幅一般较短，最多不超过报告内容的1/5。例如，它可以包括以下各方面非常简要的资料：（1）本产品与竞争对手的当前市场状况；（2）产品在消费者心目中的优缺点；（3）竞争对手销售策略和广告策略；（4）本产品广告策略的成败及其原因；（5）影响产品销售的因素；（6）根据调查结果应当采取的行动或措施等等。

在阐述上述结论性资料时，必要的话还应加上简短的解释。调查结果摘要是调查报告中相当重要的一部分内容，任何忽视这一部分的做法都有损于整个调查报告的价值，应当引起调查人员的高度重视。

3. 引言

引言部分主要是对调查背景和调查目的的介绍。

（1）调查背景。调查背景介绍要对调查的来由或受委托进行该项调查的原因做出说明，说明时可能要引用有关的背景资料为依据，分析企业经营、产品销售、广告活动等方面存在的问题。背景资料不仅可以作为调查目的的铺垫，还可以作为调查结论和建议的佐证，与调查结果相结合来说明问题。所以背景资料的介绍必须与调查主题有关，而无需面面俱到。

（2）调查目的。调查目的通常是针对调查背景分析所存在的问题提出来的，它一般是为了获得某些方面的资料或对某些假设做检验。

4. 正文

正文是一份调查报告的主干部分，调查报告的正文必须包括调查研究的全部事实，从研究方法的确定直到结论的形成及其论证等一系列步骤都应该包括在正文部分。调查报告的正文之所以要包含全部必要的资料，主要是为了让阅读报告的人能了解所得调查结果是否客观、科学，另外也可以让阅读报告的人能够从调查结果中得出他们自己的结论，而不受调查人员解释的影响。报告正文的具体构成虽然可能因研究项目不同而有所差异，但基本上包括：调查方法、调查结果、结论及建议三个部分。

（1）调查方法。调查方法的介绍有助于读者相信调查结果的可靠性，描述时应当尽量简洁，把调查方法和采用原因说明清楚即可。在这一部分中，需要加以叙述的内容包括：

① 调查地区：说明调查活动在什么地区或区域进行，如分别在哪些省市进行，以及选择这些地区的理由。

② 调查对象：说明从什么样的对象中抽取样本进行调查，通常是指产品的销售推广对象或潜在的目标市场，如 18 岁~45 岁的女性消费者。

③ 访问完成情况：原来拟定调查多少人，实际上回收的有效问卷是多少，有效问卷回收率是百分之几，问卷丢失或者无效的原因是什么，是否采取补救措施等。

④ 样本容量：抽取到多少受访者作为样本，或选取多少实验单位，确定样本容量时考虑到什么问题、哪些因素。

⑤ 样本结构：根据什么样的抽样方法抽取样本，抽取后的样本结构如何，是否具有代表性。

⑥ 资料采集：是实地访问（街头拦截访问、入户访问）还是电话访问；是观察法还是实验法等。如果是实验法，还必须对实验设计做出说明。调查如何实施，遇到什么问题，如何处理。

⑦ 访员介绍：访员的能力、素质、经验对调查结果会产生影响，所以

对访员的资格、条件以及训练情况也要做简要的介绍。

⑧ 资料处理方法及工具：指出用什么工具、什么方法对收集到的资料进行简化和统计处理。

（2）调查结果。调查结果部分是将调查所得的资料报告出来，资料的描述形式通常是由统计表格和统计图组成，再配合相关的文字说明。需要注意的是，仅用图表将调查结果呈现出来是不够的，调查人员还必须对图表中数据资料所隐含的趋势、关系或规律加以客观的描述和分析，并用适当的语言加以描述，也就是要求调查人员要对调查结果做出合理解释。

调查结果部分的内容通常比较多，篇幅也比较长，为了让阅读报告的人能够比较容易地把握整个调查结果，在调查结果部分，一般要将所有内容分成若干个小部分依次呈现出来。每一个小部分可以分别标明一个小标题，使之与调查目的相对应，分别回答通过调查所要解决的问题。

（3）结论及建议。在这一部分里，调研人员要说明通过调查获得了哪些重要结论，根据调查结论又该采取哪些相应的措施。结论的提出方式可以用简洁、明晰的语言对调查前所提出的问题做明确的答复，同时简要地引用有关背景资料和调查结果加以解释、论证。结论有时可以与调查结果合并在一起，但要视调查课题的大小而定。一般而言，如果调查课题小、结果简单，可以直接与调查结果合并成一部分来写；如果课题较大、内容较多，则应该分开来写。

建议是针对调查结论提出可以采取哪些措施、方案或具体行动步骤。比如：广告诉求应以什么为主；广告主题应是什么样的；媒体策略应如何改变；与竞争对手抗衡的办法；应采取何种价格、包装或促销策略更佳等等。大多数的建议应当是积极的，要说明应采取哪些具体措施以获得成功，或者要处理哪些已经存在的问题。如"应加重广告量"、"改理性诉求为感性诉求"等；如有必要，有时也可以采用否定的建议，如"应立即停止某一广告的刊播"。

5. 附录

附录是指调查报告正文包含不了或者是没有提及的，但与正文有关，必须附加说明以备读者参考的相关资料。附录的目的基本上是列入尽可能多的相关资料，这些资料可以用来论证、说明或者进一步阐述已经包含在正文之内的资料，每个附录都应编号。附录中包含的技术性较强和细节性的材料，主要供那些关心调研技术方面内容的主管人员或专家阅读。

在附录中出现的资料通常包括：调查问卷、抽样有关细节的补充说明、一些统计分析和计算的细节、一些技术问题的讨论、数据汇总表、原始资料背景材料、必要的工作技术报告以及参考文献等。

## 四、撰写调查报告的注意事项

### 1. 篇幅不等于质量

调查报告中常见的一个错误观点就是："报告越长，质量越高。"在经历了对某一个调查项目几个月的辛苦工作之后，调查人员从内心来讲是非常想通过调查报告来告诉读者他所知道的与此相关的一切信息。因此，所有的证明、结论和上百页的打印材料都被纳入了报告当中，从而导致了信息超载带来的"噪音"，于是对读者最有价值的信息反而淹没在了庞杂冗长的报告中。调查人员应该知道，大多数的企业决策者是根本不会通读全部报告的；调查的价值不是用调查报告的长度和重量来衡量的，而是以简洁、优质、有效来度量的。

### 2. 过度使用定量技术

在一份调查报告中，调查人员常常为了分析数据资料而采用多种统计技术，但是有时过度地使用定量技术而完成报告会造成"泡沫技术"之嫌。广泛使用多样化的统计技术有时是由于错误的目标与方法导致的，一个非技术型的营销经理往往会拒绝一篇不易理解的报告。因为在报告使用者心目中，过度使用统计技术常常会引发其对调查报告质量合理性的怀疑。

### 3. 来自数据的迷惑性

对调查报告中数据的认识和判断一定要十分小心，这与调查总体样本量的大小密切相关。在一个相对小的样本中，把引用的统计数字保留到两位小数以上常常会造成对准确性的错觉或虚假的准确性。例如，"68.75%的受访者偏好我们的产品"这种陈述会让人觉得68%这个数是合理的。读者会认为，调查人员已经把数字保留到了0.75%，那么68%肯定是准确无误的。但当样本量小至十几时，使用百分比来表述结果本身就不恰当。

### 4. 虚张声势的图表

俗话说，"一图抵千言"，但是一张糟糕的统计图不仅毫无用处，而且还会对读者产生误导。它也许是艺术化、绚丽多彩和引人注目的作品，但是却不能真正履行它的使命。图表能使生硬的数据变得形象生动，但是有些图表却过于眼花缭乱，反而使简单的事情变得复杂，这类图表就可以被称为虚张声势图（Gee-whiz）。最近几年流行的可视化数据和可视化图表，就经常出现上述使用不当的情况。

5. 脱离实际的建议

调查人员要始终牢记与调研实际无关的建议是应当杜绝的，否则即使在报告中为客户提出了数量可观的建议也只能让人家感到你的无知与纸上谈兵。比如建议对每一个市场增加每年一百万的电视广告费投入，这或许早已经超出了企业的财务能力。任何建议的提出都应该从实际出发，设身处地地站在客户的角度，而不是天马行空，异想天开。

## 案例：研究报告的结构[①]

以下列举的是《2012IMI90后大学生网络化生活研究报告》的目录节选。可以看到，这份报告分为导言、生活图景展示、上篇、中篇、下篇，以及结论和附录，上中下三篇各有若干章节。在导言部分介绍了研究的思路和方法、研究的执行情况和样本构成、报告的结构和说明。生活图景展示部分，是调查执行中拍摄的大学生生活场景与环境，以及深度访谈时受访大学生提供的反映其生活的照片。上中下三篇内容是对不同分析主题的阐述及数据呈现。以第四章为例，在对大学生网络接触行为的主要方面进行分节阐述之后，专门用数据延伸部分呈现了90后大学生网络媒体接触情况的详尽数据表格。结论部分阐述了整体研究的主要结论。附录部分罗列了隐去姓名的深度访谈受访者的名录及对应的基本情况。

① 黄升民、丁俊杰、黄京华、杨雪睿主编：《2012IMI90后大学生网络化生活研究报告》，中国广播电视出版社2012年版，目录1~6页。

## 思考题

1. 比较总体与样本的概念，普查与抽样调查的概念。

2. 利用互联网进行调查时，在抽样时会有什么问题？如何进行网络调查的抽样设计？

3. 说出开放式问题、封闭式问题、量表式问题在形式上的差别，并比较它们的适用范围？

4. 如果在问卷中出现了以下问题，你觉得是否妥当，说明原因。

a. 您认为这种高质量的冰淇淋口味如何？

b. 您认为咖啡蛋糕的口味和原料构成如何？

c. 您的住处离最近的林荫路有多远？

d. 您家谁买衣服？

e. 您多在何处购买衣服？

5. 谈谈数据分析前期准备的重要性。

6. 描述性统计分析的方法有哪些？

7. 通过网络或其他方式查找一份调查报告，结合调查报告的撰写要求对其作出分析评价。

# 第四章　二手资料的收集与应用

## 学习要求

　　了解什么是二手资料和如何获取二手资料；了解二手资料与原始资料的区别，以及二手资料的应用优势和应用范畴；学会用各种途径获取二手资料。

## 关键词

　　二手资料、原始资料、内部资料、外部资料、数据库

　　在开展一项研究或进行调查之前，研究人员通常要先收集与课题有关的前人的研究结果或公开的资料，并对其进行分析研究，随后再进一步采集专门的数据或资料。两种资料的来源不同，一般将后者命名为初级资料（Primary Data），前者命名为次级资料（Secondary Data），也有学者将其划分成原始资料（又称一手资料）和二手资料，两种划分从本质上来讲是一个意思。在调查研究中，原始资料与二手资料都有其各自的作用，原始资料的收集方法相对复杂，不同的研究性质和目的对应着不同的资料收集方法，二手资料通常是研究的发端和基础，在研究中起着独特的重要作用。本书随后的各章主要介绍的是收集原始资料的各种方法，这一章介绍二手资料的收集方法与相关应用。

## 第一节　什么是二手资料

　　在第一章中已经提及，对市场调查的分类如果按照资料来源分类，可分为案头调查和实地调查两种。如果从资料本身的属性来看，案头调查对应的研究内容就是二手资料，实地调查对应的研究内容是原始资料。

## 一、二手资料的定义

二手资料也叫次级资料，是企业内部或者外界已经按某种形式存在的既有资料和数据。这种资料的采集方法相对简单，就是指案头调查或案头资料收集。与之相对应的概念是原始资料，或称之为一手资料、初级资料。原始资料是指调查人员为了某一特定的目的而通过专门调查直接获取的信息资料。因此，原始资料和二手资料的区分，严格意义上来说不是看收集资料的主体而是看收集资料的来源，简而言之就是以"既存"与否作为划分的标准。

举例来说，比如北京人民广播电台想要明确其目前听众定位的准确性而委托某市场调查机构进行了较大规模的北京地区听众调查，通过入户发放问卷获取的资料就属于原始资料。如果该市场调查机构在调查中为了查询北京地区的人口规模、区域分布、性别及年龄分布等相关数据，使用了北京人口统计年鉴资料，而这部分资料是既存的，就属于次级资料或二手资料。

今天的企业和广告代理商对二手资料在实际营销中的作用和意义已经有了充分的认识。虽然原始资料能够为企业和广告代理商提供最及时、最准确、最直接的市场信息，却需要较大的人力、物力投入。任何的营销调查或广告调查都不可能是完全独一无二的，或者是从未发生过的，很可能以前有人做过同样的或类似的调查。通过案头资料收集所获取的二手资料尽管在多数情况下不能直接回答现在所面临的问题，但它却能以最快的速度和最经济的方式，获取相关资料和数据，为问题的解决提供有效的帮助。

## 二、二手资料的性质

在实际操作中是使用原始资料还是二手资料要依照调查的具体要求而定，受到包括调查目的、调查费用等因素的影响和制约。但是一般情况下广告调查以收集原始资料为主，因为二手资料的获取虽然省时省力，但是它的时效性和准确性都不如原始资料。

从二手资料和原始资料概念的比较可见，既存性是二手资料的主要特征。因此在一般性的调研中，二手资料常常作为调研的基础性资料、背景性资料，起辅助性作用。但其重要性也不容忽视，它能为整体调研做好充分的准备，并保证整体调研的完备性。事实上，也有些调研完全是对二手资料的收集和分析。

关于二手资料的既存性有两点应该注意，一是，对于有些纯文本的研究，其二手资料和原始资料的概念与本书中关于一般调研中的相应概念并不一致。由于作为文本的研究对象天然的既存性，显然不能以既存性作为判断二手资料的标准。例如关于广告作品的历史性研究，某件广告作品的原始文稿即是原始资料，而关于此作品相关的研究文章、书籍等则是二手资料。二是，在新媒体环境下的信息爆炸时代，充斥着大量的冗余信息、虚假信息，这类信息对于调研人员来说不仅不成其为二手资料，而且会成为调研的羁绊，所以如何从既存的信息中甄别出客观、真实的二手资料是调研人员面临的新的课题。

## 第二节　二手资料的收集方法

现代社会，信息丰富。大卫·申克（David Shenk）认为，20世纪中期以后，人类历史上制造信息的速度第一次超过了处理信息的速度。大量的发明——计算机、微波传送、电视、卫星等在极短的时间内，将我们从信息缺乏时代推进到了信息过剩年代。人们开始强调如何从浩如烟海的信息资源中找到有价值的信息，并有效地对这些信息进行管理，从而做出更好的决策。怎样才能获得真正需要的、有价值的信息呢？下面，从二手资料的两种分类出发，具体介绍如何获得各类二手资料。

以不同的分类标准可以对二手资料做不同的划分。以来源为标准可以将二手资料分为两种：一是企业内部的资料和数据库，二是企业外部的资料和数据库。以获取方式为标准也可以将二手资料分为两类：一是通过查阅获取，二是通过购买获取。

### 一、内部资料和内部数据库

#### （一）内部资料

企业自身在不断的运作过程中，往往累积了很多的数据和资料。这些数据和资料经过系统的整理和分析，就是企业的一笔财富。从企业内部资料所包含信息的内容来看，主要有以下几方面的资料：

1. 消费者资料

对于很多公司来说，存放着现有消费者和潜在消费者信息的数据库已经成为非常重要的营销信息来源。这些消费者信息可能是通过历次的市场调查或其他渠道收集积累的，可能是销售人员统计的消费者购买和使用产品的数据，也可能包括订货单、销售人员的访问报告等内容。例如，现在很多家电企业在出售自己的产品时，往往要求购买者填写一张关于个人信息、联络方式的表格。这些表格反馈到企业后，经过整理就成了最基本的消费者数据库。而读者在订阅杂志报纸时所需填写的个人情况表对杂志社和报社来说也有同样的作用。进而，消费者网上注册、网络购物时所填写的信息，乃至浏览页面的行为轨迹都可形成相应的数据库。

2. 统计资料

统计资料主要包括各类统计报表，企业生产、销售、货存等各类统计数据资料。企业的统计资料是研究企业经营活动数量、特征及规律的重要定量依据，也是企业制定营销策略和决策的基础。

3. 财务资料

财务资料是由企业财务部门提供的各种财务、会计核算和分析资料，包括生产成本、销售成本、各种商品的价格及经营利润等。财务资料直接反映了企业的经济效益，通过对这些资料的研究，可以预测企业的发展计划，考核企业的赢利状况。

4. 其他资料

其他资料包括各种关于企业和产品的报道，广告和其他促销方式中的文字描述，各种调查报告，员工的管理总结，照片和录像等资料。这些资料对于了解、熟悉企业所处的环境和地位以及存在的问题有一定的参考作用。

（二）内部数据库

内部数据主要是指企业营销信息系统中储存的各种数据，例如企业各个时期的销售记录、促销活动记录、消费者行动记录数据等。数据库就是相关信息的集合。企业内部数据库对于分析、辨别存在的问题，制定与评价相应的决策行动方案等都是必不可少的。

1. 内部数据库的来源

（1）业务经营部门。企业中的各种业务经营部门承担着企业的市场营销业务，其在业务经营活动中所积累的销售资料、发票、购销合同、送货或退货单、订购单、客户名录、促销资料、修理单、往来函电，包括电子商务的网上沟通及交易记录等，都是重要的内部数据。

（2）财会部门。财会部门承担着对企业经营活动的数量关系进行记录、核算的职能，还承担着资金的筹措和使用、成本和利润的核算等职能。其在管理活动中形成和保存的各种财会资料，有利于掌握企业的经济效益和各类商品经营状况，有利于对企业的营销活动从经济上进行考核。

（3）计划统计部门。计划统计部门承担着整个企业经济活动的规划、各种资料的汇总和分析等职能。其在业务中形成和保存的各种计划、日报、月报、季报等统计报表都是十分重要的企业内部资料，其中许多可以直接用于营销调研。

（4）生产技术部门。生产技术部门承担着产品的开发、设计、生产、新技术开发等职能。其在活动过程中积累的各种台账、设计及开发方案、总结、报告等，是研究和分析企业生产情况、产品情况、科技进步情况、库存情况、工艺设备情况的内部数据资料。

（5）档案部门。档案部门承担着保管企业各种重要资料的职能。其保管的规章制度、重要文件、计划、总结、合同文本等资料，通常全面地反映了企业的概貌，也是不可忽视的内部数据资料。

2. 内部数据库的种类

（1）消费者行动数据，主要包括企业与消费者之间发生的各种销售和促销活动的资料，例如：消费者个人数据、重复购买数据、产品项目数据、产品目录册促销数据、印刷媒体促销数据、广播电视促销数据等都属于消费者行动数据。由于消费者行动数据产生于消费者和企业之间的直接联系，所以它是最容易获得的内部数据库。

（2）潜在消费者数据，主要包括与企业有一定接触，但没有产生实际购买行为的消费者资料。这些资料可以通过促销、咨询等活动获取。

3. 内部数据库的管理

有效地运用内部数据库必须遵从以下几个步骤。

第一，企业必须建立数据库管理系统。该系统包括在计算机中以图像和文字的形式存储资料，组织数据资料以便有效地利用、更新和修改资料，并且保证在营销决策中便利地从系统中抽取信息。这并不是一件简单的工作。在当今的技术条件下，在计算机中存储信息已是很普遍的事情，而将硬件和软件以及人员条件相结合，建立一个实用性较强的内部二手数据库则是一件复杂的工作。

第二，数据库的使用者必须在利用数据库管理软件进行数据存储和数据库操作方面接受培训。一名管理者在使用这类软件时必须具备以下基本能力：一是信息输入，即向数据库添加新内容；二是信息查询，即查询特定的信息条，比如两年内不需要使用的潜在销售对象。三是信息分类，比如将按字母顺序排列的潜在销售对象名单按邮政编码分类，以便分发给各地区的销售代表。四是信息提炼，调查者可能需要根据现有顾客的情况粗略估计一下新产品的销售潜力。

管理者还应该了解用于数据库的电子数据表软件。电子数据表软件的设计是用来展示标准商业电子数据表的。在表中，数据的各行和各列分别标以恰当的标题，使用者可以随意进行加减、拆合或是插入公式。表格化的最终结果，可以打印出来作为完整的报告。这种软件最大的优点在于运算中所能达到的惊人的计算速度。对这些电子数据表软件的熟练运用，可以帮助营销应用人员在短时间内设计大量不同的方案，并对其影响、作用一一加以分析。

从软件技术的角度看，数据库技术在不断进步。以往大多数数据库是采用平面文件管理方法，而目前则趋向于采用更为复杂和功能更强的关系型数据库。在关系型数据库中，数据是存放在若干个小组织或小文件中，而不是放在一个大文件中。每一个小文件都含有一条关键信息，这条信息将文件中的独立信息与其他独立文件中的相关信息相联结，组成了整个关系型数据库。

例如，一个顾客数据库可能包含有一个存放顾客个人资料，如姓名、邮寄地址和社会保险号的文件。这些资料只是偶尔变动。每一个顾客所购买的产品则存放在另一个文件中，这个文件需要不断更新（每当购买行为发生时）。这两个文件可能通过社会保险号相互联结。

每发生一次新的购买行为，一条关于所购产品、价格、其他购买信息和购买者的社会保险号的记录就生成了。而在传统的平面文件管理方法下，每发生一次购买，所有的信息（产品购买信息和购买者个人信息）都需要刷新一遍。

## 二、外部资料和外部数据库

### （一）外部资料

除企业内部在自身运营过程中积聚起来的数据资料外，在企业的外部更是存在着一个庞大的数据资料库。这些资料又可以分为两类：公开的信息和公共收费信息。

1. 公开的信息

这类信息面向全社会公开发布，一般不须花费或付少量费用就可得到。

这类信息包括：

国家统计局以及其下属的国务院各部门统计机构，各省（区、市）统计局定期发布各类统计公报，其中包括全国和各地年度统计公报、人口普查公报、基本单位普查公报、农业普查公报、工业普查公报、第三产业普查公报和其他类型的公报。同时它们还出版各类统计年鉴，包括以下几种：一是综合性的统计年鉴，如《中国统计年鉴》、《中国城市统计年鉴》；二是各行业统计年鉴，如《中国建筑业统计年鉴》、《中国工业经济统计年鉴》等；三是其他类型的统计年鉴，如《中国农村住户调查年鉴》等。这些都相对权威且信息丰富。

中国大多数行业都有自己相应的主管部门，这些主管部门定期收集、编辑与本行业相关的信息，发布在行业刊物上。如工业和信息化部、轻工总会的信息中心，每年都会对行业内的情况进行信息收集和汇总。这类信息针对性强，比较权威，市场调查人员可以从中找到大量有用的信息。

此外，各地的工商、税务等部门下设的调查机构不定期地公布国家有关的法规、政策、价格和市场供求信息；各种国际组织、外国使馆、商会提供相应的国际市场信息；有关的生产和经营机构提供的商品目录、价目表、专利资料以及广告说明书等，都是二手资料的重要来源。但是，这类信息良莠不齐，在使用的过程中要注意识别和判断。

2. 公共收费信息

这类信息主要来自于一些以营利为目的的机构，如各种经济信息中心、专业信息咨询机构、专业调查机构等。这些机构的信息系统资料齐全，信息灵敏度高。为了满足客户的不同需要，他们可以提供信息的代购、咨询、检索和定向服务。这类公司提供的信息有多种，有媒介收视（听）率和媒介监测方面的数据服务，如国内的央视—索福瑞，常年提供全国近700个主要电视频道的收视率数据，企业、广告公司和媒体可以根据自己的需要向其购买某一方面的数据。还有其他公司提供消费者研究和行业研究等方面的信息。

### ● 资料链接：国家统计局官方网站[1] ●

中华人民共和国国家统计局官方网站是社会各界获取中国政府统计数据最重要的渠道。网站主页主要分为走近统计、统计数据、统计工作、统

---

[1] 根据国家统计局官方网站资料整理，http://www.stats.gov.cn/.

计知识、统计服务和信息公开六大版块。

其中，统计数据版块涉及相关数据信息最多，其内容包括最新发布、数据查询、数据解读、统计制度、统计标准、指标解释、统计公报和统计出版物。"最新发布与解读"栏目，关注国民支柱产业和社会热点问题，所有通过新闻发布会、新闻稿、统计公报和其他方式公布的最新统计数据及其相关报道、分析报告、统计图表等资料，都会及时更新在此栏目中。如中国非制造业商务活动指数、城市主要食品平均价格变动情况和大中城市住宅销售价格变动情况等。"数据查询"栏目，为各类统计用户提供详尽完整的月度数据、季度数据、年度数据、普查数据、地区数据、国际数据、部门数据、可视化产品和中国统计年鉴等各种统计数据。"数据解读"栏目，呈现专家、专业机构对重点数据的详细解读，对数据背后的原因和产生的影响，以及未来趋势的预测做深入分析。如对 CPI、PPI、文化产业统计数据和企业利润数据等进行解读。"统计制度"栏目，对各重点行业、弱势群体、地区的报表制度、调查制度做详细阐释。"统计标准"栏目，提供相关分类标准、分类目录、划分代码、划分规定、划分标准、管理办法和处理办法等内容。"指标解释"栏目，对行业、经济要素、人民生活和城市概况等方面进行概念阐释和范围界定。"统计公报"栏目，收录从 1978 年至今国家统计局历年发布的年度统计公报、人口普查公报、经济普查公报、农业普查公报、工业普查公报、三产普查公报、基本单位普查公报、R&D普查公报及其他统计公报。同时收录各地相关的年度统计公报。"统计出版物"栏目，按照时间顺序，呈现各类年鉴和公报。

另外，"统计微讯"移动资讯平台，针对移动客户端提供中国官方统计信息，包括新闻动态、统计数据、统计指标和数据发布等栏目，使公众可以第一时间获取中国经济发展信息，了解国内经济发展趋势，知晓中国政府统计的工作及发展。

"数据中国"是国家统计局发布的国民经济主要指标数据库应用客户端，包含270多个最常用指标的年度数据和进度数据，采用动态图表示方式展示中国国民经济和社会发展变化情况，供媒体、投资者、市场调研机构及个人及时查询了解国家统计数据。

### （二）外部数据库

许多外部资料都以外部数据库的形式存在，外部数据库主要来自如市场调查机构、信息服务中心、有关的政府机构、各种行业协会组织以及竞争对手企业等。由于外部数据库通常来自一些以营利为目的的专门机构或组织，需要付费购买，因此又称为"第三方购得数据"。外部数据库在国外是企业获取数据库信息的一个重要来源，因为它具有经济、高效的优点。但是在国内，由于经营数据的专业性机构尚处于起步阶段，且这类机构的数量十分有限，在提供数据信息的准确性和完善服务方面也都有待进一步改进。

1. 外部数据库的来源

（1）来自行业协会的数据。大多数的行业都有各自的行业协会来代表其利益，如烟草行业、轻工行业、家电行业，这些行业对应的主管部门每年都会就行业内的情况进行信息收集和汇总；这些机构定期出版专业的行业刊物来满足其行业成员的需要，比如烟草报、金融报、电子报、计算机报等等。也有的机构将这类信息制作成光盘出售或在行业网站上为会员提供检索、查询等服务。企业的市场调研人员通过订阅行业刊物，网上查询这类途径往往能找到关于各行各业的大量有用信息，这些信息包括有关行业的生产总量、产品种类、从业人数等相关数据及资料；也可以查阅到有关企业的规模、产品产量、营业额这类具体企业的信息，以了解同行或竞争对手的生产经营情况。

（2）来自政府机构的数据。国家统计局和各地方统计部门对政治、经济、文化、社会生活的各个方面进行统计，定期发布统计公报，并出版各类统计年鉴，其中包括企业使用最多的人口、教育、婚姻状况、家庭人口数、房产、收入等方面的资料。政府统计数据是市场调研人员重要的数据库来源，并且这类数据一般由国家公开发行，不需付费或者付费较少。

（3）来自数据库汇编机构的数据。数据库汇编行业（Database Compilation Industry）是近年来新兴的一个行业，该行业致力于各种名单的编制和增补，专门向企业提供有偿的数据服务。这个行业的兴起，及时满足了企业开展营销活动的需要。

（4）来自国际互联网的数据。市场调研人员借助国际互联网可以迅速、快捷地进入某些数据库，存放在世界各地服务器上的文章与报告的数据库通过计算机与调制解调器可以很容易地被搜索到。在线数据库的最大好处就在于通过运用某些技术，比如关键词搜索，快速获取所需资料或确定其位置所在。

2. 外部数据库的种类

（1）态度数据。从第三方获得的态度数据通常不涉及现有消费者对某一具体产品或服务的态度，而是人们对于各种不同主题（如生活方式、个人价值观、政治、宗教及其他问题）的意见、道德态度和感性认识。营销人员在进入他们所不熟悉的市场前往往要使用态度数据。

（2）生活方式数据。地域性人口统计数据一般不能提供有关个人兴趣爱好和休闲活动的信息，而在许多情况下营销人员需要消费者的生活方式数据。很多数据库汇编机构就专门提供生活方式数据。

（3）财务数据。财务数据主要涉及人们的信用卡购物、分期付款及支付记录等方面的情况。例如，银行有关顾客购买汽车贷款、购房贷款、信用卡使用情况的详细记录，这些记录构成消费者的财务数据库。对财务数据库合理的使用，可以规划出明确的目标市场，从而进行有针对性的营销活动。

（4）人口统计数据。这些数据大多来源于公共记录，如黄页中的电话号码名录等。也有些数据汇编机构面向企业专门提供有关家庭成员的姓名和地址的数据及特定的个人数据。

### 三、获取途径：查询和购买

获取二手资料主要有两种途径，一是通过查询获取，二是通过购买获取。

#### （一）通过查询获取

收集二手资料往往是一项艰苦的工作，它意味着与政府部门、行业协会和其他部门联络，然后等待回音，或是数次往返于图书馆寻找有关报告。传统查询资料的地方是图书馆，那里收藏有大量的分门别类的数据资料。运用先进的计算机检索系统，可以根据资料类别、书名、作者名、出版社等类目，方便快捷地查找相应的资料。而日益普及的互联网则是另一种新兴的查询信息方式，互联网的发展为二手资料的收集提供了一种更为轻松快捷的途径。

对于互联网上的大量信息，有两种基本的查询方式：通过固定的网站和应用搜索引擎。如果知道某个载有信息的网站名，直接在网络浏览器的查询框中键入网站名即可。目前提供信息的网站大致有三种服务模式：有偿信息服务、免费信息服务和"半封网"式信息服务。有偿信息服务模式如中国资讯行（www.chinainfobank.com）和数据中国（www.allchinadata.com），这类网站一般拥有庞大的数据库，建有系统而快捷的数据检索系统，通过收取年费或月费的形式向用户提供丰富的在线信息。免费服务模式如中国管理传播网、中国营销传播网等，这类网站往往依托传统媒体的强大支持，向注册用户在线提供大量免费信息。另一种模式则是结合免费信息服务和有偿信息服务的"半封网"模式，根据用户享受的服务种类及权限差异，提供免费服务或适当收取不同的服务费用。这一类的网站有日益增多的趋势，如国务院发展研究中心信息网（www. drcnet. com. cn）。

搜索引擎为众多互联网用户所熟悉。每一个搜索引擎都包含有世界范围内的文档链接集合，以各自的索引系统为全球用户提供所需信息。只要输入一个或几个关键词，搜索引擎就能在互联网上找出所有关键词出现的地方，并逐一列出清单。用户点击进入相应的网站即可进一步查询所需信息。

运用互联网查询信息与传统的印刷出版信息相比，有较强的优势：可查询最新的或是最近的信息；搜集过程更具综合性，更快、更简单；费用相对较低，查询时间短；得到信息的途径相对方便容易。

不过，运用互联网查询也存在着一定的缺陷，比如无法确定信息的真实性，所能得到的信息不够全面等。

### ● 资料链接：部分网络资源网址 ●

◇ 图书、电子书
- 超星数字图书馆 http://www. ssreader. com
- 书生之家数字图书馆 http://www. 21dmedia. com
- 方正 Apabi 数字图书馆 http://book. idoican. com. cn
- 中国国家数字图书馆 http://www. nlc. gov. cn

◇ 期刊文献
- CNKI 中国期刊全文数据库 http://www. cnki. net；http://edu. cnki. net；http://dlib. cnki. net
- 维普中文科技期刊数据库 http://www. cqvip. com
- 万方数字化期刊 http://www. wanfangdata. com. cn

◇ 外文期刊数据库
- Elsevier Science Direct 数据库 http://www. sciencedirect. com
- SpringerLink 电子期刊数据库 http://china. springerlink. com/home/main. mpx
- EBSCO 信息服务系统中的期刊全文数据库

http://www - us. ebsco. com/home/default. asp

> ASP：Academic Search Premier

> BSP：Business Source Premier

- DOAJ 开放期刊目录 http://www. doaj. org
- High Wire Press 中的期刊数据 http://highwire. stanford. edu/

◇ 网络版年鉴

- 中国年鉴网 http://www. yearbook. cn/
- 中国年鉴信息网 http://www. chinayearbook. net/

### （二） 通过购买获取

尽管通过查询可以找到很多信息，但真正有价值的信息往往需要通过购买获得。购买的渠道参见本节对公共收费信息的介绍。

# 第三节　二手资料的应用

二手资料的应用相当广泛，在几乎所有的调查研究中都会或多或少地收集并应用与所研究内容相关的二手资料。而企业在营销过程中对内部或外部数据库的有效应用可发展成为数据库营销。二手资料有其自身的优势与局限，因此在应用过程中，应注意扬长避短。

## 一、二手资料的重要性

二手资料的收集和应用在调查研究中极为重要，合理有效地利用二手资料往往可以达到事半功倍的效果。有时调查研究的主体就是对二手资料的收集和分析，比如，对于宏观经济形势的判断需要收集相关的政治经济政策并加以分析，以把握其对产品营销的影响；对于市场区域的选择与划分依赖于对所有地理区域的人口资料、以往的销售业绩或同类产品的销售资料进行分析，等等。二手资料的收集和分析有时对研究方向的确定作用尤为明显，在不清楚研究主体的情况下，了解前人对相关问题的研究思路和研究成果，对自身调查研究的展开非常有帮助：一方面可能有相关的数据资料为调查研究提供参考，另一方面也可以在研究方法上有所借鉴。

通常情况下，对于研究人员想要了解的所有信息，通过对所收集到的二手资料进行分析整理，罗列出二手资料能够显现的明确信息，模糊信息和未知信息，只需对二手资料不能给出明确信息的问题展开进一步的实地调查即可。所以说，二手资料的收集与分析往往是一项调查研究展开的基础，这项工作在所有的调查研究中都不可或缺。

二手资料的重要性从数据库营销的应用中可见一斑。企业将对于内部与外部数据库的应用发展为数据库营销，利用数据库文件中所记录的消费者及潜在消费者的个人情况和购买方式的数据信息，可以有效评估产品的销售地域、评估新产品或新服务的机会，以及评估现存的营销问题，等等。与电视广告"将同一信息同时传给每一个人"不同，数据库营销可根据每一个消费者个性化的信息进行有针对性的营销活动。

## 二、二手资料的优点

一般来讲，搜集二手资料比搜集原始资料方便，能节省时间和费用。除此之外，二手资料还有以下几方面的优点。

1. 有助于明确或重新确立探索性研究中的研究主题

二手资料在探索性研究中有着非常重要的作用。例如，某地区的一家超市对其停滞不前的会员人数感到担忧，管理者决定进行调查，试图改变这一局面。通过对二手资料的分析，超市的管理者发现：本地区有大量的年轻单身者涌入，而传统型家庭的数量则保持稳定。于是，调查的主题就被确定为"研究本超市如何吸引更多年轻的单身成人，同时保持其在传统家庭中的市场份额"。

2. 可以切实提供一些解决问题的方法

调查人员所遇到的问题有时是相同或是类似的，如某地的收入水平、人口结构、家庭结构、地理分布、某一行业的生产能力、地区分布、市场范围等，这些资料可能已经有人收集过。调查人员可以从已经存在的二手资料里摘取自己所需要的信息。例如，某一 B2B 企业想要了解某一地区的潜在客户的情况，它就可以查阅当地工商行政管理部门提供的工商企业名录，在这种名录里往往有地址、产品名录、生产能力、法人代表、员工人数、联系方式等信息。

3. 可以提供收集原始资料的备选方法

也许二手资料里已经提供了类似的调查，只是针对不同的产品或是在不同的地区。针对当前的调查问题，调查人员可以借鉴其他调查人员的资料收集方法，使调查结果有一定的可比性。收集原始资料是个很重要的调查环节，而原始资料的收集方法直接关系到你能否获得你想要的资料。例如，在中国广大的农村和某些边远城市，电话并不普及，如果用电话调查的方式，则有可能无法取得原始资料，或者说取得的原始资料不具备普遍意义，而电话的普及情况可以通过二手资料获得。

**4. 提醒市场调查人员注意潜在的问题和困难**

除了提供方法外，二手资料还能暴露出潜在的问题，如收集方法不受欢迎，样本选择有困难或受访者有敌意等。例如，一位调查人员计划进行一项衡量对某种新式避孕产品满意度的研究。在查阅了另一项与此类似的功能性药品的调查后，他发现电话调查的拒访率很高。于是，这位调查人员将原定的电话调查改成了邮寄问卷调查。

**5. 提供必要的背景信息使调查报告更具说服力**

二手资料经常能为设计调查计划或方案提供大量的背景资料。它能够粗略地概括出潜在消费者和非消费者、产业数据、新产品和已有产品的优缺点等。例如，某个调查方案需要确定向什么类型的消费者进行调查，通过对二手资料的收集分析调查人员就能发现消费此类产品的是哪一年龄段、哪个收入阶层的消费者，从而可以大致确定调查对象。

二手资料还有助于了解目标消费者使用语言的方式，便于调查人员有针对性地组织问卷语言，使受访者能更准确、更全面地理解问卷。此外，二手资料还能提供对调查资料的进一步分析，或者是对当前发现的支持，从而丰富调查发现。

### 三、二手资料的局限性

二手资料除了有以上所述的各种优点以外，也存在一定的局限性。主要是缺乏可得性和相关性，准确性较差，以及资料不充分。

**1. 缺乏可得性**

对于某些问题，可能根本就不存在二手资料。如对某一新产品的评价，必须让消费者使用后才会有答案，没有二手资料能够回答这类问题。

**2. 缺乏相关性**

已经存在的二手资料往往是为其他目的而收集，因此在形式上、方法上、时间上不能被调查人员直接使用。例如，调查者需要 2002 年某地区的电话号码，而所能找到的只有 2001 年该地区的电话号码。尽管只有一年之隔，但对于每年新装电话以 10% 的速度增加的该地区，2001 年的数据显然不够准确。

### 3. 缺乏准确性

使用二手资料时应评估资料的准确性。在调查者收集、整理、分析和提交资料的过程中，会有很多潜在的错误。使用二手资料并不意味着调查者可以不评估资料的准确性，即使是某些权威机构的资料也应注意其可能存在的误差。

下面是一些判定二手资料准确性的方法：

（1）信息的来源。二手资料的来源是准确性的关键。政府的统计部门、各个行业协会等官方机构或大型的市场调查公司的调查数据和报告，通常是比较规范的操作和控制的结果，因此信赖度较高。但对待小公司和新公司的资料时则要格外谨慎。另外，即使是官方的机构，在报告中也难免会有倾向性，在使用时要考虑到由此可能造成的错误结论和判断。

（2）调查的目的。资料总是为了某种目的而收集的，了解调查的目的可以提供评估资料质量的线索。如某地为了招商引资，可能把该地区的经济环境、法律环境、社会环境都说得很好。某企业为了提升企业的美誉度，雇请某些机构所做调查的资料也要慎重使用。国内曾经出现过的"排行榜"现象，就是企业为宣传产品，而雇佣调查公司做的销售业绩的伪调查结果。

（3）信息的内容。调查者应该准确地判定所收集的是什么样的信息。例如，在对牛奶的消费情况进行调查时，是否对保鲜袋装、利乐包装和屋型装等所有包装形式的牛奶产品都做了调查；在对洗衣粉的使用情况进行调查时，是否包括了对洗衣液的调查。

（4）收集的时间。对于收集信息的时间，我们也应多加注意，由此可以看出样本是否具有代表性。例如，一项只调查周末消费者的购物中心调查不能反映出"典型的"光顾购物中心的消费者；在上午 9 点至下午 5 点所做的电话调查不能反映出上班族的情况。

（5）收集的方式。资料是通过邮寄、电话还是个人访谈的方式收集的？拒访率是多少？是否与决策者或者决策者的代表进行了面谈？每一种收集方式都有它的优点和缺点。调查者必须努力辨明由于信息收集过程而带入资料的偏差。

（6）与其他信息的一致性。二手资料之间经常会出现不一致的情况。调查者应深入探究造成矛盾的各种可能。不同的样本结构、时间因素、抽样方案、问卷设计以及其他许多因素都会导致调查结果的不同。

调查者应尽量评估各种调查的可靠性，从而决定应该使用哪一个调查结果。

4. 资料不充分

二手资料可能会提供决策所需的大部分资料，但不太可能是全部，某些资料是无法通过二手资料获得的，这就需要再进一步收集原始资料。

## 案例1：《中国电视收视年鉴（2011）》

由专业调查机构公开出版发行的数据资料，通常可以用较低的费用购买获得。尽管由此所获取的相关资料缺乏针对性，但作为一般市场状况或行业的基础性资料的价值，相比所付出的费用常常是物超所值。以由央视—索福瑞的调查数据汇编而成的《中国电视收视年鉴（2011）》为例，通过购买查阅该书，可以对国内的电视受众市场有一个基本的了解。

《中国电视收视年鉴（2011）》对2010年中国电视收视市场进行了全景式描述和深入的分析阐述，内容包括收视环境、观众特征、观众收视行为、频道竞争、节目竞争、电视广告投放与竞争等；2010年全国电视剧、综艺娱乐、新闻、体育和青少节目几个主要节目类型的收视状况；对2010年中国电视市场上几个颇具特色的现象（如省级卫视电视剧同期播出模式、省级卫视达人秀节目、婚恋类节目）和重大事件（如世界杯、"61号令"的出台）以及近年来业界关注的热点问题，如电视节目类型化趋势与分类体系及评估、受众跨媒体使用行为、新媒介环境下的全球及中国电视市场发展等的多角度的分析；关于全国电视收视市场以及重点市场的收视统计数据，主要指标涉及收视设备的拥有情况、人均收视时间、全年和全天收视率走势、各类频道的市场份额、各类节目的播出份额与收视份额以及主要节目类型的收视排行等。

查阅该书，可以获知全国样本收视调查网人均收视时间的数据变化，如图4-1所示。由此可以推测全国电视观众收看电视的时间在171分钟左右。

书中关于电视收视市场各类频道占有率变化的数据（参见表4-1），对广告主电视广告投放方向的选择具有重要的参考价值。

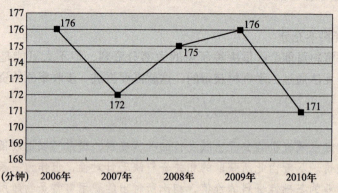

图 4-1　2006—2010 年全国样本收视调查网人均收视时间①

表 4-1　2006—2010 年全国样本市（县）电视收视市场
各类频道的市场占有率（%）②

| 频道类别 | 年　份 | | | | |
|---|---|---|---|---|---|
| | 2006 年 | 2007 年 | 2008 年 | 2009 年 | 2010 年 |
| 中央台频道 | 34.9 | 34.1 | 35.4 | 30.1 | 27.2 |
| 中国教育台频道 | 0.3 | 0.4 | 0.3 | 0.3 | 0.4 |
| 省级卫视 | 19.1 | 21.1 | 22.7 | 25.8 | 28.2 |
| 其他频道 | 45.7 | 44.3 | 41.6 | 43.9 | 44.2 |

## 案例 2：电影院广告投放环境研究的背景资料

在 2010 年年底笔者所作的一项关于电影院广告投放环境的委托研究中，通过网络搜集资料、查询相关的研究报告和论文的方式，收集影响电影院广告投放环境的行业背景资料，并从四个层面对资料进行梳理：

首先，简述中国电影产业环境。收集整理 2009 年和 2010 年国务院发布的《文化产业振兴规划》，《关于进一步理顺地方电影管理体制的通知》、《关于深入推进电影改革发展的若干措施》和《关于促进电影

---

① 王兰柱主编：《中国电视收视年鉴（2011）》，中国传媒大学出版社 2011 年版，第 281 页。
② 王兰柱主编：《中国电视收视年鉴（2011）》，中国传媒大学出版社 2011 年版，第 295 页。

产业繁荣发展的指导意见》等文件，阐明电影产业已成为国家战略产业的政策环境；查询国家统计局关于中国城镇居民家庭人均可支配收入的数据，说明人均可支配收入逐年上升的经济环境；整理相关的文章和数据，描述数字技术研发和应用全面展开的技术环境。

其次，阐述影响中国电影市场快速发展的两个重要因素：中国城镇化建设和电影业院线制改革。以电影业院线改革为例，通过整理中国电影家协会产业研究中心发布的《2010 中国电影产业研究报告》中的资料，有如下归纳：

据统计，自 2002 年电影院线制改革以来，我国电影票房收入增长迅速，从 2003 年的不到 10 亿元跃升至 2009 年的 60 多亿元。据中国广播电影电视总局①公布的数字，截止 2010 年 9 月底，全国城市电影票房收入突破 75.8 亿元，大大超出上一年的全年票房收入。

2009 年，尽管世界经济受到金融风暴的影响，但整个电影业的收益并没有减少，依然延续了近年来的良好发展势头，全年生产故事片456 部，较 2008 年增长 50 部（见图 4-2）。在电影技术方面，2009 年，生产数字电影 306 部，占总量的 67.11%，比 2008 年增长 17.69%，数字电影迅猛发展，为电影创作者提供了更加便捷高效的平台。电影放映的数字化程度也有很大进步，2009 年新建的电影院中，数字影厅达到500 多个，约占新增影院的 80%，部分影院实现了全面数字化放映。

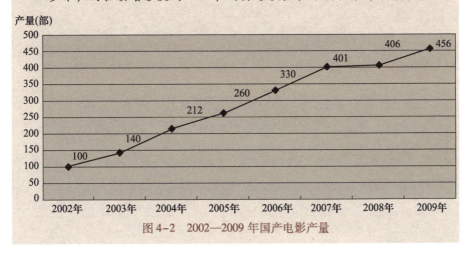

图 4-2　2002—2009 年国产电影产量

---

① 2013 年更名为国家新闻出版广电总局。

随后，还分别阐述了中国影院和影院广告发展现状，以及中国电影市场的发展空间和不足。

### 思考题

1. 举例说明二手资料与原始资料的区别。

2. 通过查询国家统计局网站的城市人口统计数据，了解国内主要城市的人口规模，并了解和比较一线、二线、三线和四线城市的划分标准和结果。

3. 分别选择一种快速消费品（如牛奶、巧克力等）和一种耐用品（如汽车、空调等）查询相关的行业网站，看看能否对整体的行业规模、行业现状有所了解。

4. 用网络搜索的方式查询上一题中所要求的相关信息。比较两种不同来源所获取信息的差别，汇总两方面的信息，整理出所查阅产品的行业规模和行业现状的报告。

# 第五章 问卷调查

## 学习要求

理解定量调查和问卷调查的含义，了解问卷调查法中不同执行方法的适用范畴，掌握问卷调查法的各类方法的执行和实施，掌握问卷调查法的抽样、问卷设计方法，能够进行基础的数据分析和报告撰写。

## 关键词

定量调查、问卷调查、抽样调查

如绪论部分所述，依据所收集到的资料是否具有量化特征，可将调查方法分为定性调查和定量调查；依据调查执行的不同方式可将调查方法分为观察法、调查法和实验法。调查法是通过问卷或访谈收集所要了解信息的方法，其中包含了以定量调查为特征的问卷调查方法和以定性调查为特征的访谈法。问卷调查和访谈法都是常用的一手资料收集方法，本章和下一章分别讲述它们的相关概念和操作实施的有关内容。

## 第一节　问卷调查的概念与分类

问卷调查是指利用封闭式的（结构性的）问卷，依据标准化的程序来收集数据，然后对这些数据进行整理和分析，描述、解释和预测调查对象的方法。作为定量调查的主要方法，其概念的核心是资料的量化特征，即问卷调查方法所收集到的资料可以用数据来表现或描述。

关于问卷调查方法的分类主要有两个角度，一个是从调查对象的规模和代表性的角度进行分类。如果对所有的调查对象进行调查，这时的调查被称作普查；如果只对部分的调查对象进行调查，即从总体中抽取一定数量有代表性的样本进行调查，这样的调查被称作抽样调查。对于广告调查而言，抽样调查的方式更为普遍。如果按照随机抽样的原则进行抽样，样本和总体之间通过一定的数量关系联系在一起，所以样本的调查结果可以用于推测总体。如果不是按照随机抽样的原则进行抽样，样本对总体也有一定的代表性，但无法用样本的结果去推测出总体的明确结论。

另外一个角度是按不同的调查执行方法进行分类，表 5-1 和表 5-2 中罗列了常用的问卷调查的执行方法。本章主要按照这一分类对这些方法加以阐述。

表 5-1　传统问卷调查方法

| 访谈类型 | | 定　义 |
|---|---|---|
| 面访法 | 入户调查 | 在受访者家中进行一对一的访问。 |
| | 拦截调查 | 在超市或其他客流量大的地区对消费者进行访问。访问可以在公共场合进行，也可以将消费者领进专门的访谈室。 |
| | 留置式调查 | 针对较长问卷的方法，访员将问卷留置在受访者家中，2~3 天后收回。 |
| | 计算机辅助调查 | 与传统的印刷问卷不同的是，受访者直接面对计算机上的问卷接受访问。 |
| 电话访问法 | 传统的电话调查 | 利用电话对受访者进行访问的方法。 |
| | 计算机辅助电话调查 | 将电话访问系统用计算机程序化，整个访问过程由计算机控制。 |
| | IVR 电话自动询问调查 | 利用内置声音回答技术（IVR）简化了的电话访问，以专业访问员的录音来代替访问员逐字逐句地念出问题和答案。 |
| 邮寄调查法 | 单程邮寄调查 | 将问卷通过邮寄的方式，寄给消费者，并附上填写说明，由消费者填完后再寄回的方法。 |
| | 固定样本邮寄调查 | 受访者在一段时间内接受多次邮寄问卷调查的方法。 |

表 5-2　新型问卷调查法

| 方　法 | 定　义 |
|---|---|
| 触摸屏调查法 | 一种新型的在商店、诊所或其他消费、服务场所进行个人访问的方法。 |

| 方 法 | 定 义 |
|---|---|
| 传真调查法 | 这是近年来收集商业公司信息的一种有效方法，与邮寄调研类似。它的最大优点是从目标受访者中收集和传递信息的时间极大缩短。而且调查显示，在这种方法使用之初，其回答率高于邮寄调研。 |
| 网络调查法 | 调研方法中增长最快的一种方式，随着私人上网人数的增多，这种方法已日渐普及。 |

## 第二节　问卷调查的执行

以不同的执行方式而区分的不同类别的问卷调查方法，其主要差异就在于它们在具体实施时所采用的不同的操作方法。本节内容对上面所列举的主要问卷调查方法进行具体的讲解，包括每种方法的进一步分类、实施过程、适用范围，以及该方法的优势与局限等。

### 一、面访法

面访法又分为：入户调查法、拦截调查法、留置式问卷调查法和计算机辅助调查法等。以下分别加以介绍。

#### （一）入户调查

入户调查是指受访对象在家里单独接受访员调查的方法。在以往是一种常用的调查方法，但近年来由于入户越来越困难和其他调查方法的替代，入户调查法的应用范围已经很小了。

1. 入户调查的实施过程

对于入户调查，首先要决定访问什么样的家庭（或单位），如果抽样方案中已经详细给出了被访问家庭的地址和名单，那么访员必须严格按照名单上的地址进行访问，不得随意更换。但是在许多情况下，抽样方案无法给出具体的待访家庭地址，而只是给出了若干个抽样点（居委会或居委会内的某个楼、地段等）和如何抽取访问家庭的具体规定。在这种情况下，访员有一定的确定对象的自主权。值得注意的是，调查主管赋予访员的抽样主动权应该保持在尽可能小的范围，即应该尽可能详细地规定选取抽样户的方法。同时要求访员必须严格按照规定进行抽样，绝对禁止随意选取调查户的做法。另外，抽样方案中还要给出受访者不在或拒访的处置办法。

接着，入户后还要确定该由谁接受调查访问。通常一个家庭，只选择一个受访者接受访问。调查目的不同，选择的抽样对象也会有一定的差别。如访问家庭中某个年龄段的男性，或者是访问家里对耐久消费品购买有决定权的人等。总之，需要访员严格按照规定执行。

经过培训的访员，严格按照问卷和辅助卡片等对选中的对象进行面对面的访问，准确记录下每一个问答题的答案，并对开放式的问题进行充分的追问。在调查结束时，通常要赠送一件小礼物以示感谢。入户调查对访员的要求较高，访员应具备认真负责、诚实可靠和善于交流等素质。入户调查的基本流程如图5-1所示。

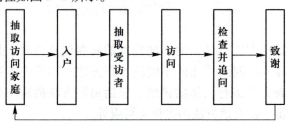

图5-1　入户调查实施过程

2. 入户调查中需注意的问题

有很多家庭不愿受陌生人的打扰，对此访员应有充分的心理准备，不要轻易放弃，否则就会影响到样本的代表性。和蔼可亲的态度是打开大门的钥匙，良好的心理承受能力是继续下去的保证。

另外，访员应严格按要求询问，不要作暗示，同时避免其他在场者的提示；对受访者不理解的题目，可以重复提问，但不能自作解释。

对于开放性题目的记录，尽量用受访者本人的措辞，而不要用访员自己的措辞。未经许可，不可让受访者自己填写答案，否则就变成留置式问卷调查了。

3. 入户调查的优点和局限性

入户调查的优点和局限性都很明显，其优点在于：直接接触样本，有亲切感；对于一些较敏感的问题，较容易进行询问；可以减少有意漏答题目的现象；减少受访者因不理解题意而随意作答的情况发生；回收率高，当场访问、收卷。

其局限性在于：

（1）费用高。入户调查需要访员对受访者进行一对一的访问，需要大量的人力和时间，费用自然高。且随着地区和规模的增大，费用相对增加。

（2）对访问过程较难控制。由于访员分散作业，因此要检查他们是否尽责，有无欺骗行为比较困难。

（3）入户困难。越来越多的居民对陌生的敲门者抱有敌意，访员常被拒之门外。这会直接影响访员的情绪，进而对调查产生影响。

（4）询问偏见。访员的询问态度或语气会对受访者产生某些影响，有可能造成访问的偏差。

### （二）拦截调查

街头拦截调查法，即在商场和客流比较大的公共场所，对消费者进行问卷访问的方法。街头拦截调查相对简单，通常是在调查对象具有一定特殊性或总体抽样框难以建立的情况下采用。

1. 拦截访问的实施过程

拦截调查主要有两种方法：第一种是由经过培训的访员在事先选定的若干地点，如交通路口、展览会场等，按照一定的程序和要求，如时间间隔和客流量间隔等，选取访问对象，在现场按照问卷进行简短的面访调查。这种方式常用于需要快速完成的小样本的探索性调查。第二种方式也叫中心地调查或厅堂测试，是在事先选定的若干场所内，租借访问专用的房间，根据调查的要求，可能还要摆放供受访者观看或使用的物品，然后按照一定的样本选取程序，拦截访问对象，并使用专用的房间进行面访。这种方式常用于需要实物展示或特别要求的有现场控制的探索性调查项目，如新产品的测试、广告测试等。两种方法的主要区别在于是否有专设的访问地点，其基本流程是一致的，如图5-2所示。

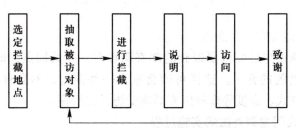

图5-2 拦截调查实施流程

2. 拦截调查的注意事项

由于拦截调查与入户调查有相似之处，所以访员在访问过程中也要遵循入户访问的一些共同规则和要求。但拦截调查有其独特性，要特别注意以下问题：

（1）在问卷设计上，要尽量简短，保证访问过程不至于让受访者觉得太长，不能涉及隐私等难以回答的问题。

（2）在访问过程中，访员首先要检查受访者是否是合适的调查对象，对于一些主动要求接受访问但又不符合受访条件的人，要婉言谢绝但不能挫伤其自尊心。其次要控制在场的其他人（包括受访者的同伴）对受访者作答的影响。

（3）在访问质量的控制上，要加强对访员的现场监督。

3. 拦截调查的优点和局限性

拦截调查和入户调查类似，但相比于入户调查，拦截调查有自己的优势所在：

（1）费用低。省去了寻找受访者的过程，将大部分时间和主要精力用于访谈，因此节省了每个样本的访问费用。

（2）便于控制访员。访问的时间和地点都是事先确定的，督导可以在旁对访员的工作进行监督，减少了访员作弊等情况的发生。

然而，拦截访问同样有很多不足之处：

（1）抽取的样本往往不具备随机性。在人口流量比较大的商场和超市等地方，很难得到能够代表大部分地区消费者的样本。而且客流中有些人群的购物频率高，接受访问的几率也相对较高。

（2）拒访率高。被抽中的受访者有很多的理由拒绝接受访问。

（3）访问环境不够舒适。人流量大的地方，环境多嘈杂甚至拥挤，受访者可能因此感到不安、匆忙而无法认真仔细地接受访问，访问的质量难以保证。

### （三）留置式问卷调查法

留置式调查与后面将要谈到的邮寄调查有一个共同点，即在访谈过程中没有人或电脑的介入。这样可能会减少一些误差，不会有访员的形象、衣着、言谈方式、态度等多种因素影响受访者的回答。

1. 留置式问卷调查法的实施过程

调查员按面访调查方式找到受访者，说明调查的目的和填写要求后，将问卷置于受访者处，约定 1~2 天后再登门取回填好的问卷，或等待直至受访者填写完毕后将问卷当场回收。为了感谢合作，通常也要向受访者赠送用于感谢的小礼物。留置式访问与入户访问流程的主要区别在于问卷的填答环节，如图 5-3 所示。

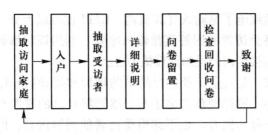

图 5-3　留置式问卷调查流程

**2. 留置式问卷调查法的注意事项**

（1）针对留置式问卷调查的问卷设计，应在卷首强调调查目的和受访者作答的重要性，并在问卷中尽量在每一道题上注明作答方式。

（2）访员在留置问卷前应就填答过程需注意的问题向受访者做详细的说明。尽管通常在问卷中已对作答方式作了说明，但访员的说明仍不可缺少。

**3. 留置式问卷调查的优点和局限性**

留置式访问调查的优势在于：受访者有充分的时间回答，适合内容较多的问卷；受访者答题相对自由，更容易得到受访者的配合；问卷回收率高；可以调查特殊阶层；不必过分强调访员的训练，避免妨碍受访者作答或访员给予暗示等情况，减少因访员造成的种种影响；容易建立样本的基本资料，在没有其他人员在场的情况下，受访者如实填写个人资料的可能性更大。

其局限在于：难以进行追问和对开放题进行确认，例如，我们利用开放式问题调查"为什么不购买该品牌的薯片"，受访者的回答可能是"不喜欢"，但这样的答案对客户来说毫无意义，因为它没有提供任何有效信息，使客户能够改进产品，更加符合消费者的需求；难以了解问卷是否系本人回答，也无法确认作答是否受到他人影响；访问两次以上，耗费的时间和人力财力较多。

**（四）　计算机辅助面访调查**

计算机辅助面访调查 CAPI（Compute Assisted Personal Interviewing）区别于常规的用纸和笔来完成的面访调查 PAPI（Paper Assisted Personal Interviewing）。访问的方式可以是入户的 CAPI，也可以是拦截的 CAPI。具体的形式主要有两种：

第一种形式，也是最为常见的形式，是由经过培训的访员手持笔记本电脑、PAD 或 PDA 终端，向受访者进行面访调查。调查的问卷已经事先存放在计算机中，访员根据屏幕显示的问卷顺序和指导语逐个提问，并及时将答案通过键盘或电子笔输入计算机内。CAPI 也可以十分方便地处理开放式问题，可以将受访者的回答直接输入电脑。利用调制解调器，访员可以将调查的数据直接传回公司的计算机中心。

第二种形式，是对受访者进行简单的培训和指导后，让受访者自己对着电脑上的问卷，通过键盘和电子笔，逐题将自己的答案直接输入到电脑中。调查人员不参与回答，也不知道受访者的回答内容，但是调查人员可以在旁边，以便随时提供必要的疑难解答。

计算机辅助面访调查的优势在于：具时效性，省却问卷输入工序；具趣味性和时尚感，可吸引样本作答；保密性好，对于隐私性问题，受访者感觉安全，更容易作答。

其局限性在于：耗费较高，不适合大面积推广；对样本要求较高，受访者必须具备一定计算机操作知识；样本难以切实把握，回答常有偏颇失真之处。

## 二、电话访问法

电话访问法是广告调查中使用较多的一种调查方式，主要使用工具是电话，因此其发展受当地电话普及率的制约。在我国，随着电话的不断普及，电话访问法的使用已相当普遍。

### （一）电话访问方法

电话访问法随着计算机技术的发展也在不断的进步中。在这一部分，将分别就传统的电话调查方法、新兴的计算机辅助电话调查和 IVR 电话自动询问调查方法做具体的介绍。

1. 传统的电话调查

（1）传统的电话调查的实施过程

传统电话调查的实施流程如图 5-4 所示，抽样和访问都借助电话完成。

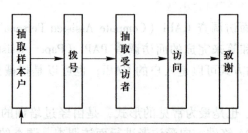

图 5-4　传统的电话调查流程

① 抽样

电话调查的抽样方法是按照随机拨号的方式进行的，常用的主要有两种作法：

一是利用现成的电话号码簿作为抽样框，借助随机的数字表，随机地选取拨打号码，或采用等距抽样的方法从电话簿中抽取拨打号码。

二是按照调查地区从有关部门获得号码的前几位号码分布的名单以及所占的比例（通常电话号码的前几位都是地区代码），然后按照这些数据选定每个地区抽样的样本数，例如在北京地区，前四位确定具体的地段，如6201－6208是海淀区太平庄地段。电话后几位的数字可以完全按照随机抽样表选取。如果被抽中的对象不在，应该记住电话号码换时间再打过去，为了保证样本的随机性，一般情况下继续追打 3~5 次才能放弃。

② 确定调查对象

抽出一个样本户后，还要决定访问样本户中的哪一个成员。在问卷设计时，根据不同的调查要求，往往已经设置了一些过滤性题目来筛选所需要的访问对象。电话接通后，访员应先读出这些问题，抽取出所需要的调查对象，然后再开始正式的电话调查。

③ 正式访问

电话拨通后，访员先做自我介绍，然后用简明扼要的语言解释调查目的。如果受访者愿意接受访问，就可以进一步抽取合适的受访者；如果样本户拒绝接受访问，应礼貌地挂掉电话；如果样本户表示此刻没有时间接受访问，访员应耐心和他预约时间，争取在合适的时间进行访问。

（2）传统电话调查的优点和局限性

优点：

① 费用低。较之其他调查方式，传统的电话调查节省了访员的时间和精力，相对而言，费用较低。

② 有可能获得高质量的样本。如果实施了恰当的抽样和回访程序，电话访问较其他形式更有可能获得完善的样本。

局限性：

① 获取的信息有限。在电话中，访员无法对受访者做深入的访谈，问卷的长度也不宜过长，整体而言，获得的信息量必定有限。

② 拒访率较高。拒绝一个电话访问显然要比拒绝一个登门的访员容易得多。

③ 抽样的总体与目标总体的不一致。电话调查针对的总体适用于有电

话的用户，但是要调查的样本可能还包括没有电话的家庭，特别是在电话普及率比较低的城市和地区，在电话调查的基础上，还需要辅助一些面访的调查样本。

2. 计算机辅助电话调查

计算机辅助电话调查 CATI（Computer Assisted Telephone Interviewing），是将传统电话调查的问卷设计、调查实施管理、数据录入和统计等步骤计算机化的调查方法，近年来在国内市场中的运用越来越普遍。计算机辅助电话调查对设备方面的要求有硬件和软件两个部分：硬件方面有电话线、耳机（耳塞）式电话、多台计算机以及一台控制和管理的服务器、局域网；软件方面是 CATI 管理软件，整套软件包括：自动随机拨号系统软件、问卷设计系统软件、访问管理系统软件、数据录入和管理系统软件、简单的数据统计系统软件等。

经过培训的访员戴上耳机，对应地坐在装有 CATI 系统的电脑（CATI Station）旁边，按照电脑屏幕提示的工作程序进行工作。自动随机拨号系统会根据调查人员事先设计好的抽样方案自动拨号并保存拨号记录。电话拨通以后，访员按照电脑屏幕上显示的问答题（访问问卷）对受访者进行提问，并通过计算机的键盘或鼠标将数据即时录入到计算机中。

CATI 的问卷设计系统软件在问卷设计的过程中，对多选题和跳答题目进行编程，并且把问题当中访员提问时的注意事项也醒目地显示在电脑上。访员在进行访问时，电脑屏幕每次只出现一个问题，根据受访对象的回答，计算机会自动进行到下一个相关的问题。访员只需要按照电脑显示的问题提问，计算机可以自动检查受访对象回答的适当性和一致性。与传统的电话调查相比，CATI 数据收集的过程是自然平稳的，数据质量得到了加强，访问时间也大大缩短，并且不再需要数据编码、录入的烦琐过程。

督导员在现场的控制和检查工作非常重要，通过监控设备，督导员可以看到每个访员的工作情况、访问数量，进行成功率的统计等，而且可以直接监听成功率较低的访员的访问过程，以便及时指出访问中的问题。特别是训练新访员的时候，对访员在访问过程中可能出现的问题能及时纠正。计算机中心的服务器可以随时提供访问的进展情况、阶段性的数据总结，督导员根据这些数据对访问的过程进行控制和调节，如调节样本的性别比例、年龄比例等。对于受访者不在家需要追访或受访者没有空需要另约时间的情况，CATI 系统也会自动储存下来，并且按照要求，提示下次访问的时间，到时该号码会自动地出现在拨号系统中。CATI 软件对电话调查的数据可以进行简单的统计，如果需要对数据进行进一步的分析，也可以从 CATI 系统中以数据库的形式复制或导出到其他专业的统计软件包中。

借助于计算机程序，计算机辅助电话调查从设计、执行到分析的各个环节整合到了一起，如图 5-5 所示。

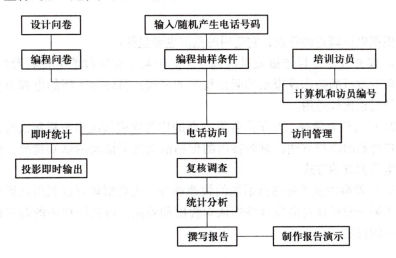

图 5-5　计算机辅助电话调查的流程

相比于传统的电话调查，计算机辅助电话调查的优势在于：

（1）省略了数据的录入、检查和编辑的工作。借助现代化的电脑，在访谈进行过程中，数据就已经同步录入并保存在计算机中，省却了传统的电话调查中再次录入问卷的过程。此外，在访谈过程中，如果回答的形式或组合不符合规定时，计算机将不接受这一答案。

（2）统计工作可以随时展开。计算机辅助电话调查可以实现实时统计，并通过统计出来的数据来调整调查计划，以节约后续的调查时间和经费。例如，如果 98% 的受访者对某一问题的回答是相同的，基本上就不需要再提问这个问题了。同样，统计结果也可能会提示增加某些问题的必要。

3. IVR 电话自动询问调查

IVR 电话自动询问系统是利用内置声音回答技术（IVR，Interactive Voice Response）简化了的电话访问，被称为全自动电话访问（CATS，Computer Assisted Telephone System）。CATS 利用专业访员的录音来代替访员逐字逐句地念出问题和答案。回答者可以将封闭式问题的答案通过电话上的拨号盘输入，开放式问题的答案则被逐一录在存储系统中。

CATS 有两种类型：向外拨号方式和向内拨号方式。向外拨号方式需要一份准确的样本电话本，电话会按照号码自动进行拨号，播放请求对方参与调查的录音；向内拨号方式则是由受访者拨打指定的电话号码进行回答，这些号码通常是邮寄给受访者的。

### （二） 电话调查适用范围

根据电话调查的特点，它适用的范围主要包括：

1. 媒介或是节目传播效果的调查。对于某个时间段的电视收看情况，或是新近发行的杂志或报纸的阅读情况的调查；另外对于新的电视节目的收视情况也比较适用。

2. 广告效果调查。对于广告发布期的广告收视情况和收视频次等，也是比较理想的调查方法；对新推出的促销活动或者活动的认知情况，也适合用电话调查的方式。

3. 突发事件或者是热点话题的快速调查。大众媒体可以利用电话调查方式了解一般观众对突发事件的认知程度和看法，再根据相关的调查结果作深入的报道。

## 三、邮寄调查法

所谓邮寄调查，就是将问卷通过邮局寄给选定的调查对象，并请求受访对象按照规定的要求和时间填写问卷，然后寄回调查机构的调查方法。邮寄调查主要有两种方式：单程邮寄调查和固定样本邮寄调查。

### （一） 邮寄调查的方法

1. 单程邮寄调查（Mail Survey）

单程邮寄调查法是将问卷通过邮寄的方式，寄给受访者，并附上填写说明，由受访者填完后再寄回的方法。其主要步骤如下：

（1）根据研究目的确定调查的总体，收集相关的名单和通信地址，按照一定的抽样方法选出受访者。

（2）通过电话或明信片或简短的信件，与受访者进行事先的联络，说明正要进行的调查项目，请求他们的合作。这样能有效提高问卷的回收率，但有时由于种种原因这一步往往被忽略。

（3）向受访者寄出调查问卷。向受访者寄出的文件中应该包含五项内容：贴足邮资写清受访者的信封，致受访者的信件（或是介绍信），调查问卷，贴足邮资写清调查机构地址的回邮信封，谢礼或是有关谢礼的承诺。

如果这五部分内容准备得周到且精美，会引起受访者的重视，提高问卷的回收率。

（4）通过电话和简短的通信，和受访者再次接触，询问是否收到了问卷，并请求早日寄回问卷。这个过程往往可以显著提高问卷的回收率。

（5）如果回收率还是没有达到研究的要求，视条件许可，采取一定的措施来修正低回收率造成的误差。如对没有寄回问卷的受访者进行一定数量的面访调查等。

2. 固定样本邮寄调查（Mail Panel）

固定样本邮寄调查，指的是事先抽取一个地区的或全国性的样本（具有代表性的样本），样本中的家庭或者个人都已同意参加某方面的定期邮寄调查，然后由调查机构向这个固定样本中的成员定期邮寄调查问卷，样本成员将问卷按照要求填写后及时寄回调查机构的方法。

固定样本邮寄调查常用于进行电视收视率、广播收听率、报纸杂志阅读率的调查或家庭消费调查，或其他商业性的定期调查。为防止样本老化，要定期调整更新样本，如在条件允许的情况下，可以一个季度更新样本的1/4，一年更换全新的样本。有经验的调查机构会对样本中的"新鲜"部分和"陈旧"部分所寄回的问卷，与其他部分相比较，以避免因不熟悉调查或由于过分熟悉调查可能带来的数据上的偏差。不管如何调整或更新样本，重要的是，所使用的固定样本与所调查的目标总体在主要指标上是基本一致的。

在新兴的直效营销的方式中，经常采取固定样本邮寄调查方式收集信息。它所针对的调查对象，往往是产品或者品牌的忠诚顾客。企业为巩固和维持忠诚顾客，会提供一些只针对忠诚顾客或者优先提供给忠诚顾客的服务。因为企业与忠诚顾客的长期合作，所以顾客也很愿意提供改进产品或服务的市场信息。

（二）邮寄调查的优势和局限性

邮寄调查的优势有以下几个方面：

1. 调查区域广。从原则上来说，凡是通邮的地方都可以进行调查，因此对于面访调查或电话调查难于操作的调查，可以通过邮寄的方式完成。

2. 费用低。邮寄调查的费用比面访调查要低。

3. 避免访员偏差。邮寄调查可以完全避免由于访员的原因而产生的偏差，受访者有充分的自由和时间来处理自己的回答。

邮寄调查有明显的局限性：

1. 回收率低。在几种调查方法中，邮寄调查的回收率往往是最低的。调查对象也许对调查的主题不感兴趣，或者由于问卷过长、过于复杂等原因而不填答问卷。因此在邮寄调查的操作过程中，应通过各种有效的措施和方法提高回收率，同时对于低回收率所造成的偏差，也要进行必要的处理。

2. 花费的时间长。几种调查方法中，邮寄调查所需要的时间是最长的。

3. 填答问卷的质量难于控制。受访者可能找别人填写问卷，或者没有填写完整，或者只挑选自己感兴趣的问题填写等等，都会影响问卷填写的质量。另外，调查现场没人辅助问题的回答，尤其是没人来启发开放式问题，决定了邮寄调查所得的信息量比较有限。

4. 受访者的限制。邮寄调查的限制之一，是受访者必须是有一定文化程度的人，能够阅读和理解邮件的内容，所以对于一般居民或者消费者总体的调查，不适合使用邮寄调查。

## 四、网络调查法

网络调查目前已非常普遍，许多传统调查方法均已平移至网络平台甚或移动互联网平台，丰富了调查的执行途径。

### （一）进行网络调查的主要方式

目前，在实际运用中主要使用的网络调查方式有 E – Mail 问卷、交互式 CATI 系统、网络调查系统（CGI）三种：

1. E – Mail 问卷

这种调查方式以 E – Mail 的方式将设计好的问卷发给受访者，由受访者填答完毕后将问卷回复给调查机构。调查机构使用专门的程序进行问卷准备、列制 E – Mail 地址和收集数据。

这种方式制作方便，分发迅速。但它只限于传输文本，图形虽然也能在 E – Mail 中进行链接，但与问卷文本是分开的。另外，由于问卷出现在受访者的私人信箱中，往往会被视作垃圾邮件而删除。

2. 交互式 CATI 系统

利用一种软件语言程序在 CATI 上设计问卷结构并在网上进行传输。互联网服务站可以设在调查机构中，也可以租用有 CATI 系统的单位。互联网服务器直接与数据库连接，收集到的数据直接进行储存。

这种方式能够利用 CATI 进行良好的抽样及管理，能建立良好的跳问模式和修改受访者的答案，能当场对数据进行认证，对不合理的数据要求重新输入。交互式 CATI 系统为网上 CATI 调查的使用者提供了一个方便的工具，并且支持程序问卷的再利用。

但是，网上的 CATI 系统产品是为电话－屏幕访谈而设计的。受访者的屏幕格式受到限制，而且 CATI 语言技术不能显示网络调查在图片、播放等方面的优势。

3. 网络调查系统（CGI）

有专门为网络调查设计的问卷链接及传输软件。这种软件设计包括：整体问卷设计、网络服务设计、数据库和数据传输程序。典型的做法是：问卷由简易的可视问卷编辑器产生，自动传送到互联网服务器上，通过网站，使用者可以随时在屏幕上对回答数据进行整体统计或图表编辑。

### （二）网络调查的优势和局限性

网络调查有以下几个方面的突出优势：

1. 速度快。由于节省了印刷、邮寄和数据录入等环节，问卷的发放和数据的回收速度明显提高。一个调查可能在几小时之内就可收回大量的数据。

2. 费用低。传统调查方式中的印刷、邮寄、录入和访员的费用都被节省下来，而增加项却有限。

3. 视觉上吸引人们的注意。互联网的图文和超文本特征可以用来展示产品或服务内容，音效、动画效果等先进手法的使用可以更好地吸引人们参加调查。

4. 地域广。互联网全球性的特点，应用于网络调查可使调查人员接触到一般调查难以接触到的人群。没有哪一种方式可以如此方便地获取全球范围内的大规模样本人群。

网络调查的局限性也很明显：

1. 样本代表性不够。网络调查意味着只能接触到使用互联网的人群，而且最有可能接触到的是那些整天挂在网上的"网虫"阶层。这些人不同于一般人的生活方式和消费习惯，无法代表普通消费者的整体。不过，也有调查机构在利用网络调查的同时，结合传统的调查方式借以评估互联网数据的偏差。

2. 数据的真实性不易控制。样本的真实身份不易辨别，同时，网上的任何人都能填答问卷，并且还有可能一个人填答多份问卷。尽管可以在受访者回答后就锁住其所处站点，但这也只是在一定程度上降低了重复填答的可能。

## 五、影响调查方法选择的因素

以上介绍了几种主要的调查方法，但在实际执行时，调查人员只会采用一种或少数几种。那么，该如何选择合适的调查方法呢？这是在广告调查策划过程中必须回答的问题。

有很多因素会影响调查方法的选择，以下是必须考虑到的几个因素：

1. 抽样的精确度：有些项目需要较高的精确度，有些项目则对精确度要求不高。对于精确度要求较高的调查，随机抽样的电话调查是比较好的选择。入户访问如果抽样能严格控制也可以产生结构较好的样本。邮寄调查虽然也可以严格控制样本，但由于回收率低，可能会损害样本结构的合理性，从而影响抽样的精确性。拦截式调查的抽样较难控制，精确性难以保证。网络调查越来越被接受的主要原因在于，随着网络使用人群的扩大，其抽样样本的代表性越来越高。

2. 预算的多少：预算的多少对调查方法的选择有很大影响。入户调查的费用比较高，拦截式调查、电话调查、邮寄调查和网络调查的费用相对较小。

3. 向受访者提供各种刺激的需要：在某些调查中，需要向受访者提供各种刺激，比如，产品或产品的样品、产品包装以及其他图片资料等。在这种情况下，入户调查、拦截式调查是比较合适的调查方式，在某些情况下网络调查也是可选择的方式之一。

4. 数据的质量要求：数据质量包括数据的精度和效度两个方面。影响数据质量的因素很多，选用的调查方式、使用的抽样方法、问卷设计、访员培训等都能影响数据的质量。

5. 问卷长度：问卷的长度，或者说完成一份问卷的平均时间，是决定选择何种调查方式的重要因素。长问卷对于电话调查、拦截式调查来说都不合适，只有入户调查才有可能得到受访者的配合。对于邮寄问卷和网络调查来说，较长问卷的完成需要与受访者进行充分的沟通。

6. 抽样难度：当调查对象人口的比例比较小的时候，找到他们并非易事。这时，直接采用入户调查就比较昂贵，应先采用邮寄或电话方式对样本进行确认，然后再派人进行入户调查。

7. 问卷的结构化程度：除了问卷长度之外，另外一个决定调查方法的因素是问卷的结构化程度。封闭式问题越多，问卷的结构化程度就越高。

对于高结构化的问卷，电话、邮寄、网络调查都比较合适。

# 第三节　问卷调查的抽样方法

问卷调查通常涉及较大的样本量，因此在操作中，样本选取是一个重要的环节。以样本选取过程中对样本随机性的要求不同，可以将样本的抽样方法划分为随机抽样方法和非随机抽样方法，并进一步区分为不同的抽样方法。在问卷调查中，根据不同的调查需求，这些抽样方法都有可能被使用。而在其他调研方法中，所涉及的抽样方法则可能主要是其中的某些方法。

## 一、随机抽样的基本方法

在研究型的调查或大样本的公共数据收集时，为保证数据具有较高的可靠性和权威性，常常用随机抽样的方式抽取调查样本。随机抽样的方法主要有简单随机抽样、系统抽样、分层抽样、整群抽样和多级抽样。

### （一）简单随机抽样

简单随机抽样（Simple Random Sampling）是最完全的概率抽样，针对包含 N 个单位的总体，选出 n 个单位作为样本，每个单位在抽选时被选中的机会相同。

简单随机抽样有两种定义方式：如果抽样是无放回的（每个样本被抽中的概率是一样的），所得到的样本就叫做简单随机抽样样本；如果抽样是有放回的（每次抽中的样本要放回，并再次混合均匀后，再继续抽取），得到的样本叫做非常简单随机样本。前一种方法，总体中每个单元被抽中的概率并不完全相等；后者，总体中每个单元被抽中的概率相等。但是如果总体很大，样本量相对较小时，两者的差别会非常小。

简单随机抽样一般可采用抽签法，或查阅随机数字表的方法来得到样本。随机数字表是由计算机随机生成的数字表，在一般统计书籍上都可以找到。

1. 抽签法是先将总体中的每个单元都编上号，写在签上，将签充分混合均匀，每次抽取一个签，签上号码所对应的单元即入样，抽中的签不放回，再接着抽取下一个签，直到抽够所需样本量为止。

2. 随机数字表法是先将总体中的每一个单元都编上号，要注意的是，所有号码的位数均应相同。然后从随机数字表的任一位置开始，向任何一个方向连续地摘录数字，将得到的数字按上边编号的位数分割为若干组数码，得到的数码所对应的单元即入样，重复的数码和没有对应单元的数码去掉，直至抽足所需样本量为止。

例如，要从一个700人的总体中抽取样本量为15的样本，先将这700人按001–700编号（或000–699，注意编号的位数一定要相同），从随机数字表中的任一位置，例如从第6行、第7列开始，向右（可以向其他任何方向）连续地以三位数字为一个数码，得到的数码如下：

169，485，538，329，955，627，092，443，217，855，098，
272，618，873，618，718，157，007，377，949，123

上面有下划线的数码均有相应的单元与之对应，则对应单元入样，依次选够15个为止。其他超过700的数码没有对应单元，去掉即可。数码618出现了两次，第二个618也要去掉不算。抽签法和随机数字表法相比，随机数字表法实施起来更为便利。这两种抽样方法，可以手工操作，也可以用计算机来完成。

简单随机抽样是其他随机抽样方法的基础，从理论上说它是最符合随机原则的。简单随机抽样的优越性在于方法简单直观，当总体名单完整时，可直接从中随机选取样本，而且由于抽取概率相同，计算抽样误差及对总体指标进行推断时比较方便。但是在实际的调查中，这种方法也受到一定的限制：第一，简单随机抽样需要把总体中的每一个个体编上号码，如果总体很大，那么这种编号相当困难，甚至是不可能的。第二，调查的样本量通常有好几百，即使总体编号不成问题，用抽签法或随机数字表法一个一个抽取，既费时又费力。即便用计算机来完成这项工作，仍然相当费事。第三，这种抽样方法常常忽略了总体已有的信息，降低了样本的代表性。例如，在许多调查总体中，男女的性别比例是确定的，近似为1:1，采用简单随机抽样虽然抽出来的男女比例可能与总体大致相同，但通常仍会有一定的误差。因此简单随机抽样适合在总体单位数不是很庞大，而且样本分布比较均匀的情况下使用。

## （二）系统抽样

系统抽样（Systematic Sampling）也叫等距抽样或机械抽样，是先将总体的每个单元编号，并按照一定顺序排列，然后按一定距离（间隔）选取样本的抽样方法。系统抽样经常作为简单随机抽样的代替物使用，所得到

的样本几乎与简单随机抽样的样本性质相同。

使用系统抽样的方法，也必须获得一份总体的单位表，这一点与简单随机抽样是一样的。决定抽样距离的运算公式如下：

$$抽样距离 = \frac{总体单位数}{样本单位数}$$

例如要从 120 户居民中选出 7 户居民，使用系统抽样的过程如下：

1. 先将 120 户居民从"1"到"120"编号；

2. 决定抽样距离；120/7 = 17.1，最接近的整数是 17，抽样距离定为 17；

3. 抽取第一个编号：等距抽样的方式可以随意使用一个起点，可通过随机表选取，也可随意决定第一个编号；

4. 然后按照 17 的抽样距离每 17 个数抽取一个编号，这时可能出现两种情况：第一是开始的号码比较大，按照间隔抽选时，会出现超出编号的可能，即情况一；第二是选中的样本恰好在总体编号的范围内，即情况二。

情况一：38，55，72，89，106，123（3），140（20）；

情况二：8，25，42，59，76，93，110

情况一中最后两个编号超过了 120，则把它们分别减去 120，得到最后的编号即括号中的 3 和 20。最后这些编号所对应单元入样。

情况二中由于第一个编号限定在 1 至 17 之间，所以没有出现超过 120 的编号，则所抽中编号不需修正，它们所对应单元可直接入样。由此可见，利用情况二的方式抽样更为简便。

系统抽样最主要的优势就是经济性，而且比简单随机抽样更为简单，时间和费用成本都相对较少。使用系统抽样最大的缺陷在于总体的单位排列上，要注意在有些调查中，避免使用那些会使入样单元有相同特性的间隔数。比如，电视台利用收视网调查，得到了一年中观众每天收看电视时间的资料，现在需要从中抽取若干天的资料进行研究，这时时间隔数就不能定为 7，因为间隔为 7 得到的样本单元要么全是星期一，要么全是星期六，或其他类似情况，这样必然会影响研究结果。单独使用系统抽样的时候还面临着简单随机抽样总体大，不便于编号的困难。所以在大规模的调查中常把系统抽样与其他抽样方法结合起来使用。

### （三）分层抽样

分层抽样（Stratified Sampling）又称类型抽样，是先将总体的所有单位按某些重要特性分成若干互不重叠的子总体（层），然后在各子总体（层）

中采用简单随机抽样或者系统抽样的方式抽取样本单位的一种抽样方法。

在分层时可以根据调查的具体要求，按照一个或多个特性来分层。基本步骤如下（参见图5-6）：

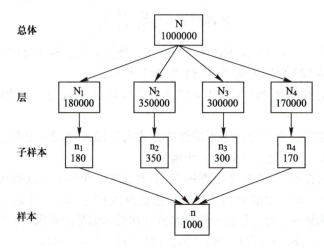

图5-6　分层抽样示意图

第一，确定分层的特征，如年龄、性别等；

第二，将总体（N）分成若干（K）个互不重叠的部分（分别用 $N_1$、$N_2$、$N_3$……$N_k$ 表示），每一个部分叫一个层，每一个层即是一个子总体；

第三，根据一定的方式（如各层单元占总体的比例）确定各层应抽取的样本量；

第四，分别采用简单随机抽样或系统抽样方法，从各层中抽取相应的样本，分别为 $n_1$、$n_2$、$n_3$……$n_k$。这些样本也叫子样本，子样本之和即为总样本。

分层抽样的优点在于：（1）由于总体中常有少数特殊单元，用简单随机抽样得到的样本中，这些特殊单元所占的比例容易过高或过低，从而影响估计量的精度，分层抽样可以将这些特殊单元作为一层，从而避免上述情况，使样本更具代表性。（2）分层抽样可以根据需要对各层的特性加以比较。（3）分层抽样从管理和实施上看，比简单随机抽样便利得多。

总之，分层抽样充分利用了总体的已有信息，因而是一种非常实用的抽样方法。但是对于将总体分几层，如何分层，则要视具体情况而定。总的一个原则是，各层内的差异要小，而层与层之间的差异要大，否则将失去分层的意义。

## （四） 整群抽样

整群抽样（Cluster Sampling）是先将总体划分为若干互不重叠的群，然后在所有的群中，再随机地抽取若干个群，对抽中的这些群内的所有个体或单元全部进行调查的抽样方法。具体步骤如下（参见图5-7）：

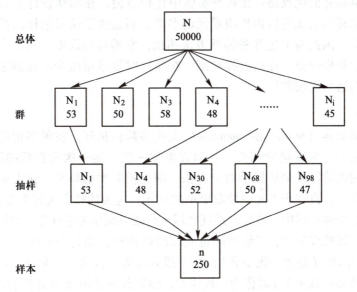

图5-7　整群抽样示意图

第一，确定分群的标准，如自然行政区域、班级等；

第二，将总体（N）分成若干个互不重叠的部分（$N_1$、$N_2$、$N_3$……$N_i$），每个部分为一群；

第三，根据总样本量，确定应该抽取的群数；

第四，采用简单随机抽样或系统抽样的方法，从 i 群中抽取确定的群数；

第五，对抽取到的群内所有单元进行调查。

要注意的是，分层抽样和整群抽样都是先将总体划分为互不重叠的若干部分（层或群），但是划分的原则是不一样的。在分层抽样时，需要将在某些特性上比较一致的单元分为一层，而各层之间的差异性则较大；在整群抽样中分群时则恰恰相反，要求各群之间的差异较小，而每个群中各单元的差异较大。因为分层抽样的样本是从每个层内抽取若干单元构成的，而整群抽样是要么整群抽取，要么整群不被抽取。

比如某高校学生会要调查该校在校生对学校广播站节目的评价，用整群抽样法抽样时，可以把全校每一个班级作为一个群；也可以按宿舍来划分，每一个宿舍作为一个群，因为在这个问题上，一般来说各班之间或各宿舍之间差异不会太大。

整群抽样的优点是：在调查实施中比较方便，在抽样设计上只需要关于群的抽样框而无需群内次级单元的名单。但是由于整群抽样的抽样单元过于集中，因此与上述几种抽样方法相比，它的抽样误差相对较大。所以为了减少抽样误差，提高抽样精度，在抽样时要尽量减少群和群之间的差异，同时适当增加群数。

### （五）多级抽样

多级抽样（Multistage Sampling）又叫多阶段抽样。在很多情况下，特别是复杂的、大规模的调查中，调查单位一般不是一次性直接抽取到的，而是采用两阶段或多阶段抽取的办法，即先抽取大的单元，在大单元中再抽取小单元，再在小单元中抽取更小的单元，这种抽样方式称为多级抽样。在实际的抽样过程中，常常以地理区域或行政系统作为进行分级的指标。

以二级抽样为例，二级抽样也叫二阶段抽样，是先将总体分为互不重叠的 i 个部分（称为一级单元），每一部分称为一群或一个单元。再从 i 个群中随机抽取若干个 j 群作为一级样本，然后分别从所选取的 j 群中随机抽取若干个单元构成二级样本。第一级样本中的单元相对于第二级的抽样来说，又是总体（子总体）。其实二级抽样就是将前面介绍的分层抽样和整群抽样结合起来使用的抽样方法。二级抽样的过程可以用图 5-8 来表示：

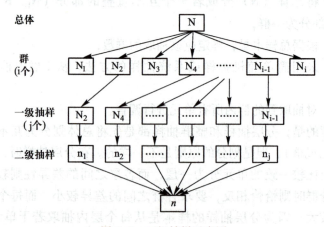

图 5-8　二级抽样示意图

二级抽样与分层抽样、整群抽样有相似之处，它们都必须先将总体分组，然后抽取一级单元或二级单元。分层抽样在第一级抽样中实际是抽取了全部的层（一级单元），然后再从各层中抽取部分的二级单元。而整群抽样则是从全部群中抽取部分的群（一级单元），然后对抽中的群的二级单元全部进行调查，相当于抽取全部的二级单元。二级抽样在第一和第二级抽样时，都是分别随机的抽取部分的一级单元和二级单元。因此，在抽样形式上可以把二级抽样看成是分层抽样和整群抽样的综合。表5-3是对三种抽样方法的综合比较。

表5-3　三种抽样方法的比较

| 抽样方法 | 一级单元 | 二级单元 | 精度（样本含量相同时） | 提高精度的办法 |
|---|---|---|---|---|
| 分层抽样 | 抽取全部 | 抽取部分 | 高于简单随机抽样 | 扩大层之间差异 |
| 整群抽样 | 抽取部分 | 抽取全部 | 低于简单随机抽样 | 缩小群之间差异，增加群数 |
| 二级抽样 | 抽取部分 | 抽取部分 | 介于整群抽样和分层抽样之间 | 减少一级单元间的差异，尽量多抽取一级单元 |

多级抽样的优点是：适合于大规模调查，组织实施的便利程度和抽样精度介于分层抽样和整群抽样之间。对于那些抽样单位数多且较分散的总体，由于编制抽样框较为困难，或者难以直接抽取所需样本，就可以利用多级抽样方法完成。多级抽样的不足在于它的抽样误差相对较大。

## 二、非随机抽样的基本方法

由于在有些调查中得不到总体完整的名单，或者使用随机抽样的方法选取样本过于昂贵，这时就要使用非随机抽样的方法来选取样本。一般而言，任何不满足概率抽样要求的抽样方法都被称为非概率抽样或非随机抽样。使用非随机抽样方法通常比用随机抽样的方法要省钱、省事得多，但是非随机抽样的缺点是不能计算抽样误差，这就意味着评估和预测总体数据的质量和结果存在很大困难。非随机抽样经常使用的主要有四种方法：便利抽样、判断抽样、配额抽样、滚雪球抽样。

### （一）便利抽样

便利抽样（Convenient Sampling）又称偶遇抽样，是根据调查人员的方便与否来选取样本的方法。比如访问路过的行人或任意找一些在家的居民进行访问，这都属于便利抽样。便利抽样简便易行，能及时获得所需的数据信息，省时省力，但是抽样偏差比较大，一般用于探索性调查。

（二）判断抽样

判断抽样（Judgment Sampling）又称目的抽样，是凭借调查人员的主观意愿、经验和知识，从总体中选择具有典型代表性的样本作为调查对象的方法。应用这种抽样方法的前提是调查人员必须较为了解总体的有关特征。

判断抽样选取样本单位一般有两种方法：一是选择最能代表普遍情况的调查对象，常用"平均型"（"平均型"是指在调查对象中具有代表性的平均水平的单位）或"多数型"为标准（"多数型"是指在调查中占多数的单位），应尽量避免选择"极端型"。另一种方法是利用调查总体的全面统计资料，按照一定标准，主观选择样本。

判断抽样方法适合样本量小、抽样单位不易分门别类的调查。但由于调查的准确性依赖调查人员对调查对象的了解程度、判断水平和对调查结果的解释情况，所以判断抽样的结果容易受到怀疑。

（三）配额抽样

配额抽样（Quota Sampling）也称定额抽样，是非随机抽样中使用最为广泛的一种抽样方法。所谓"配额"是指划分出总体中各个类型的抽样单元，并对每一个类型分配给一定的样本数量。通常是按照某些特性（这些特性与所研究的总体特性应有较强的相关性，并且它们的各种取值在总体中所占的比例是已知的）将总体细分为几个次总体，然后将总样本量按照在各次总体中所占的比例分配，这样在选择样本单元时，即可以为每个访员指派"配额"，要求他在某个次总体中访问一定数量的样本单元。

比如可将一个以家庭户为基本单位的总体按照家庭月收入和家庭规模分为四个次总体（见表5-4）：

表5-4　家庭户配额抽样法一览表

| 次总体 | 家庭规模 | 家庭月收入 | 在总体中所占的比例 |
|---|---|---|---|
| （1） | 3口及3口以下 | 2 000元以下 | 35% |
| （2） | 3口及3口以下 | 2 000元或以上 | 20% |
| （3） | 3口以上 | 2 000元以下 | 25% |
| （4） | 3口以上 | 2 000元或以上 | 20% |

若样本量为 400 户，则从每个次总体中按比例抽取样本，应依次抽取 140 户、80 户、100 户、80 户。在调查时可以给每一个访员指定在每个次总体中调查的户数。例如要派 20 个访员进行访问，指定每个访员在第（1）、（2）、（3）、（4）次总体中分别调查 7 户、4 户、5 户、4 户。

配额抽样类似于随机抽样中的分层抽样，区别在于配额抽样的受访者不是按随机抽样的原则抽选出来的，而分层抽样必须遵守随机抽样的原则。另外，根据研究的需要，配额抽样也可以是不按比例的。例如，对于人数较少又需要研究的群体，就可按照指定配额的方式来进行抽样，以达到研究目的。

### （四）滚雪球抽样

滚雪球抽样（Snowball Sampling）是指通过少量样本获得更多调查单位，即通过初始受访者的推荐来选取更多受访者的抽样方法。滚雪球抽样主要适用于在低发生率或较难访问的总体中进行抽样，因为要找寻这类样本单元需要花费很大的代价。滚雪球的步骤为：首先找出少数样本单位；其次通过这些样本了解更多样本单位；然后再通过更多的样本单位去了解更多数量的样本单位；以此类推，如同滚雪球，使调查样本越来越多，最终达到需要的样本数量。

滚雪球抽样的优点在于大大减少了调查费用，当然这种调查成本的节约是以降低调查质量为代价的。整个样本可能出现偏差，因为那些个体名单来源于最初接受调查的人，结果导致调查样本之间过分相似，不具有很好的代表性。另外，如果受访者不愿意继续提供接受调查的人员，滚雪球抽样也会遇到很大障碍。

## 三、举例：消费者调查抽样

一般情况下，较大规模的抽样调查都会采用多阶段随机抽样的方式，下面的例子是《IMI 消费行为与生活形态年鉴》调查的抽样过程。如图 5-9 的抽样流程图所示，由于是要在全国多个城市进行居民的入户调查，所以调查样本的抽样分了六层来进行：首先，根据城市人口的数量、经济发展水平、地域代表性等方面的指标进行综合考虑，选取所调查的城市；其次，对所选中的城市，确定各个城区样本数量的分布。其基本原则是，调查城市中所有的城区，每个城区调查样本量的比例与该城区人口数量的比例相等，即人口数量越多的城区，调查的样本量越大。这就需要查询所调查城市各个城区人口的数量或所占比例，通常相关数据可以通过查阅城市统计年鉴或查询城市统计信息网获得。再次，对所调查的城区，查询其中所有街道或社区的名录及人数，这部分的准确资料一般较难获得，所以可采用近似的方法进行街道或社区的抽样。第四步，在所抽中的街道或社区内进行居委会的抽样，所抽取居委会的数量可根据实际调查的需要来决定。第五步，在所抽中的居委会中按照等距抽样的方式抽取样本户，每个居委会抽取样本户的多少与所抽中的居委会数量直接相关。最后，在所抽中的样本户中，根据随机数字表抽取所要调查的受访者。

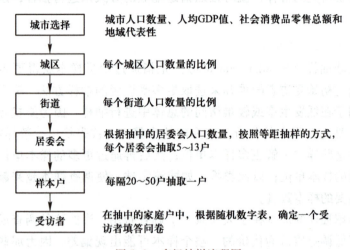

图5-9　多级抽样流程图

## 第四节　调查问卷设计

用于问卷调查的问卷从结构上来讲一般比较完备，包含问卷的封面、调查说明、筛选性问题、调查问题、致谢以及调查记录等。调查问题的类型一般以封闭式问题为主，量表式问题和开放式问题为辅。当然，对于不同研究目的或研究类型的调查，调查问题的类型分布也可能会有所变化。例如，一项以了解消费者态度为主要测量目的的调查问卷，很可能是以量表式问题为主体。

### 一、不同类型问题的设计

调查问卷的问题设计一般遵循由易到难的原则，按照研究问题的逻辑关系，层层递进。一般来说，量表式问题和开放式问题置于问卷的后半部分，有关受访者的基本情况的问题根据研究的需要，置于问卷的开头或末尾部分。

### （一）封闭式问题

从受访者回答问题的角度可将封闭式问题分为两大类：一是单选题，二是多选题。这样的区分问题类型的分类方式也有利于数据分析，在使用 SPSS 等分析软件时，单选题和多选题的分析方法是不相同的。

1. 单选题

单选题是问卷设计中最常用的一种题型，它要求问题答案的设计必须是穷尽的和互斥的。其中最简单的形式是二项选择题，又叫"两分式"问题，要求受访者在两个设定答案中加以选择。二项选择题有几种形式：

（1）有关事实和状态（自然变量）的只有两种情况的题型

例1：受访者的性别记录：a. 男　　b. 女

例2：请问您听过广播吗：a. 听过　　b. 没听过

（2）对态度或者意见测量（答案是穷尽的）的题型

例：请问您对广播广告的态度：a. 喜欢　　b. 不喜欢

（3）对态度或者意见测量（答案是不穷尽的）的题型

例：请问你更倾向于那种说法：

a. ××节目非常吸引人

b. ××节目听起来感觉很不错

二项选择题中，关于态度和意见的问题是为了更为明确和简化地测量人们对某一行为或事物态度而进行的强行分类设计，其中穷尽式的问题设计容易使中立的意见偏向一方，但是它可以使不明确的态度明确化，并且做到了简化；不穷尽的问题设计不是为了了解受访者的各种态度的频率，而是要更真实的判断其态度。

单选题更普遍的情况是问题答案多于两个，其测量的范围与二项选择题类似，例如有关年龄的问题：

请问您的年龄：a. 16 岁以下　　b. 17～29 岁　　c. 30～39 岁
　　　　　　　　d. 40～49 岁　　e. 50～59 岁　　f. 60 岁以上

2. 多选题

受访者可以从问题的答案中选择多项的题目设置，称为多选题。根据研究目的和问题设定的不同，可对受访者选择答案的数量不做限定或加以限定。需要注意的是，多选题由于一个题目可选择多项答案，其在数据分析时，一个题目会对应若干个变量，而不是一个变量。至于对应几个变量则要根据题目中对选项个数是否限制和限制的数目来定。比较简单的处理方式是，对于没有限定选项个数的题目，其变量个数就是选项的个数；限定了选项个数的题目，其变量个数与所限定的选项数相同。

（1）无限多选题，不限制受访者选择答案的最多数目。优点是可以使受访者有更多回答的余地，缺点是没有简化变量，各项答案的比例之和大于100%，不能做更为复杂的统计分析。

例：请问您一般用什么来收听广播？

1. 带收音设备的音响或录音机　　2. 可随身携带的收音机

3. 校园或单位的喇叭　　4. 车上的收音设备

5. 手机　　6. 网上收听

7. 其他_____（请注明）

（2）限制多选题，是一种简化的多选题，它限制受访者选择答案的最多数目。这种题型相对于单选题可以给受访者更多的选择机会，相对于无限多选题则简化了变量的数目，让受访者填答出主要的选择。限制多选题型同样也不容易进行统计检验等较为复杂的分析。

例：如上例中对"一般用什么来听广播"限制选择3项。

（3）顺位多选题，要求受访者对选项进行排序，或者顺位。

① 排序题。排序题是为了解决各种多选题的缺点而出现的一种题型设计，它最主要的特点是使受访者的答案呈现出顺序和程度。

例：请问您最常收听的广播频道（请按下面的代码填写，每个横线上填写一个）

最经常收听_____其次_____第三_____

| | |
|---|---|
| 1. 中央人民广播电台中国之声 | 8. 北京人民广播电台新闻广播 |
| 2. 中央人民广播电台经济之声 | 9. 北京人民广播电台城管广播 |
| 3. 中央人民广播电台音乐之声 | 10. 北京人民广播电台首都生活广播 |
| 4. 中央人民广播电台文艺之声 | 11. 北京人民广播电台体育广播 |
| 5. 中央人民广播电台都市之声 | 12. 北京人民广播电台音乐广播 |
| 6. 中央人民广播电台民族之声 | 13. 北京人民广播电台文艺广播 |
| 7. 中央人民广播电台华夏之声 | 14. 北京人民广播电台交通广播 |

| | |
|---|---|
| 15. 北京人民广播电台外语广播 | 19. 美国之音 |
| 16. 河北人民广播电台 | 20. NHK |
| 17. 中国国际广播电台 FM91.5 | 21. BBC |
| 18. 中国国际广播电台 FM88.7 | 22. 其他_____（请注明） |

② 重要程度顺位填空，主要是针对排序题的缺点所形成的一种题型，重要程度顺位填空法不仅强调最重要的，也强调比较重要、略微重要和不重要的。

例：接着以上的例子说明，"经常收听的广播频道是"

a. 您最经常收听的是_____

b. 您比较经常收听的是_____、_____

c. 您不怎么收听的是_____、_____

d. 您基本上不收听的是_____、_____

### （二）量表式问题

量表式问题在问卷中常用于了解受访者的态度、意见、感觉等心理活动方面的问题。采用量表式问题获得的数据，在分析时可以使用较复杂的统计分析方法。较为常用的量表是李克特量表和语义差别量表。

1. 李克特量表（Lickert's Scale）

也叫累加量表，在问卷设计中运用十分广泛。它常用来测量人们的观念、态度或意见，需要调查人员构造大量的陈述或说法，用分级记分的方式来测量人们对这些陈述或说法的同意程度。最常用的分级数是 5 级，7 级和 9 级的情况也较常见。

例：请问您对"广播信息传播的速度很快"的态度是：

| 非常不同意 | 不同意 | 无所谓 | 同意 | 非常同意 |
|---|---|---|---|---|
| 1 | 2 | 3 | 4 | 5 |

2. 语意差别量表（Sematic Differencial，又称 SD 法）

这种量表用来测量某种事物、概念或实体在人们心目中的形象。调查人员首先需确定描述、判断或评价所研究对象时使用的重要属性，然后确定对描述这些属性的语意相反的形容词，将各对形容词置于一系列有分级刻度的标尺两端，将正反形容词之间的差距分成不同等级，中间的那一段表示中立。由受访者根据第一印象勾选答案。研究者根据需要测量的精度设定分级刻度，较常见的分级数是7级和9级。

例：广播给您的印象是：

| 形象的 | −3 | −2 | −1 | 0 | +1 | +2 | +3 | 抽象的 |
|---|---|---|---|---|---|---|---|---|
| 信息传递速度快 | −3 | −2 | −1 | 0 | +1 | +2 | +3 | 信息传递速度慢 |
| 传统的 | −3 | −2 | −1 | 0 | +1 | +2 | +3 | 现代的 |

### （三）　开放式问题

在调查问卷中，开放式问题的典型特征是没有给受访者设定选择答案。这样设置问题通常出于以下原因：研究者不知道问题的明确答案；可能的答案太多，不便于罗列；对于探究性的问题，可能的回答是叙述性的，等等。受制于调查法的执行特点，一份调查问卷中开放式问题不宜过多，且常常作为补充性问题出现在问卷中。开放性问题既可能要求受访者回答简单的事实，也可能要求受访者发表意见建议。例如：

例1：请列举您经常上的网站：_____、_____、_____。

例2：与电视、报纸、杂志、互联网相比，您认为广播有哪些优势和劣势？请发表您的看法。

例3：请问您在什么情况下才会收听新闻广播，您对新闻广播有什么建议？

开放式问题的优点在于：

1. 可以使受访者给出他们对问题的一般性反映。

2. 能为调查人员提供大量的、丰富的信息。受访者是以他自己的参考框架来回答问题的，他们可能用生活中的语言而不是营销专业术语来讨论问题。这样有助于帮助设计广告主题活动和促销活动，使文案的创作更接近消费者的语言。

3. 在分析数据的过程中开放式的问题可以成为解释封闭式问题的工具。例如，通过封闭题，我们知道和电视、报纸、杂志、互联网相比中，受众对广播的喜好度最低。如果能通过开放题知道他们为什么不喜欢听广播，这样的信息更有价值。

当然开放式问题也存在缺点：

1. 在编辑和编码方面费时费力。为便于分析，常常需要对开放式问题的回答进行编码，即把许多回答归纳为一些适当的类别并分配给号码，如果使用了太多的类别，各种类别的频次可能很少，从而使解释变得困难；

如果类别太少，回答都集中在几个类别上，信息又变得太一般，重要的信息就会丢失。同时，在编码过程中，调查人员往往会发现某些变量很难进行编码归类。

2. 访员误差。尽管在培训中强调对开放式问题要逐字记录，但是访员还是可能会出现误差。记得慢的访员也许会无意中错过重要的信息，从而带来资料收集误差。

3. 开放式问题的回答可能向性格外向、善于表达的受访者发生偏斜。一个能够详细阐述自己观点并有能力表达自己意思的受访者也许会比一个害羞、不善言辞或畏缩的受访者有更多的信息输出。然而，他们可能一样是产品的潜在购买者。

4. 开放式问题不适合使用在留置式问卷上。如果没有访员追问，记录在问卷上的可能是一个浅显的、不完整的回答。

## 二、举例：各种问题类型的应用

在一份问卷中，上述三种类型的问题是如何应用的呢？问卷的题目设置和问题类型的选择是由调查目的和调查内容决定的，不同的调查项目，其问卷中问题的类型和内容可能千差万别。但通常情况下，一份问卷通常会包含多种问题类型，其中每一个问题的设置，采用何种题型，既取决于所研究问题的特性，也取决于研究者的研究意图。2013 年，中国传媒大学广告学院进行了"当代大学生媒体接触与消费行为"的调查，在此以该次调查的问卷为例，说明问卷整体结构布局和不同类型问题的应用。限于篇幅，仅展示问卷中各类型问题中的若干题目。

### （一）问卷示例

城市：① 北京　　② 上海　　③ 广州　　④ 武汉　　⑤ 成都

问卷编号：_____　大学名称：_____

访问时间：_____　访员姓名：_____　督导员姓名：_____

**"当代大学生媒体接触与消费行为"**
**调 查 问 卷**

同学，你好！

中国传媒大学广告学院正在进行一项关于"当代大学生媒体接触与消

费行为"的研究。请你抽出几分钟时间回答一些问题。你所回答的信息只作学术研究之用，绝不外泄！

　　谢谢你的合作！

中国传媒大学广告学院
2013 年 10 月

在填写之前，请阅读下面的填写说明：

填写说明：
　1. 答案没有对错之分，请根据你的实际情况填写。
　2. 请你按照问卷的提问顺序逐项回答，如无特殊说明，请在选项上画圈。
　3. 请注意每一题目的具体要求，不要漏掉任何一个题目。

S1. 请问你是否为本校在读学生（单选）

1. 是　　　　　　　　2. 不是（请填写你所在大学名称）＿＿＿＿＿＿＿＿

S2. 请问你现在读的是（单选）

1. 本科　　　　2. 专科　　　　　　3. 研究生（致谢，访问结束！）

## 第一部分　媒体接触

Q1. 请问你每天利用电脑、手机等设备上网的时间大概是？请在下表相应位置画圈。（单选）

|  | 不足1小时 | 1~2小时（含2小时） | 2~5小时（含5小时） | 5~8小时（含8小时） | 8小时以上 | 没有该设备 |
|---|---|---|---|---|---|---|
| 1. 台式电脑/笔记本 | 1 | 2 | 3 | 4 | 5 | 6 |
| 2. 平板电脑 | 1 | 2 | 3 | 4 | 5 | 6 |
| 3. 智能手机 | 1 | 2 | 3 | 4 | 5 | 6 |

Q2 ~ Q9（略）

Q10. 请问你是否使用微信？（单选）

1. 使用　　　　　　2. 不使用（请跳答 Q14）

Q11.（略）

Q12. 请问你平时在朋友圈发布信息的内容原创和转发的比例大概是？（单选）

1. 原创占90%以上　　　　　　2. 原创占50%以上，但不足90%
3. 转发占50%以上，但不足90%　4. 转发占90%以上
5. 说不好

Q13. 请问你微信中加关注的有？（可多选）

1. 周围同学、朋友　　　　　　2. 很久未见面的同学或朋友
3. 明星及公众人物　　　　　　4. 企业
5. 媒体　　　　　　　　　　　6. 老师
7. 高校　　　　　　　　　　　8. 本校内外各类商家
9. 其他（请注明）＿＿＿＿＿

Q14. 以下社交媒体软件，请问你正在使用的有？（可多选）

1. 啪啪　　　　　　2. 师兄帮帮忙　　　　3. AA社交
4. 友加　　　　　　5. 连我（Line）　　　6. 来往
7. 米聊　　　　　　8. 比邻　　　　　　　9. 人人
10. 易信　　　　　 11. 陌陌　　　　　　 12. 其他（请注明）＿＿＿＿

第二部分　校园营销

Q15. 以下在校园内出现的能发布广告的媒体，你 一周之内至少有 三天以上 看到的是？（可多选）

1. 海报　　　　　　2. 传单　　　　　　3. 灯箱
4. 路牌　　　　　　5. 横幅　　　　　　6. 道旗
7. 液晶显示屏　　　8. 桌面招贴　　　　9. 墙贴
10. 体育场围栏　　 11. 其他（请注明）＿＿＿＿＿

Q16. 以下在校园内出现的能发布广告的媒体，你觉得受关注度较高的是？（限选3项）

1. 海报　　　　　　2. 传单　　　　　　3. 灯箱
4. 路牌　　　　　　5. 横幅　　　　　　6. 道旗
7. 液晶显示屏　　　8. 桌面招贴　　　　9. 墙贴
10. 体育场围栏　　 11. 其他（请注明）＿＿＿＿＿

Q17.（略）

Q18. 以下对于校园内各类广告的说法，你的同意程度如何，请在下表相应位置画圈。（单选）

| | 非常同意 | 比较同意 | 一般 | 比较不同意 | 非常不同意 |
|---|---|---|---|---|---|
| 1. 如果对校内广告中出现的商品感兴趣，我会在网上查找相关信息。 | 5 | 4 | 3 | 2 | 1 |
| 2. 如果在校内广告中看到曾经了解的广告商品，会加深我对该商品的印象。 | 5 | 4 | 3 | 2 | 1 |
| 3. 校内广告中出现的商品有助于提升该商品的品牌形象。 | 5 | 4 | 3 | 2 | 1 |
| 4. 校内广告中的商品信息提醒了我购买该产品。 | 5 | 4 | 3 | 2 | 1 |

Q19. 回顾你最近一年的消费情况，是否有通过校内广告第一次听说 某个品牌 的经历？（单选）

1. 有（请具体写明品牌名称）_____        2. 没有

Q20 ~ Q23.（略）

## 第三部分 日常消费

Q24.（略）

Q25. 在每月 生活的花费 中，请问你以下各项支出所占比例是多少，请填写在横线上。

| | |
|---|---|
| 1. 校内吃饭（主要指食堂）_____% | 2. 校内外聚餐_____% |
| 3. 必要的学习用品（教材、参考书、本、笔）_____% | |
| 4. 唱 KTV_____% | 5. 其他休闲娱乐活动_____% |
| 6. 购买衣物、鞋、饰品_____% | 7. 购买护肤品/化妆品_____% |

Q26 ~ Q45.（略）

## 第四部分 生活形态

Q46 ~ Q49.（略）

Q50. 请写出你最喜欢的一位广告代言人的名字_____，代言的品牌和产品是_____

Q51 ~ Q54.（略）

第五部分　基　本　情　况

Q55. 性别　　　1. 男　　　　2. 女

Q56. 年龄＿＿＿＿＿＿（周岁）

Q57～Q64.（略）

Q65. 请问你贵姓＿＿＿＿＿＿＿＿联系方式（手机）：＿＿＿＿＿＿＿

另外，我们还想邀请你参加大学生媒体接触和消费行为小组访谈，你是否愿意参加？

1. 愿意　　　2. 不愿意

访问到此结束，再次感谢你的耐心与配合！

礼品签收＿＿＿＿＿＿＿＿＿

### （二）问卷结构分析

可以看出，该问卷包括封面（其中包括调查记录、标题、调查说明、填写指导、筛选性问题）、调查问题和致谢语几个部分，是一份结构完备的调查问卷。问卷的封面顶端为记录调查执行的相关信息而设置，以方便日后数据的录入、复查和校订，该部分包括调查日期、城市、学校、调查者姓名、督导员姓名等内容，由调查人员填写，其后受访者才开始正式填答问卷。一般而言，问卷的主题不同其调查记录也会存在一定差异，如该研究调查对象为在校大学生，研究共涉及多所院校，因此在此部分会存在调查院校的记录项。

调查记录之后是问卷的标题"'当代大学生媒体接触与消费行为'调查问卷"。每份问卷都有一个研究主题，研究者通过问卷标题开宗明义。该研究主题是大学生媒体接触和消费行为情况，问卷标题一目了然。其后是此次调查的说明和填写指导，这两部分意在向受访者说明调查的意图、调查所属机构和研究保密情况，以便尽快让受访者了解调查的目标、内容以及降低受访者的防御心理，以便提高问卷填写的真实性。

在问卷说明和填写指导之后是筛选性问题，在受访者做一份正式且完整的问卷调查之前，研究人员首先通过筛选性问题对受访者是否符合调查条件做出筛选。它是成功的问卷调查中十分重要的一步，如果没有经过甄别而直接开始问卷调查的话，很有可能得出的结果是毫无意义的。该次调查的主题是大学生校园媒体接触和消费行为，调查对象需满足长时间在校的大学生这个前提条件。因此调查通过询问是否为本校在读和所读学历层次来筛选受访者。

其后是问卷的调查问题，这部分是研究主题的具体化，也是问卷的核心内容。主要以提问的形式呈现给受访者，包括所要调查的全部问题，要求受访者选出或填写出表达自己看法或态度的答案。从结构上看，该问卷的问题主要分为大学生媒体接触情况、受访者所在学校的校园营销情况、大学生日常消费、生活形态和受访者基本情况五个部分的内容。由于整体研究项目中还包含了小组访谈，其受访者是在问卷调查受访者中选取的典型代表。因此在问卷末尾处询问受访者是否愿意参加小组访谈，以圈定小组访谈受访者的范围，同时也告知受访者可能被邀请参加进一步的调研。在受访者填写完问卷问题之后，为了表示研究人员对调查对象真诚合作的谢意，在问卷的最后还设置了致谢语部分。

### （三）问题类型分析

从形式上看，该问卷中的问题包含前面所讲到的封闭式、量表式和开放式三种，其中封闭式问题为主，量表式和开放式为辅，三种问题形式的应用分述如下。

该问卷中封闭式问题包含两项单选题、多项单选题、无限多选题和限制多选题四种。问卷中"Q10 请问你是否使用微信？1. 使用；2. 不使用（请跳答 Q14）"和"Q19 回顾你最近一年的消费情况，是否有通过校内广告第一次听说某个品牌的经历？1. 有（请具体写明品牌名称）；2. 没有"，均属于单选题中的两项单选。前者包含跳答机制，若受访者没有使用过微信则可跳过此部分关于微信的问题；后者则是两项单选题和回想式开放题的结合题，若受访者在近一年内通过校内广告第一次听说某个品牌，还需回想该品牌名称并填写。

而"Q1 请问你每天利用电脑、手机等设备上网的时间大概是？"和"Q12 请问你平时在朋友圈发布信息的内容原创和转发的比例大概是？"等题则属于多项单选题，其选项数量大于 2 个，选项的设计是穷尽且相互排斥的。

多选题中，"Q13 请问你微信中加关注的有？"、"Q14 以下社交媒体软件，请问你正在使用的有？"和"Q15 以下在校园内出现的能发布广告的媒体，你一周之内至少有三天以上看到的是？"为无限多选题，受访者可以从众多选项中不受限地选择多个答案；而"Q16 以下在校园内出现的能发布广告的媒体，你觉得受关注度较高的是？（限选 3 项）"则为限制多选题，它限制受访者最多只能选择三个答案，促使受访者在众多选项中选出相对最能代表自己态度的三个以内的选项，数据分析时分别用三个变量记录即可，较无限多选题简化了变量的数目。

问卷中"Q18 以下对于校园内各类广告的说法，你的同意程度如何，请在下表相应位置画圈"是较为常见的五级李克特量表题。当受访者回答此类题目时，需具体地指出自己对题目各项陈述的认同程度。

诸如"Q25 在每月生活的花费中，请问你以下各项支出所占比例是多少？"则是典型的开放式问题。此外，开放式问题还可与封闭式问题相结合，正如前文所述，Q13 为无限多选题、Q16 为限制多选题，两题为了满足选项"穷尽"的特点均设置了"其他"选项，研究人员要求选择"其他"选项的受访者填写出符合受访者实际情况的具体内容。在这份问卷中，由于还有后续调研跟进，所以并未设置叙述性的开放题。

### （四）小结

通过对问卷结构的分析和对题目的观察不难发现，一份问卷必须具有以下功能：首先，它必须围绕研究主题完成所有的调研目标，以满足收集研究信息的需要；其次，它必须以可以理解的语言和适当的文化程度与受访者沟通，并获得受访者的合作；第三，对调查人员而言，它必须易于管理，可以方便快捷地检查完成的问卷，并容易进行编码和数据输入。

在问题的设置上需要具体问题具体分析，问答方式力求准确地表达问题和答案选项。设计问题时应力求每一道都应对所需的信息有所贡献，或服务于某些特定的目的。问题与问题之间要注意逻辑承接，比如以下三个问题："Q10 请问你是否使用微信？"、"Q12 请问你平时在朋友圈发布信息的内容原创和转发的比例大概是？"、"Q13 请问你微信中加关注的有？"这几个问题由于问题设置紧密相关，因而能够获得比较完整的信息。调查对象也会觉得这些问题是集中的、有章法的。除了问题之间的逻辑性，设计问题时还应尽量将容易回答的问题置于前，较难回答或困窘性问题置于后，个人资料等事实性问题放在最后。问卷以较难的问题或个人资料的调查为开端很可能一开始就会被拒绝回答，后面的问题就很难继续了。体现在问题形式上，应将封闭式问题放前面，开放式问题放后面。由于开放式问题往往需要时间来考虑答案和组织语言，放在前面会引起受访者的厌烦情绪。如问卷中"生活形态"部分多是如 Q50 对受访者喜欢的广告代言人那样的询问，因此这部分内容放在了问卷偏后的位置。

## 案例1：问卷调查的数据采集方法①

目前在市场研究行业，数据采集方法已经日益多元化。以全球领先的益普索集团为例，其在全球范围内主要通过四种途径收集数据：在线、电话、面访和移动电话调查。

在线调查：覆盖欧洲、美国、亚太主要区域。在世界任何地方，只要能接入网络，益普索就可以进行在线调查。

电话调查：益普索的CATI网络中心遍布35个国家，共4 000个访问站点，为客户提供全天候的全球覆盖数据。

面访：大部分的执行是可以使用CAPI（计算机辅助个人访问）系统或者PDA（个人数字助理）来收集数据。

移动调查（Mobile Interviewing）：手机是获取即时信息的完美工具。过去10年来，益普索一直在进行跟手机有关的调研，从简单的短信服务调查到关于APP的定性和定量研究，以及手机浏览器调查。

移动调查的优点：

◇受访者可以随时接触到，哪怕他们正在移动中。

◇当受访者在当下自然的状态中接受调查，而不需要努力回忆之前某个时候的想法和行为。

◇手机是一个众多人使用且无处不在的终端，它非常适合用于接触年轻人市场。

◇可以收集例如GPS定位、照片等其他当下环境信息。

◇由于人们会经常使用手机，所以10分钟以内的话，受访者回答率比较高。

益普索的移动调查内容包括：

品牌接触：揭示消费者与品牌广告、口碑传播以及其他品牌接触点的实时互动和反应

市场认知：测量不需要回忆的当下使用状况和态度

产品测试：获得正在使用或刚使用完毕的立即反馈

购物体验：伴随消费者购买决策过程

---

① 根据益普索官方网站资料整理，http://www.ipsos-na.com/news-polls/pressrelease.aspx?id=6229.

购物过程：追踪消费者购物经历和情绪反应

员工反馈：简单地将信息反馈给员工

媒介消费：记录消费者如何、何地和为什么接触某些媒介内容

## 案例2：电脑辅助电话调查的管理及操作流程

从下述电脑辅助电话调查的管理及操作流程中可以看出其在调查管理、执行效率等方面的优势。

### 1. 拟定问卷，并将其程序化

电脑辅助电话调查问卷的设计与其他问卷调查设计的流程没有本质区别，通常要求其问题的设计应该比一般纸质问卷问题的设置更为简单明了，以便于访问者提问。电脑辅助电话调查问卷在设计完毕之后需要将设计好的问卷按要求在电脑上进行编写，输入到 CATI 系统中，这一项工作由专门的编程人员负责。编程时要注意筛选问题的处理、备选答案单选与多选的设定和跳答的合理设置。在电脑中编辑好的问卷如图5-10所示。

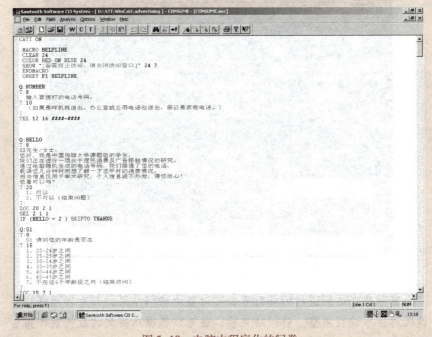

图 5-10　电脑中程序化的问卷

**2. 随机生成电话号码**

查询每个城市城区的所有电话局号（电话号码中的前四位），指令系统随机生成电话号码，对其中的家庭电话进行访问。可以根据调查的数量决定每个局号生成电话号码的数量。这一步骤由访问督导控制。

**3. 设置督导管理程序**

在设定电话号码的同时，设置督导管理程序，在督导管理程序中安排被允许参加本次调查的访员，并可以随时定义新增的访员。访员在管理程序中以唯一的访员编号来识别。然后设置样本数量和样本配额等方面的要求；设置其他选项，包括没有人接听电话如何处理，拒访如何处理等等。

**4. 访员执行电话访问**

接着就可以开始正式的电话调查。这时，访员在电脑上见到是如图 5-11 至图 5-13 所示的界面，图中显示了访问界面的几种主要形式。每一个访问界面只显示一个问题的题目、备选答案和其他提示。访员根据受访者的回答，点击圈选问题选项。

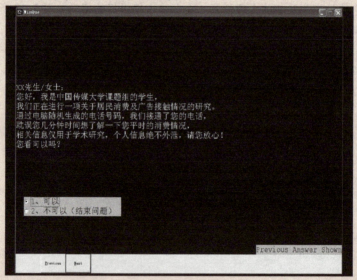

图 5-11　访问界面的提示语和筛选问题

督导员在访问进行的同时可以实时监测访问结果，并可以根据访问情况对样本进行调整。访问结束后，就可以根据所得到的数据制作报告和统计图表了。同时，也可以根据客户的需要使用 SPSS 专业统计软件进行更深入的分析。

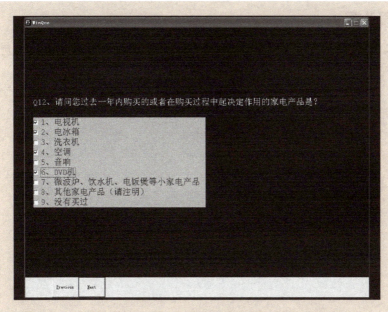

图 5-12　访问界面的多项选择题

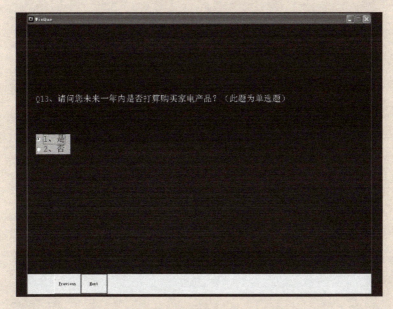

图 5-13　访问界面的单项选择题

**思考题**

1. 分别查询面访法、电话调查法、邮寄调查法和网络调查的案例，通过案例分析比较这几种方法的适用范围。

2. 分小组讨论一项适合问卷调查的选题，在确定选题时考虑用什么样的调查执行方法。并思考选题与执行方法是否有关联，有何种关联？针对所确定的选题设计抽样方法和调查问卷。

# 第六章　访谈法

## 学习要求

　　理解定性调查的含义，了解作为定性调查主要方法的小组访谈法和深度访谈法的定义、适用范围，以及两者的区别。掌握它们的操作流程并能够应用实施。了解小组访谈法和深度访谈法在网络环境下的实施方法和应用范畴。

## 关键词

定性调查、小组访谈法、深度访谈法

　　在调查研究中，访谈可以简单地定义为怀有一定目的，特别是以收集信息为目的的谈话。因此，访谈是一个相当宽泛的概念，几乎涵盖了所有的调查形式。如同问卷调查法是获取定量信息的主要方法一样，访谈法是获取事情发生的原因或所产生结果的解释等定性资料的主要方法。访谈法的主要形式包括小组访谈法和深度访谈法。

## 第一节　小组访谈法

　　小组访谈法是最常用的定性调查方法，以至于人们经常将其等同于定性调查。小组访谈法广泛应用于消费品调研中，对于工业品调研应用相对较少。原因在于，组织一个由 12 名家庭主妇构成的小组通常较容易，然而，要把 10 名工程师或销售经理组织在一起则要花费更多的时间和费用。

### 一、小组访谈法的定义

　　小组（焦点）访谈（Focus Group Interview），最早起源于精神病医生所用的群体疗法。它是指经过训练的主持人以一种无结构的、自然的形式与一个小组的受访者交谈（通常人数控制在 6～10 人），主持人负责组织讨论，从而深入了解受访者对某一种产品、观念或组织的看法。同时企业和客户可以利用单面镜及隐蔽性的摄像机设备，在隔壁的观察室直接观察整个访谈的过程。

小组访谈不同于一问一答的面谈形式，它们之间的区别是"群体动力"（Group Dynamic）和群体访谈（Group Interviewing）之间的区别。群体动力所提供的互动作用是小组访谈成功的关键，一个人的反应可能会刺激其他人的思考，这种相互作用会促使比同样数量的人单独访问时所能提供的信息更多。

小组访谈的时间一般应限制在 1—2 小时之间，因为要深入了解受访对象的信念、情感、观点、态度以及对有关问题的动机、认识，这个长度的时间是必要的，而一旦时间过长则会使接受访谈的对象出现厌烦情绪或者提前离开会场。

小组访谈法适用于以下的研究目的：

1. 获取关于研究者感兴趣课题的一般性信息；

2. 作为量化调查研究的先导，为进一步的量化调查研究提出研究假设的建议；

3. 刺激新的想法或产生新的概念；

4. 对于一个新的项目、服务或产品，诊断其潜在的问题；

5. 对产品、项目、服务、机构或其他所关心的研究对象形成印象或观念；

6. 了解受访者对所研究课题内容的表述，为进一步的量化调查提供参考；

7. 阐释之前的量化调查结果。

## 二、小组访谈的构成要素

小组访谈法的实现依赖于以下几方面的要素：

1. 访谈环境

如何选择一个合适的访谈环境是调查人员不应该忽视的重要问题。小组访谈通常在专门的测试室进行，测试室一般由一间会议室风格的房间和一个观察室构成，在两者之间的墙上装有一面单向镜，研究人员可以通过这面镜子观察受访者的一举一动。如果没有单向镜装置，也可以在会议室装置隐蔽的摄像机，直接拍摄受访者接受访谈的情况。这种方法的优点在于研究人员可以在观察室随意走动，用平常的语调交谈而不被隔壁的受访者听到。也有些调查机构提供像家居室的环境代替会议室，这样的环境会使受访者感觉放松，如同在家里一样，在表达意见和陈述看法时更轻松自在。

此外还要考虑到受访者的舒适要求，包括会场的通风、采光、保暖设施是否齐全，甚至连会场坐椅、桌子的舒适感和美观度也需要考虑到。在受访者接受访谈的过程中，还可以提供一些可口并且方便食用的小点心、水果和饮料，这样的细节往往能减轻受访者的压力，从而使他们更为轻松地接受访谈。

2. 受访对象

如何挑选前来参加接受访谈的目标人群并组织安排好小组是一件很重要的事情，它是保证整个小组访谈成功的关键所在。

（1）锁定受访人群的范围

市场研究人员面对茫茫人海，第一步要做的就是小范围地圈定出目标人群。选择什么样的人来参加小组访谈直接取决于调查目的。一般来说，参加同一组访谈的成员应以同质性为佳，例如在年龄、兴趣、学历、职业等方面有一定的相似性，以免造成访谈时的沟通障碍，影响讨论气氛。但是并非所有的小组访谈都如此，有时候根据调查目的的具体需要，要求在同一组访谈中邀请到不同层次的人群，这样才可以了解到不同层面的信息，从而避免获取片面的信息。

在锁定受访人群的时候，通常调研人员会从前期已经掌握的一些基本资料中筛选出符合调查要求的目标人群。比如可以从前期调查回收的大量问卷中找寻符合条件的受访者，这主要通过查看问卷上填写的个人资料信息来筛选。个人资料上的信息主要可以帮助调查人员搭配好参加小组访谈人员的性别、年龄、学历、职业的比例。通常情况下，出于要对前来参加访问者的个人安全负责的原因，年龄太小和年龄太大的受访者会被排除在备选对象之外。但是单凭个人资料还是较难缩小目标人群的范围，所以为了更精确地寻找到符合条件的受访者，调查人员通常会把个人资料和问卷上调查到的一些信息结合起来，例如某洗发水厂家想通过小组访谈了解它的忠诚消费者对产品的建议，调查人员就会选择在问卷上填写购买该产品超过三年以上且购买频次较高的那部分消费者来作为小组访谈的对象。

如果手头上并没有前期的资料可供参考，调查人员就会采用在街头随机拦截行人或者随机选择一些电话号码来挑选小组访谈的对象，当然调查人员同样会依照调查的目的来制定筛选的条件。需要特别强调的是在筛选人群的时候要注意应当尽量避免挑选到那些曾经参加过类似内容小组访谈的人群或者"职业性"受访者，因为在有关人们为什么同意参加小组访谈的调查中，国外研究发现占第一位的原因是报酬。（其他的动机依次为：对访谈话题感兴趣，有空闲时间，访谈内容有意思，受访者对产品知道得很多、好奇，以及为受访者提供了一个表达的机会。）只为获取一定数量报酬的参与者对调研的忠诚度较低，在访谈中也更倾向于敷衍了事，那么由此获取的信息的准确性自然不高。

（2）电话预约受访者

在锁定小组访谈的目标人群以后，就应该立即展开电话预约受访者的工作，预约工作通常会在小组访谈前两周开始。考虑到受访者随时可能发生的意外情况会直接影响到其能否来参加小组访谈，调查人员一般都会预约比实际参加小组访谈人数多3~4名的受访者。在预约过程中要特别注意和受访者的沟通交流，电话接通后首先要向受访者解释其电话号码是如何被获知的，从而打消受访者不必要的疑虑和戒备；然后对小组访谈的目的、内容做一个大致介绍；最后在征得受访者同意参加之后，告知小组访谈的时间、地点、报酬，有必要的话还要详细地告诉受访者前往参加的路线。电话预约过程其实就是一个事前和受访者沟通的过程，如果能在电话里和受访者沟通融洽的话，在小组访谈正式召开的时候就可以较好地保证小组访谈的气氛。

需要特别注意的是，和受访者之间一次性的敲定是绝对不够的，因为在实际情况中受访者即使曾经很肯定地保证过他会前来参加访谈，但就在访谈举行的前几个小时受访者都会突然来电表示其不能参加访谈的种种理由，包括天气、路况的不佳或者个人的一些突发性事件（如孩子生病、公司临时加班、朋友亲戚的突然来访等）。所以事前调查人员和受访者之间在两周内至少要有两次以上的敲定，通常最后一次会放在小组访谈正式召开的前一天晚上。

（3）小组访谈人数的控制

通常一场小组访谈的人数控制在6~10个人最佳，因为一般每场小组访谈的时间都在60~120分钟之间。如果以90分钟长度为例，除去开头的陈述和主持人的说话时间之后（这部分的用时大约占到整场全部小组访谈时间的15%），那么一个10个人的小组，每个人发言的时间平均还不到8分钟，太短的时间不利于讨论话题的充分展开和深入，所获取的访谈信息也会流于表面。

（4）小组访谈人员的安排

小组访谈中，如何把筛选出来的受访者安排到不同的小组中去也很有讲究。一般来说，安排在同一小组接受访谈的成员应以同质性为佳，例如在年龄、兴趣、学历、职业等方面有一定的相似性，以免造成访谈时的沟通障碍。当然有时为了调查目的的需要，会故意在同一小组中安排不同层次的受访者，以获取不同层面的信息。

需要特别注意的是，由于小组访谈和其他定性调查一样存在小样本的问题，很容易从人群中募集到错误代表。因此在小组访谈中，调查人员一般会安排两组相似的受访者，这两组人在某些方面具有同质性，比如安排两组都是高收入的年轻白领女性同时接受访谈。这样安排小组的目的是希望能够通过对两组类似人群访谈之间的相互比较，来判断访谈结果是否出现偏差，从而起到相互校正的作用。如果这两个同质小组的访谈结果大相径庭，那么调查人员就需要重新审视自己的调查设计是否存在严重失误。

3. 主持人

主持人是小组访谈的核心和灵魂人物，拥有一个优秀的主持人是小组访谈成功的关键。一个主持人必须具备两方面的技能：第一，主持人必须具有良好的沟通技巧；第二，主持人必须掌握与调查内容相关的丰富的专业知识。主持人在组织小组访谈方面的关键个性和技巧具体包括以下几点：

（1）对人、人的行为、情感、观点、生活方式等真正感兴趣；

（2）良好的倾听技巧，要有能分辨出消费者没有说出来的潜台词的能力；

（3）良好的观察技巧，善于发现细节，理解肢体语言；

（4）良好的口头和书面交流技巧，善于清楚地表达自己；

（5）良好的组织协调能力；

（6）了解与访谈主题相关的专业知识；

（7）具备与市场营销和市场调查相关的专业知识等。

## 三、小组访谈法的实施流程

小组访谈的实施流程大致可以分为四个阶段：前期准备；募集调查对象；实施访谈；记录整理和报告撰写。如图 6-1。

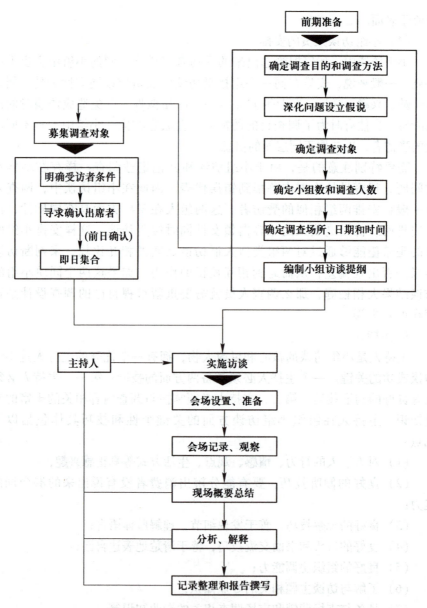

图6-1　小组访谈调查实施流程

**1. 前期准备**

最初的准备阶段与其他调查流程一样，是确认调查目的、提出假设阶段。准备阶段的各项内容对提高小组访谈的有效性至关重要，应当慎重进行。参照图6-1可以看到准备阶段的主要工作包括：（1）确定调查目的和调查方法的可行性；（2）深化问题设立假说；（3）确定调查对象；（4）确定小组数和调查人数；（5）确定调查场所、日期和时间；（6）编制小组访谈提纲。准备阶段理想的进度安排是4～5个工作日，但在非常情况下也有一天就完成的。

编制小组访谈提纲是准备阶段一个十分重要的环节，一份精心编制的访谈提纲是保证小组访谈成功的关键。访谈提纲一般由主持人根据委托调研的客户需求设计，通常包括三个部分。首先，是和小组人员建立友好关系的开场白，包括对其参加访谈表示感谢、简要说明访谈目的、所需的时间、访谈规则等。其次，是访谈中需要逐步深入讨论的问题，这一部分是保证访谈能够按照一定顺序逐一讨论访谈话题的关键。最后，是总结访谈，再次对受访者表示感谢。访谈提纲的制订和问卷设计有相似之处，两者都是根据调查的目的以及客户对信息的要求来编写，不同的是问卷对所要获取信息的规定比较明确，问卷中的题目一般是封闭性的，而访谈提纲仅仅是限定了获取信息的范围，所以提纲中的问题通常是开放性的，前后有一定的递进关系。

### 2. 募集调查对象

调查对象的募集阶段原则上是在编制小组访谈提纲之后开始进行的，但是实际情况中由于许多时候募集对象的时间并不富余，因此在确定调查场所、日期和时间之后就可以着手募集对象的工作了。募集对象的工作相当重要，且难度也较大，一般需要接受过专门训练的调查人员来完成。在时间安排上，需要根据募集对象的难易度来决定，通常最少也要一周的时间。

### 3. 实施访谈

实施访谈阶段是小组访谈的中心人物——主持人充分发挥作用的阶段，有时候也可以视工作量或难度大小设置副主持人，以协助主持人完成整个访谈工作。一般一个小组需要1～2小时的访谈时间，实施顺利的话一天通常可以安排2～3场小组访谈。如果几场小组访谈使用的是同一个场地，那么场与场之间的衔接一定要控制好，以免忙中出错。

### 4. 记录整理和报告撰写

记录整理和报告撰写阶段是小组访谈的最后一个环节，记录整理过程中必须使用第一人称，按照受访对象当时的语气和说话方式进行记录，并能增加对原记录整理后的总结性和浓缩过的语言。这个阶段所需要的时间根据小组访谈的规模大小而定，一般对访谈内容的整理需要 2～3 天，撰写报告需要 3～5 天。

小组访谈报告的撰写是小组访谈最后的工作流程。一份正式的小组访谈报告可以有若干种不同的形式，这主要取决于客户的需要、调研人员的风格以及调研方案中的规定。报告开头通常会解释调研的目的，描述小组参与者的个人情况（可以附访谈现场照片），并简要说明募集受访者的过程。报告的正文会总结访谈发现，并提出建议。这部分要求用高度凝练的语句有针对性地切中问题的要害，一般为 2～3 页篇幅。如果小组成员的交谈内容经过了精心整理归类，那么报告的主体部分可以先列出一个访谈主题，然后总结这个主题的观点结论，最后使用小组成员的真实访谈记录来进一步阐明这些主要观点。以此来一一总结访谈中的所有主题。

## 四、小组访谈法的优势与局限

小组访谈主要应用于一些需要初步理解和深入了解的情况。比如了解消费者对某类产品的认知、偏好及行为；获取对新的产品概念的印象；研究广告创意、广告脚本的测试；研究产品合理定价；了解消费者对某项市场营销计划的初步反应，等等。

小组访谈与其他收集数据的方法相比，有以下的优势和局限：

1. 小组访谈的优势

（1）小组访谈中的群体动力是激发受访者产生新观念、新思想和新创意的最佳方式，这也是所谓的"滚雪球效应"，即一个人的发言会启动其他参与者的一连串反应，从而更容易激发灵感、产生想法。而且将一组人放在一起讨论，与单个人去询问得到的私人回答相比，前者可以产生更广泛的信息、更深入的理解和看法。

（2）小组访谈可以对数据的收集过程进行密切的监视，观察者可以亲自观看访谈的情况并可以将讨论过程录制下来用作后期分析。

（3）小组访谈速度快，成本低，执行相对简单。由于在同一时间内可同时访问多个受访者，小组访谈的资料收集和结果分析都是相对较快的。

2. 小组访谈的局限

（1）小组访谈的最大局限性就来自于它的形式本身，因为小组访谈存在募集到错误代表的可能。而且由于访谈人数一般较少，从人群中募集到错误代表的可能性往往要大于一般样本量较大的调查方法。如果募集到的受访者与客户的目标人群不一致，那么与其说是征集到了一个焦点小组，倒不如说是征集了一个大麻烦。

（2）小组访谈的结果比其他数据收集方法的结果更容易被错误地判断，因为它迎合了人们寻求快速和简单答案的心理，对所得的表面性的理解会产生误导而不是指导。而且小组访谈的结果对总体是没有代表性的，因此不能把小组访谈的结果当作是决策的唯一根据。

（3）小组访谈的最大潜在不足来自群体会谈，主持人是整个互动过程的一部分，素质良好的主持人必须保持自己的主持风格不带偏见，否则会造成访谈结果的很大偏差。

（4）小组访谈所得到的回答绝大部分是无结构性的，这使得对小组访谈结果的编码、分析、解释都很困难。

## 五、小组访谈法的其他形式

低成本和易操作使得小组访谈成为定性调查中最重要的方法之一，而其具体操作方法也不断演变，派生出新的形式，主要有以下几种：

电话小组访谈（Telephone Focus Groups）

这种访谈形式的出现主要是因为某些类型的受访者，比如医生，常常难以征集到。通过使用电话设施，受访者就可以不用到专门的访问测试室，主持人坐在控制台前，当一名受访者说话时一个标有他姓名的灯就亮了，这样主持人就知道是谁在讲话了。可视的辅助材料提前邮寄给受访者，并且当主持人指示他们打开时才能打开。

这种技术的缺点在于它失去了面对面的互动作用，也不可能观察受访者的面部表情、肢体语言等。另外可视材料要是没有及时邮寄到位或者被提前打开，都会影响访问的质量。

双向小组访谈（Two – way Focus Groups）

这种技术是由美国最大的广告商之一的博泽尔—雅各布斯—凯尼恩—埃克哈特公司推出的。这种方法是让目标小组观察另一个相关小组的讨论，然后讨论从观察中获得的感受。

名义分组会议（Nominal Grouping Session）

名义分组会议是小组访谈的变异形式，对于编制调研问卷和测定调研范围特别有用。它是根据目标消费者认为的重点问题进行研究，而不是让受访者讨论调研者所认为的重点。一般由调研人员先将意见相近者分成若干小组（每组 6 ~ 10 人），每个小组成员独立写下对某一主题的看法，然后再集体对所有意见进行分类、汇总和评价。

电视会议小组访谈

电视会议小组访谈主要是利用电视电话设备，让客户只需要到当地的小组访谈测试室或者在会议室中通过电视监控器来观察各地的小组，而不必派一队工作人员到很远的城市去，这样就为客户节约了很大一部分的交通费用和膳食费用，另外也让更多的客户人员有机会看到生动的调研过程。

网络小组访谈（在线小组访谈）

网络小组访谈可以有两种方式：同步方式和异步方式。同步的小组访谈会是实时的，所有参与者用聊天室、像 CU See Me（一种网络视频聊天室）那样在线会议，在相同的时间参加访谈会。异步小组访谈会主要使用电子邮件、邮件管理程序、邮件列表等工具，参与者可以阅读别人发表的意见，同时也可以发表自己的看法，不要求参与者在同一时间出现。

在线小组访谈应用于市场研究领域的优点：降低成本；涵盖广阔地域范围的可能性；可接触到传统小组访谈中难以邀请到的人群，如商务旅行者、专业人士等，他们很难有时间参加传统方式的小组访谈；另外，对参与访谈的人也提供了舒适、便利的参与方式。

在线小组访谈也存在一系列的问题：主持人角色的缺位和权威性的缺乏；失去了对传统小组访谈氛围感受与体验的机会；无法实现参与小组访谈人员作为一个整体的"群体动力"效果；削弱了参与者对所讨论主题的注意力。

### ● 资料链接：在线小组样本库 ●

无论是在线问卷调查还是在线小组访谈，较为正规的操作都需要有较为庞大且完备的受访者样本库作为受访样本的来源。以益普索在线小组调查样本库为例，其在全球 46 个国家覆盖超过 4500 万个成员。并在特许合作伙伴的支持下能够扩展其范围。

在线调查小组是在线研究最大的样本来源。它们是具有强大战略战术的研究工具，概念测试、文案检测、跟踪、趋势和综合研究是益普索在线访问中最常采用的研究类型。进入北美益普索旗下的在线小组研究网站，客户可以接触到美国 50 多万个、加拿大 20 多万个成员。人口统计数据可以准确地帮助客户针对特定的消费群体——如青少年群体、新妈妈或者高收入家庭。

样本招募方式：在线小组样本库通过网上在线招募、根据 IP 地址判断用户的地域决定是否能够加入小组，地域条件满足的话，需要填写相关的人口统计资料成为会员。

奖励机制：样本通过填答问卷可以获得积分、积分兑换礼品、网站优惠券、网站账户金额和现金等，还可参与竞赛抽奖。

调查频率：每个会员每月至少接收到 1 个调查，平均每月每个会员能收到 8 个调查，但是并不强制参与，全凭自愿。会员还可以通过账户查看可参与的调查，决定是否参与。①

## 第二节　深度访谈法

深度访谈作为一种模式化的访谈技术，也是定性调查的主要方法之一。

### 一、深度访谈法的定义

深度访谈法（Depth Interviewing）是一种无结构的、直接的、个人的访问，在访问过程中，由掌握熟练访谈技巧的访问员对调查对象进行的面对面、一对一的深入访谈，用以揭示受访者对某一问题的潜在动机、信念、态度和感情。

深度访谈主要用于获取对问题的理解和深层了解的探索性研究，其在调查中的应用也日趋广泛：详细刺探受访者的想法（例如销售商对某种新产品的看法判断）；详细了解受访者的复杂行为（例如消费者选择家用轿车时的想法）；访问专业人员或竞争对手（例如访问医生关于某种新药的疗效）；调查的商品比较特殊，会引起某些情绪以及感情色彩强烈的产品，等等。

### 二、深度访谈的技巧

深度访谈前，访问员通常会有一个粗略的访谈提纲，但访谈的方向完全根据受访者的回答以及访问员的追问技巧来决定，问题的具体措辞和顺序完全要由受访者的反应来控制。访问员的访谈技巧是保证深度访谈成功的关键，深度访谈的技巧主要有：

1. 开放回答法（Opened Answer）。所谓开放回答法，就是从认为特别重要的问题开始问起，然后随着受访者的回答深入询问。

---

① 根据益普索官方网站资料整理，http：//www.ipsos – na.com/products – tools/ipsos – panels/online – panels.

2. 焦点面谈法（Focus Interviewing）。焦点面谈法是对受访者施以某种刺激，例如播放广告片给受访者欣赏，然后询问受访者对其的反应、态度、联想等多方面的问题。

3. 追问技术。为了获得更多有意义的、具体的回答并能揭示内在原因，访问员的追问技术十分关键。通常采用的追问方式有：

（1）重复提问。用同样措辞重复提问，可以提醒受访者的注意力并有效的引出答案。

（2）重复受访者的回答。通过重复受访者的回答，可以刺激他们，使其深化原有的思路，给出进一步的看法。

（3）利用停顿或沉默。适当的停顿和沉默，都可以暗示受访者的进一步回答，但是一定要掌握好沉默的时机。

（4）利用客观的或中性的评论。例如可以使用下面的追问语：

"还有什么其他理由吗？"

"对此您能再多谈谈您的看法吗？"

"除此之外，还有什么其他要说的吗？"

（5）适当的鼓励和支援受访者。对受访者的回答可以使用诸如"很有意思"等鼓励的话语以引起他们的谈话兴趣。如果受访者要求访问员解释某些词汇，通常访问员的做法是不予解释，而将皮球踢回给受访者"就按您自己对它的理解谈谈您的想法"。

## 三、深度访谈法的实施流程

深度访谈与小组访谈不同，由于它是受访者和访问员之间一对一的直接沟通，访谈的规模要比小组访谈小，组织程序也相对简单。深度访谈一般包括以下步骤：

1. 前期的准备

深度访谈前期的准备工作包括访谈工具的准备、访谈提纲的确认、礼品或酬金的准备等。

深度访谈中最常用的工具包括纸笔、录音机和摄像机以及一些图片资料等。纸笔虽然简单，但却是深度访谈中是最重要的工具。因为在许多情况下，录音机、摄像机都派不上用场，即使用上了，后期对录音、录像资料作整理、分析也是相当麻烦的一件事情。摄像机虽然可以捕捉到很多的信息，但使用起来很不方便，费时、费力，有时还会吓着受访者，致使受访者拒绝接受访问。录音机对访问员有很大的帮助，携带、使用也很方便。

但多数受访者都不愿意被录音。在录音前征求受访者同意，容易遭到拒绝，会破坏访问气氛。即使不拒绝，受访者也会因为担心回答出错而过于小心谨慎。如果不征求受访者同意而偷偷录音，一旦被察觉，容易引起误会，使访问工作受阻。所以用纸笔来记录是访问中必然的事情。有时访问员可以对有关问题作详细记录，有时则可能因为记录来不及等因素的影响而无法详细记录。在这种情况下，做一些简单的记录，在纸上留下一些回忆线索也是十分必要的。

尽管深度访谈的开放度较高，但准备一份访谈提纲还是相当必要的。访谈提纲依据访问内容的主题而设定，为访问员的访问提供基本的线索与问题点，同时可避免访问员遗漏某些重要的问题。有些深度访谈需要提供一些图片资料给受访者看，然后要求他们发表意见。有时这类图片资料可能是问题的关键，所以访问前必须准备好。

另外，由于深度访谈需要花费受访者较多的时间和精力，因此必须对受访者的付出予以适当的感谢和回报。回报的方式可以是赠送礼品，也可以是给予适当金额的报酬。这些都是在深度访谈前必须准备妥当的细节。

2. 选择访问对象

深度访谈的访问对象必须是与调研目的相关的人士才可以。在确定访问对象时，通常采用判断抽样的方法，这样可以保证受访者的意见比较有代表性，不偏离研究目的，而且比较深入、全面。

3. 自我介绍

让受访者接受访问，并热情、友好地配合访问工作并不是件容易的事情。特别是当一个陌生人出现在受访者面前时，受访者的防备心理往往足以使访问员吃上闭门羹。所以如何把自己介绍给受访者是至关重要的第一步。自我介绍是一种艺术，通常要注意以下问题：首先，介绍时要不卑不亢，以免让人产生怀疑；其次，说明自己的身份，避免受访者因你的身份不明而拒绝访问；第三，要能忍耐受访者的无礼或偏见，在访问过程中，常会碰到怕麻烦或不友好的受访者，他们有时会对访问员采取无礼的行为或态度。此时，访问员要忍耐，不要因为别人的偏见和无礼干扰了自己的态度。

4. 说明访问目的，创造友好气氛

当受访者愿意接受访问后，下一步就是要确保访问顺利进行，以便获得所需的预料之内和预料之外的信息。为此访问员要详细说明访问的目的和意图，让受访者了解他们所提供的信息对调查的意义和重要性，并让他们明白访问对他们不会有不利的影响，让他们可以详尽地、如实地发表意见。然而仅说明访问的目的，并不能确保访问达到目的。最好的办法是先观察和了解受访者的行动，再予以适当的礼貌和尊重，有时也可先找些其他轻松的话题聊一聊，让气氛活跃起来。在建立某种程度的信任关系后，再谈论正题。

受访者在回答问题时，难免有些话是访问员不愿意或不必要听的，有些甚至离题万里。此时，无论受访者说什么，访问员都要耐心地做一个好听众。即使要把话题转回来，也得选择一个合适的时机，使对方觉察不出来。千万不能生硬地阻止对方的谈话，以免破坏谈话的气氛。

访问的气氛有时也会因为受访者对询问的问题不知如何作答，而受到影响，出现这种情况，常与访问员的语言陈述不清楚或太抽象等因素有关。所以访问员在询问时，必须尽量把问题表述清楚。

5. 把握询问的方向及问题的焦点

访问的目的是从受访者那里获得有用的资料。然而在非结构性问卷的访问中，由于访问的结构性差，受访者的回答范围广，受访者常常会谈论大量无关紧要或离题的事情。所以访问员必须努力去把握、控制谈论的焦点，及时地把话题转移到正确的方向上来。

为了使谈论围绕所要研究的问题，一方面访问员本身在开始讨论正题后要注意尽量减少题外话，语言要简洁；另一方面，要注意观察受访者的情绪变化，寻找机会把谈论的主题从无关的话题上转移过来。

## 四、深度访谈法的优势与局限

同为访谈法，深度访谈与小组访谈一样，具备访谈法对问题深入探究的优势，以及在资料形式和样本代表性方面的局限。与小组访谈相比，深度访谈执行方式的不同，决定了其在访谈内容和访谈效果方面的独特之处。

1. 深度访谈的优势

（1）相对小组访谈来说，受访者消除了群体压力，每个受访者更愿意表达自己真实的想法，而不会屈从于群体压力只说更容易被群体接受的话。因此深度访谈能够更好地了解到真实可信的信息，揭示隐藏在表面陈述下的感受和动机。

（2）在一对一的交流中不需要保持群体秩序，受访者更能感到自己是被注意的焦点，自己的意见是被人重视的，受访者的思维容易被激活，一些偶然的思路和发散思维常常能对主要问题提供重要的启发性洞察。

（3）深度访谈有助于访问员深入获取一些复杂和抽象的问题信息。深度访谈的弹性相当大，有些复杂、抽象的问题三言两语说不清楚，访问员可以通过对问题的重复询问、解释，以保证受访者明白问题的真正含义。

（4）一对一的近距离接触使得访问员有较多机会评价所得资料或答案的可信度。访问员可以从受访者非语言的反馈上，包括行动、表情，观察他们的动机和态度，分辨他们的回答是真是假。

2. 深度访谈的局限

（1）深度访谈占用的时间和所花的经费都较多。尤其是当受访人数很多的时候，深度访谈的成本是很高的，因而在一个调研项目中深度访谈受访者的数量一般十分有限。

（2）由于调查的无结构使得调查质量在很大程度上取决于访问员自身素质的高低。然而从某种程度来说，寻找或培训优秀的访问员并不是一件容易的事情。

（3）深度访谈后的资料常常难以分析和解释，因此需要熟练的心理学家来协助解决这个问题。

（4）深度访谈通常达不到像小组访谈那样的客户参与水平。如果调研人员的主要目的是让客户观察调研全过程，从而让他们获得第一手的资料，那么当访谈人数较多的时候，大多数客户是不可能连续监听上十几个小时的。

## 五、网络深度访谈

与网络小组访谈一样，网络深度访谈也有同步与异步两种方式。同步环境包括实时聊天室、即时信息协议（Instant Messenger Protocols）、实时线上通讯（Threaded Communication）。这种环境下，访问者和受访者类似于传统的面对面访问，网络为双方搭建了几乎是实时的一问一答的平台。利用连接在计算机上的摄像头"Vid‒cams"（Computer‒linked Video Cameras），访问者和受访者在访问过程中可以互相看到对方。

尽管这种网络环境下的访问方式与传统的面对面访问不完全相同，但却在很大程度上达到了相同的效果。比如，当受访者回答某个问题后，访问者能够进一步探查、追问并获取更深入的信息；或者将话题转移至完全不同的方向，这类似于访问者在面对面访问时对访问的控制。因此，访问者既可以就既定的主题深入挖掘相关信息，也可以就访问过程中引出的话题进行询问。

异步环境包括使用电子邮件、留言板、个人主页置入式公告区（Privately Hosted Bulletin Posting Areas）。异步环境通常用于执行大样本问卷调查，将其应用于定性调查也有一些明显的优点：一是便利性。对于很多人，电子邮件已成为常用且便利的联络工具；二是私密性。用电子邮件的方式进行访问，其他人不能够在线加入、删除或打断访问者与受访者。三是远程性。安排访问时间和对远距离受访者的访问历来是定性调查的难题，用电子邮件的方式进行访问，上述两方面的问题就不复存在了。

在电子邮件、公告牌这样的异步环境中，应用定性调查方法也存在一定的局限性：最为明显的欠缺是可视性暗示信息的缺失，访问者与受访者之间交谈过程中的动作、眼神、面部表情，性别、年龄、种族、穿衣风格等反映受访者身份、地位等方面的信息都看不到了；再有，限制了对既定访问中产生的令访问者感兴趣话题的进一步探查与追问；最后，受访者的范围局限于使用电子邮件，并且能够利用电子邮件表达自己想法的人群。

### 六、深度访谈法和小组访谈法的比较

从以上对小组访谈和深度访谈的介绍，可以看到它们在时间、金钱的花费和组织形式上都不太一样，但是它们最主要的区别在于两者的适用范围。小组访谈的适用范围比深度访谈要广阔得多，它适合于大多数的定性调查。虽然理论上深度访谈适合于所有的定性调查，但是由于受到时间、金钱、人力等条件的限制，通常只是在不便于使用小组访谈的情况下才会使用深度访谈。这些情况包括：受访对象是特殊人群，比如高收入阶层、特殊职业人群等，这些人不太容易在一个固定的时间被集中到一个固定的场所；访谈的内容不便于公开讨论，比如行业竞争的情况、敏感话题、较多涉及隐私的内容等等；由于地理区域的限制，受访对象不容易被集中到同一地点等情况。

## 第三节　访谈法的抽样与问题设计

### 一、抽样原则

与问卷调查法既可能使用随机抽样，也可能使用非随机抽样的方法不同，访谈法由于其小样本的特点，且以获取定性资料为目的的调查特性，

其抽样一般采用非随机抽样即可。根据需要访谈法可以使用非随机抽样中的便利抽样、判断抽样、配额抽样和滚雪球抽样中的任一方法。但这并不意味着对于访谈法的抽样可以任意为之，还是要遵循下述原则：

1. 每一场小组访谈的样本以同质化为佳；无论是对专业人士还是对一般人群的调查，深度访谈的样本应该对其所在人群具有代表性和典型意义。

2. 调查执行的可行性和资料分析的难度是影响访谈法样本量的重要因素，即使调查资金充裕，在确定抽样样本量大小时也应充分考虑这两方面的影响。

3. 值得推荐的抽样方法是配合问卷调查来选取访谈样本。这样做能够获得访谈样本较充分的背景资料，对访谈的执行和对访谈资料的分析都大有裨益。

## 二、问题设计

访谈法的问题集合也可以叫做问卷提纲，其在形式上类似于调查问卷的提纲，只有每个问题的题干，没有答案。一般而言，小组访谈的问题不宜过多，深度访谈则基本不受限制，根据需要问卷提纲可长可短。尽管不像调查问卷那样高度结构化，访谈问卷提纲也有一定的模式：一般也要有开场白，概括性地介绍访谈内容，如果是小组访谈，还要介绍小组成员；然后是罗列正式的访问问题；最后是结语和相应的执行情况记录。这样的模式化内容是访谈法操作规范化的保障。在此举例说明一份深度访谈提纲的结构和内容组织方式，参看下附实例——"90后大学生网络化生活形态研究"深访提纲。提纲中开场部分作为访员与受访者初步沟通的备忘，提醒访员表达三句话中蕴含的三层意思，首先感谢受访者参加问卷调查，其次点明深访的主题和内容，然后再次表示感谢；正式的访问问题包含五个大的方面，因此分为五个部分罗列，每一部分围绕主题列举出若干问题（限于篇幅，略去了部分问题）；由于该次调研还要求受访者提供相关照片，因此有关照片的要求也列举出来；最后罗列了访员应该记录的有关访谈情况的若干项目。

### "90后大学生网络化生活形态研究" 深访提纲

你好，非常感谢你配合我们完成了一份"90后大学生网络化生活形态研究"的调查问卷。对于90后大学生的互联网接触行为、生活形态与消费习惯，我们还有几个问题想再向你了解一下。十分感谢你的合作。

一、90 后特点与 80 后的对比

1. 作为 90 后大学生，根据你们的生活和思维方式，你能给 90 后贴一些标签吗？

2. 你眼中的 80 后是什么样？

3. 你认为 90 后和 80 后有哪些不一样的特点呢？（联系生活中与 80 后亲朋的接触经历，举例说明）

4. 据你了解，社会上对 90 后都有哪些评价？

5. 你对这些评价持什么样的态度？

二、生活形态

1. 简单描述一下你的生活现状。

2. 你对自己未来的生活有哪些构想？

3. 现在的生活中，你为这些构想做出了哪些实际行动？

4. 父母对你影响最大的方面是什么？生活中遇到什么事情你会征求父母的意见？

5. 根据你所填答的问卷，了解到你的娱乐活动十分丰富，你能大概描述一下这些娱乐活动对你生活的影响吗？

6. 谈谈你对"流行"与"个性"的看法？

7. 对你最喜欢的明星或者公众人物做出评价？你平常从哪些途径了解你喜欢的明星或者公众人物的相关报道？在你看来，80 后喜欢的明星或者公众人物会是哪些？

三、互联网生活（略）

四、关于其他媒体（略）

五、关于消费（略）


要求受访者提供的照片：

典型生活场景：如寝室、家庭

典型娱乐场景：聚餐场景（生日、庆祝）、经常去的娱乐场所、娱乐活动场景

典型消费场景：常去的小店、喜欢的小物件、网购物品展示、最近购买的最喜欢的一件物品

被访者提供最能表现自我的照片（如生活照、艺术照、出去玩时的照片等）

受访者姓名＿＿＿＿＿＿＿＿＿＿＿＿＿＿＿

受访者性别＿＿＿＿＿＿＿＿＿＿＿＿＿＿＿

受访者电话＿＿＿＿＿＿＿＿＿＿＿＿＿＿＿

访谈时间　＿＿＿＿＿＿＿＿＿＿＿＿＿＿＿

访谈地点　＿＿＿＿＿＿＿＿＿＿＿＿＿＿＿

访谈时长　＿＿＿＿＿＿＿＿＿＿＿＿＿＿＿

受访者礼品签收＿＿＿＿＿＿＿＿＿＿＿＿＿

## 案例：九〇后大学生网络化生活形态研究的深度访谈报告

第一章的案例中介绍九〇后大学生网络化生活形态调查的情况，其中用到了深度访谈的方法。深度访谈内容即是围绕上一节中所举例的问卷提纲展开。对所收集到的访谈资料进行整理分析，进而汇总成研究报告中的相应内容。有关90后大学生特点的部分主要在报告的第一章呈现，有关生活形态的部分主要在报告的第二章呈现。例如报告的第一章第二节90后大学生特征点评，即是根据访谈资料的整理，从不同的方面对90后大学生的特征加以叙述和分析。现摘录片段，以呈现深度访谈报告的一般写作手法。

### （三）　强烈的自我表现意愿[①]

通过访谈发现，90后一代表现自我的意愿更为强烈，一方面，他们借助互联网工具上传照片、视频、日志来展示自己的生活；同时，90后在日常的学习和生活中，也更具表现力。郑州的刘同学对比80后和90后，表示90后比80后更乐于也善于表达自我，刘同学说："首先他们（80后）不善于向身边的人倾诉他们的感受，他们的喜怒哀乐隐藏得比较深；其次就是他们比较把自己的锋芒也隐藏起来，不太容易发脾气。"

而刘同学评价自己"比80后更善于表达自己"，他曾将自己演出的视频上传到网络：

"我觉得在舞台上演出的那种感觉是最快乐，是最舒服的感觉，我觉得很舒服、很舒服，就是看到大家关注到你。当然我对我的演技肯定是相当有自信，我演得也相当好，要演得不好的话，我还不敢站在舞台

---

[①] 黄升民、丁俊杰、黄京华、杨雪睿主编：《2012IMI90后大学生网络化生活研究报告》，中国广播电视出版社2012年版，第53页。

上，就因为我感觉我演得好，我在这方面有一定的基础，然后我在舞台上看到大家被我逗乐的那一刻很舒服。是众乐乐才乐嘛。"

刘同学还表示不仅演出视频，出去玩的视频他也愿意上传：

被访者：我如果再演出的话，我就会（继续上传）。当然不光演出，如果我出来玩，如果拍成视频我也会上传。就是展现自己吧，让别人了解一下你，也肯定一下你，我觉得我会上传的。

采访者：那你觉得这个跟暴露隐私有关系吗？你会不会觉得这种会暴露你自己的生活？

被访者：我觉得这和暴露隐私有什么关系呢？这没关系啊。这一上传视频就是让大家更了解你，如果你连这也认为是隐私的话，那你出门都要把自己包裹得严严实实的，像阿拉伯妇女一样。

广州范同学，认为90后"比较有自己的想法，比较自我"，范同学有一个80后哥哥，通过对比，她表示，90后表现自我的观念更为强烈。沈阳李同学评价90后是一群叛逆、有创新精神的人，他们不仅时常会有一些新想法，同时也具备足够的表现力。李同学说：

"比如说我们喜欢追求自己喜欢的东西，但是我们愿意去为自己喜欢的东西奋斗。可能老一辈人觉得我们应该中规中矩地去做自己该做的事情，我们会觉得其实中规中矩不是我们选择的路，我们有自己的想法。"

"比如说一个演讲，如果说要自备题目，每个人要上去讲你所想要讲的，每个人都会去抓最近发生的一些很有新意的东西，不会去讲那些很老套的东西。这些演讲感受是特别大的，不管每个人在下面是多么淘气、不听课，但是真走到台上的时候，总会抓住自己身上的闪光点发挥出来。"

### 思考题

1. 设想两种情况，分别适合小组访谈和深度访谈。

2. 尝试设计本章第三节问卷提纲中略去的题目，题目既要围绕每一部分的主题又要呈现出与整体研究目的的关系。

3. 选取6名左右的同学进行一场小组访谈，询问你设计的问题，看看能否在他们的回答中有所发现。

4. 采用深度访谈的方法，按照第3题的要求做一做。体会一下小组访谈和深度访谈在执行和分析资料时的异同。

# 第七章 观察法

## 学习要求

理解观察法的含义，了解观察法的分类，以及不同类型观察法的适用范围和操作流程。理解参与观察与非参与观察法的区别，以及各自的实施方法和应用范畴。

## 关键词

**非参与观察、参与观察**

观察是生活中随时随地发生的一种日常行为，例如我们出门之前会观察天气状况，在超市购物时会观察同一类商品在品牌和价格上的差别，与朋友家人聚会时会观察每个人的言谈举止……

然而观察法不同于日常观察，观察法通常是研究人员根据一定的研究目的，通过系统的设计，对观察对象的行为和现象进行客观记录的过程，所记录的结果可重复观察检验。

## 第一节　观察法的概念

### 一、观察法的定义

观察法（Observational Survey）是指不通过提问或交流而系统地记录所观察到的人、物体或事件的行为或发生模式的过程。与在调查中向人们提问不同，观察法主要是观察人们的行为。当事件发生时，通常是研究人员通过对观察对象进行直接观察，记录所见、所闻、所感知的信息，但由于人的感觉器官具有一定的局限性，观察者往往要借助工具（照相机、录音机、录像机等）进行辅助观察，或者完全采用仪器观察，根据记录编辑整理信息。更进一步讲，观察法既包括观察人又包括观察现象，观察法的执行过程既可以由研究人员来完成，又可以由机器来进行。有关这些不同的观察情况见表7-1。

表7-1　观察法的几种情形

| 情　　形 | 举　　例 |
|---|---|
| 人员观察人 | 观察员置身于超市，观察消费者购物的路线、时间和挑选商品的情况 |
| 人员观察事物 | 观察员观察某一户外大屏所出现的广告品牌、内容、时长等情况 |
| 机器观察人 | 利用摄像装置来记录人们的行为 |
| 机器观察事物 | 用交通计数器来监测主要路段的交通流量 |

如定义所述，作为一种科学研究方法，观察法有以下特点：

观察法的特点之一是其研究手法的客观性。与调查法询问的方式不同，观察法通常是在观察对象处于自然状态下进行的观察，观察对象没有受到人为干扰，也没有因观察者的出现而改变原有的行为，因此所得到的信息是依赖观察的客观记录。

观察法的特点之二是信息获取的直接性。在研究执行过程中，观察者和观察对象同时在场，决定了观察法具有直接性的特点。观察者可以对现场观察对象的系列行为或发生发展的整个过程直接、完整地记录，以进行全面的感知体悟。

观察法的特点之三是其研究的对象主要以人的行为或客观事物为主，因此在以行为模式为主要研究内容的项目中，观察法可以发挥其独特的作用。

## 二、观察法的种类

观察法在实际应用中依据不同的角度可以分为多种形式。从观察者介入的情况来看，可分为非参与观察与参与观察、人员观察与仪器观察；从观察对象的角度来看，可分为公开的观察与掩饰的观察；从研究设计角度来看，可分为自然观察与实验观察、结构性观察与非结构性观察、直接观察与间接观察。调研人员可以根据具体的调研目标，综合考虑成本和数据质量，选择最合理有效的观察方法。

### （一）非参与观察与参与观察

1. 非参与观察

所谓非参与观察，就是观察者处于观察对象的群体或现象之外，完全不参与其活动，并且尽可能不对群体或者环境产生影响。例如观察商场中的客流量、商品的布局对销售的影响、观察不同顾客的类型等等。此时观察者是旁观者的身份，根据观察的需要对观察对象的相关行为和现象作如实地记录，无需涉入观察的情境之中。非参与观察在操作上相对简单，观察到的内容较为直接和客观，研究中可以采用这种方法了解一些表象的行为现象，以形成问题的焦点或者研究假设。同时，由于非参与观察只能对表象进行直观描述，因此所收集的信息不够深入、具体。

2. 参与观察

参与观察即观察者深入到观察对象所处的情境之中，在实际参与观察对象的活动过程中进行观察。在参与观察中，观察者通常成为观察对象群体中的一员，努力接近观察对象，以获取更深入详尽的信息。例如，研究者想了解某一兴趣群体成员间人际的互动方式，可以申请成为群体的成员，参与群体活动和聚会，通过观察记录内部成员真实的沟通情况以及与成员之间交谈来占有丰富的资料。观察者在参与过程中可以采用两种不同的角色"作为观察者的参与者"和"作为参与者的观察者"，前者指的是观察对象知道观察者的身份，并允许观察者参与到群体活动中，使观察者能够进行观察研究；后者则是观察者将真实身份隐藏，以真实成员的身份进行参与观察。在本章第三节，将对参与观察法作进一步的阐述。

## （二）人员观察与仪器观察

1. 人员观察

人员观察即研究人员对正在发生的实际行为或者现象进行实地观察，观察过程中不对观察对象进行控制或者操控，仅仅记录自然环境或者实验环境下所发生的情况。例如，北京广播电视台为了了解受众对城市电视①收视行为，采用人员观察法，记录设有城市电视的商场、写字楼等场所在特定时段内的人流量、观看城市电视的人数以及观看行为，这一信息可以帮助优化城市电视的安装布局和内容设置。

人员观察法同时也是企业为了解产品的销售和使用情况而常采用的一种研究方法，形式通常为以下三种：

（1）销售现场观察：观察者直接到商场、经销商店、各种展示会、交易会等现场，观察和记录消费者的购买情况、购买决策过程、产品的包装

---

① 该研究中的城市电视包括商场、超市、写字楼的公共液晶电视，以及户外大屏。

设计以及陈列状况、同类产品的竞争情况，包括不同品牌的性能、式样、价格、包装等。例如神秘顾客（Mystery Customer），即经过严格培训的调查员，在规定或指定的时间里扮演成顾客，对事先设计的一系列问题或者现象逐一进行评估或评定的一种调查方式。神秘顾客通过自己的观察和体验，即接受服务或实际消费，然后对所接受的服务进行打分或评价。

（2）使用现场观察：在用户的使用现场，了解用户使用产品的状态，包括用途、使用条件、消费者在使用过程中碰到的问题、要求等，以发现问题及时进行修正。例如本田汽车在推出雅阁运动型轿车后，派出队伍去拜访美国用户家庭，观察他们如何使用本田雅阁汽车，通过人员观察，发现美国人喜欢宽敞的内部空间和间隔空间。在观察研究之后，针对美国市场的雅阁被设计成了家用轿车①。

（3）供应厂家现场观察：派人专门到原材料、配套件、协作件生产厂家，观察他们的生产条件、技术水平、工艺过程，以了解其所生产的产品是否符合要求。

人员观察的优势在于能随时聚焦想要挖掘的观察对象的某些行为或现象，同时可以根据观察对象发生的变化而调整观察角度，并可以及时发现新问题，主动加以关注。显然人员观察也有一定的局限性，首先人员观察带有一定的主观色彩，甚至容易受到外界因素干扰造成注意力分散。此外，长时间的观察也会造成观察者的感官疲劳，从而影响观察结果的准确性。

2. 仪器观察

随着现代科学技术的发展，人们设计了一些专门的仪器来观察和记录消费者的行为。仪器观察是通过机器观察受访对象，这些机器设备可能需要也可能不需要观察对象的直接参与，仪器观察可以连续记录观察对象发生的行为。在某些特定的环境下，用仪器代替人员观察会更便宜、更精确、更容易完成工作。如交通流量计数器，这是以机器为基础的观察法的基本形式之一，这种机器用来测量特定路段的汽车流量，比人员的直接观察更为准确，价格也更加低廉。一些收视率调查公司，也更偏向于使用仪器法来做收视率调查，因为利用专门的仪器作电视收视率的数据收集，要比传统的日记式方法更为准确，但是仪器的成本很高，整个调查所要花费的预算一般会比较昂贵。还有超市普遍使用的带有电子扫描仪的收银机，也是

---

① ［美］马尔霍特拉：《市场营销研究：应用导向（第三版）》，涂平译，电子工业出版社2002年版，第139页。

仪器观察法中很有代表性的一个例子。仪器观察在便捷、准确的同时，观察角度也有一定的局限，缺乏灵活性和调适性，这也是仪器观察的不足之处。下面列出的是一些常用的观察法仪器：

◇ 视向测定仪（Eye Camera）

它可以在一秒钟内拍摄人的 16 个视线动作，用于探测被测试者对广告的反应。用这种仪器虽然可以测出视线的停留位置和时间，却难以测定视线的移动情形。

◇ 精神电流测定器（Psycho‑galvanometer）

该仪器的使用原理是，通过测量脉搏、血压、呼吸、汗腺等可以间接测试出情感和心理反应。利用这种仪器，可以根据受测试者的感情变化，测出心理反应状况。

◇ 皮肤电流反射器（Galvanic Skin Reflex）

简称 GSR，俗称测谎器，又称精神电流器。利用这种仪器可以根据受测者精神上的变化，所引发的在皮肤上发生的变化，测出受试者的反应。

◇ 音调分析（Voice Pitch Analysis）

通过调查对象声音的变化来测量情感上的反应。伴随情感反应的人类声音相对振动频率的变化可用有音频调试的计算机设备测量。[1]

◇ 自动记录器（Audiometer）

指装在收音机、电视机上可以自动将样本收视、收听的频道及时间记录下来的仪器。这种仪器在做关于收音机、电视机的收听率和收视率调查时用得比较普遍，可与计算中心相连。但是成本高而且样本严格。

◇ 瞬间显露器（Tachistoscope）

这种仪器可以在短暂的时间内显示广告，用以了解被测试者记忆广告的各个构成要素所需要的时间。它显示时间时，可以从千分之五秒至十秒作适度调整。

### （三）公开的观察与掩饰的观察

1. 公开的观察

公开的观察，即观察对象意识到观察者的存在，比如事先被告知自己将处于观察之中，或者在被观察的过程中发现观察者。由于很多的观察研究行为需要事先得到观察对象的允许，所以公开的观察在一些研究中是不可避免

---

① ［美］马尔霍特拉：《市场营销研究：应用导向（第三版）》，涂平译，电子工业出版社2002 年版，第 140 页。

的，如对家庭成员使用某一产品行为的观察。观察者公开地出现，对研究结果的影响存在两种观点：一种观点认为观察者一定程度上会影响观察的真实性，导致观察数据出现偏差。首先，如果人们知道自己正被观察，他们的行为可能会与平常的行为有所不同。其次，与访谈调查中访问员的出现所带来的后果类似，观察者的言谈举止会对调查结果形成潜在的影响。另一种观点则认为，观察者对观察对象的影响很短暂，不会造成较大的偏差①。

2. 掩饰的观察

掩饰的观察是在不被观察对象所知的情况下，观察他们实际行为的过程。掩饰观察最常用的形式是在单向镜（One - way Mirror）后面观察人们的行为，例如企业或广告公司的策划人员可以在单向镜后面观察消费者对他们产品和广告的评价。或观察者伪装成购物者、售货员等适当的角色，例如上文所提到的"神秘顾客"这一观察方式。掩饰的观察可以使观察对象在自然的状态下行动，因此观察到的行为信息更具真实性，是观察者首选的观察方式。

（四） 自然观察与实验观察

1. 自然的观察

自然的观察指发生在自然环境下的观察行为。观察的情境是自然发生的，不受观察者刻意的安排以及操控，观察对象也不受观察者任何规定和制约。例如，统计在特定的时间内有多少人使用某个超市的购物手推车，就是一个完全自然状态观察的例子。观察者在他们所感兴趣的行为中没有扮演任何角色，而那些观察对象也没有意识到他们受到观察，这种观察方式所得到的行为信息，对于推测更大范围的相似对象的行为信息较具可信性。自然观察的优势在于更能反映真实的行为和现象，然而不经设计的情境中会出现一些不可控因素，例如等待现象发生的时间过长，并且在自然环境之下，对现象进行测量也具有一定难度。

2. 实验观察

实验观察是指在一个经过设计的环境中对观察对象进行观察，这种观察的方法近似于实验法。例如，在进行对消费者购物行为的研究中，招募一些人在一个模拟超市中购物，以便仔细观察他们的行为。被招募者事前知道他们是在参加一项研究。研究人员给参与者每人一辆购物手推车，并

---

① ［美］马尔霍特拉：《市场营销研究：应用导向（第三版）》，涂平译，电子工业出版社 2002年版，第138页。

告诉他们随意浏览货架，挑选出他们平时常用的商品。对于所要研究的商品，研究者可以更换不同的购买展示地点，并记录下购物者在被测试商品前滞留的时间以及此种商品被实际选择的次数，从而对不同展示品的效果形成一定的概念。

这种经过设计的实验环境使研究者能够更好地控制对购物者行为有影响的外在因素或对所产生的行为进行解释。此外，调查者不必局限于真实的事件与环境，因而能够不受客观条件的制约，较为快速地收集到较大的样本数据。

但是实验观察最主要的缺点是环境是人为设置的，所以在此种情况下观察到的行为有可能与真实状态不一样，结论的说服力会相应弱化。此外，设计一个尽量自然的模拟实验场景，花费的成本较高。

### （五）结构性观察与非结构性观察

#### 1. 结构性观察

结构性观察预设有明确的观察目标、观察内容以及记录测量结果的方式，一般是有较详细的观察计划、步骤以及合理设计的可控性观察，能获得翔实的材料，并能对观察资料进行定量分析和对比研究。在结构性观察中，观察者通常事先准备好问卷式观察卡片，将观察到的行为和现象填入相应位置，以便统计分析。结构性观察通常只是计算某一特定行为发生的次数。

例如，为了了解受众对某一户外大屏的收视行为，观察者需要观察的内容是该户外大屏的可视区域在一定时段内的人员流量和特征，他们是否观看大屏、观看的内容和时长以及观看方式这几个问题，采用结构性观察可以将这些问题做成观察卡片，观察者在执行观察的过程中，对卡片上相应的问题进行记录即可。

结构性观察的优势在于过程标准化，得到的资料较为系统，可以进行统计分析和比较，适用于研究目标明确并且详细地确定了所需信息的情况。缺点则是过于机械化，对于观察对象的可能行为和现象不能事先了解的情况，则很难制定一个完整实用的观察计划。

#### 2. 非结构性观察

非结构性观察则是一种开放式的观察活动，观察的内容与程序事先不作严格的规定，允许观察者根据当时的情境调整自己的观察视角和内容。观察者可以事先设计一个观察提纲，但这个提纲的形式比较开放，内容也比较灵活，可以根据当时的情形进行修改。在完全的非结构性观察中，观察者只需对观察对象的行为和现象做如实记录。例如，针对儿童对玩具的偏好进行的观察研究中，观察者所要做的是观看儿童玩耍的过程，并记录他们与玩具有关的行为。

非结构性观察比较灵活，能够发挥观察者的能动性和创造性，所收集的信息较为全面具体。当研究人员对研究对象知之甚少时，非结构性观察比较合适，或者至少是一种恰当的候选方式。它的局限在于观察内容不系统，不能进行统计分析，同时又受到观察者自身能力的制约，观察结果具有一定的主观性。

### （六）直接观察与间接观察

直接观察即在观察对象的行为出现或者变化发生的同时进行现场观察，此时观察者也就是所谓的"现场目击者"。市场调研中所进行的大部分观察都是直接观察，在研究目标的导向下，直接对观察对象目前的行为进行观察。然而在有些时候，调查所需的信息可以通过自然物品、社会环境、行为痕迹等事物间接地反映，所以"以前的行为"也有了观察的需要。为做到这一点，间接观察（也称痕迹分析）也成为一种重要的观察方式。例如，国外有专门通过对人们生活垃圾的分类来分析他们的日常消费模式；利用互联网访问者留下的访问踪迹，来分析其浏览和使用行为。这样的研究在某种程度上就属于间接观察。

另外，比如在一个产品原型的测试中，知道有多少试验品确实被使用过，对市场调查人员来说有时可能很重要。找出答案的最精确方法莫过于让当事人交还尚未使用的产品，这样调查者就可以知道试验品的使用率。再比如，博物馆可以根据瓷砖的磨损情况来分析展品的受欢迎程度。

## 第二节　观察法的操作及应用

### 一、观察法的应用条件

使用观察法收集数据资料需要具备三个条件：

首先，所需信息必须是能观察到的，或者是能从观察到的行为中推断出来的。无法利用观察获知的行为和现象，不能采用观察法进行研究。例如，当研究者想知道为什么目标消费者更愿意将钱花在外出旅游上，而不是购买类似于家用汽车这样的高档耐用消费品时，观察法并不能为此提供答案。

其次，所要观察的行为必须是重复性的、频繁的或者在某些方面是可以预测的，否则观察法的成本会很高。

第三，所要观察的行为必须是相对短期的，如果持续时间过长，则会耗费较高的观察成本，且在观察中出现的不可控因素较多。例如，观察消费者购买住房的过程可能要花费几周甚至几个月的时间，这样的行为观察法是不适用的。

由于以上条件的限定，观察法作为独立的研究方法在应用时，多用于观察特定场所的人流量、某商品消费者的特征、竞争品牌的价格及销售网点、产品或者商店的外在特点对销售的影响、POP 及户外广告效果等研究。在实际的广告或市场研究运作中，观察法通常与其他研究方法配合使用，以达到优势互补的效果。

## 二、观察法的执行步骤

观察法作为一种科学研究方法，在执行过程中，需要遵循系统的、有逻辑的步骤。通常情况下，观察法的执行可分为观察准备、观察与记录、整理分析三个阶段。

### （一）观察准备阶段

在观察准备阶段，以下几方面的工作是必须要做的。在实际调研中，除了这些规定动作，根据不同项目的具体要求，要做的准备工作可能远不止于此。

1. 明确观察的目的和意义（在观察中要了解什么，搜集哪些方面的事实材料），确定观察对象、时间、地点、内容和方法；

2. 准备观察所需的工具，包括记录工具、计时器、录音机、照相机等辅助观察工具或观察仪器；

3. 搜集有关观察对象的文献资料，对所要观察的条件形成基本的认识；

4. 编制观察提纲。对观察内容进行明确分类，并确定观察的重点。

### （二）观察与记录阶段

调研人员在实施观察时，根据项目的需要可以有适度的灵活性，但要以遵守一定的基本规则为前提：

1. 选择合适的观察位置、较好的观察角度和光线，以保证观察有效、全面；

2. 尽量避免对观察对象产生干扰，如果是间接观察、非参与观察，最好进行隐蔽性的观察，如果是直接观察或参与性观察，则要与观察对象建立和谐良好的关系，以免观察者产生戒备心理；

3. 实施观察。要做到有计划、有步骤、全面而系统地观察；

4. 现场记录并收集资料，灵活地捕捉观察对象的语言行为以及周围环境的变化，注意观看、听闻、思考与记录相结合，对观察现场的有效资料进行全面、系统的收集。

### （三）整理分析阶段

对于所收集到的观察资料，应尽快整理分析，避免拖延，要做的工作包括：

1. 及时检查记录的内容，包括检查记录是否准确清楚、有无遗漏和错误；

2. 对需要加以说明的内容进行补充说明，如补充照片说明并归类以及还原录音材料等；

3. 分析资料，得出结论。

## 三、观察法的记录

在采用观察法的时候，对观察到的情况需要及时、准确地记录下来，以便对观察的信息进行分析、总结。

### （一）观察法的记录类型

观察法的记录类型主要有以下四种：

1. "实地笔记"：专门记录观察者看到和听到的事实性内容。
2. "个人笔记"：用来记录观察者个人在实地观察时的感受和想法。
3. "方法笔记"：记录观察者所使用的具体方法及其作用。
4. "理论笔记"：记录观察者对观察资料进行的初步理论分析。

### （二）观察法的记录技术

在观察法中，记录技术的好坏直接影响调查结果的质量优劣。良好的记录技术能准确、及时、完整地记录转瞬即逝的信息，同时可以减轻观察者的工作，加快工作进程。常用的记录技术主要包括以下几种方式：

1. 观察卡片：观察卡片的结构与调查问卷的结构基本相同。在制作观察卡片时，首先根据观察内容列出所有项目；其次去掉那些非重点的、无关紧要的项目，保留重要的、能说明问题的项目；然后列出每个项目可能出现的各种情况，并合理编排；再通过小规模的观察来检验卡片的针对性、合理性和有效性，以修正卡片；最后，定稿、交付印刷。

2. 符号：用符号代表在观察中出现的各种情况，在记录时只需要根据所出现的情况记录相应的符号，或在事先写好的符号上圈写即可，不需要文字的叙述，这样的符号方式可以加快记录观察速度，避免因忙乱出错，而且也便于资料的整理。

3. 速记：即用一套简便易写的线段、圈点等符号系统来代表文字进行记录。

4. 记忆：采取事后追忆方式来进行记录。通常用于调查时间紧迫或不宜现场记录的情况。使用这种方法必须要学会抓住要点记忆、提纲挈领，但是这种方法可能会遗忘一些重要的信息。

5. 机械记录：在观察过程中运用录音、录像、照相等各种仪器进行记录。这种记录方法能详尽地记录所要观察的事实，减少观察人员的负担，但容易引起受访者的顾虑，可能使调查的真实性受到影响。

## 四、观察法的优势与局限

观察法的应用范围远逊于问卷调查法和访谈法，这与其自身特点有关。观察法往往被看做是获得调查思想或帮助调研人员确定问题的哪些方面值得研究的一种概括性技巧，它可以作为检验其他调研技术的方法。但由于不能观察类似于态度、动机和计划等因素，许多调研人员都避免使用观察法。

### （一）观察法的优势

观察法最大的优点是它的直观性和可靠性，因为观察法是依据观察人们实际在干什么而不是依赖他们所说的。它可以比较客观地收集第一手资料，尤其是非语言行为的资料，直接记录调查的事实和受访者在现场的行为，因此调查结果从某种意义上更接近实际，这是其他调查方法所不及的。其次，观察法基本上是调查者单方面的活动，特别是掩饰观察，一般不依赖语言交流，因此可以避免很多因访员及询问方式等产生的误差因素，同时访员也不会受到与被观察者意愿和回答能力等有关问题的困扰。再次，观察法简便、易行、灵活性强，可随时随地进行也是它的优势之一。

### （二）观察法的局限

观察法最大的局限在于，通常只有行为和自然的物理过程才能被观察到，调研人员无法通过观察法了解被观察者的动机、态度、想法和情感。其次，大部分情况下观察者难以进入观察环境，接近观察对象。只有公开的行为才可以被观察到，对一些私下行为的观察是非常困难和不可行的，如上班前的穿衣打扮过程、公司委员会的决策和在家中的家庭活动等，都超出了调研人员的观察范围。再次，被观察到的当前行为并不能代表未来的行为，消费者选择商品的随意性也使观察到的行为并不一定具有代表性。例如消费者被观察到选择购买某一品牌的饮料，但其当时的选择可能是一次偶然的行为，或者，其当时的选择虽然是习惯性购买行为，但可能很快就会发生变化。最后，只有较少的观察指标可用数量表示，而大量的观察资料难以量化。

### 五、观察法的注意事项

1. 为了使观察结果具有代表性，反映某类事物的一般情况，应设计好抽样方案，以使观察对象具有较好的代表性。

2. 在进行实际观察时，最好不让被观察者有所察觉，否则就无法了解被观察者的真实反应、行为。

3. 在实际观察时，必须实事求是、客观公正、不带有主观偏见，因此要对调查人员进行有效培训，提高调查人员的业务素质。

4. 调查人员的记录用纸和观察项目最好有一定的格式，这样既便于详细地记录观察到的有关事项，在整理观察结果时也会相对轻松。

5. 如果是为了观察客观事物的发展变化过程，进行动态对比研究，需要长期、反复地进行观察。

## 第三节　参与观察法

### 一、参与观察法概述

参与观察是社会学"田野研究"（Field Research）的一种形式，在以往的广告调查中应用不多。但随着广告研究与传媒、营销乃至社会学等领域的融合，参与观察法已经成为广告研究的重要方法。参与观察法是研究者通过加入观察群体或获得成员同意等方式，在真实的环境下对特定群体进行观察的一种方法。通常情况下是非结构性的观察，要求研究者在观察的同时尽可能参与到所意图记录的活动中，并且不对观察的情境和观察对象做任何控制。借助"在现场"以及积极参与身边的互动，研究者能够更为贴近地体验和理解研究对象的观点与行为。

在参与观察中，根据观察者的涉入程度，可以分为不完全参与观察和完全参与观察两种形式，即局外人和局内人两种视角。这需要研究者平衡与观察群体的亲近度和作为研究者的中立度，保持理性的距离以确保研究者能够客观地分析他们所参与的事件。

### （一） 不完全参与观察

不完全参与观察即观察者在参与到观察对象的群体同时，以中立的圈外人视角出发进行观察，也就是上文所提到的"作为观察者的参与者"。进行不完全参与观察时，观察者虽置身于观察对象的环境和活动之中，但不与被观察者融为一体，始终保持观察者的身份。

例如，美国南达科他大学的"媒介俱乐部研究"中[①]，研究者为研究媒介俱乐部成员在群体中解读媒介文本互动方式，与媒介俱乐部的组织者进行协商并成为其中一员，在俱乐部活动中观察成员的互动情况。俱乐部成员知道研究者的身份，并接纳他从事观察研究，研究者可以从活动现场以及与俱乐部成员交谈的过程中获得大量信息，并及时做出记录和分析。

不完全参与观察者虽然可以得到观察对象的应允并参加他们的活动，公开地进行观察甚至交流他们所关心的问题，通常整个研究过程会相对顺利。但是将研究者的身份暴露于观察对象面前，会导致对观察群体涉入较浅，很难得到深层的、隐秘的资料。

### （二） 完全参与观察

在完全参与观察中，观察者较长时间置身于被观察者之中，并通常不显露其观察者的身份，努力成为他们中的一员，从圈内人观点出发，以真实成员的身份进行观察，即"作为参与者的观察者"。

典型案例是美国社会学家威廉·富特·怀特于 1936—1940 年进行的"街角社会"实地研究。为了研究波士顿市的一个意大利贫民社区的社会结构及相互作用方式，怀特成为被研究群体——"街角帮"一员，置身于观察对象的环境和活动中，对闲荡于街头巷尾的意大利裔青年的生活状况、非正式组织的内部结构及生活方式，以及他们与周围社会（主要是非法团

---

① Jill Tyler： *Media Clubs： Social Class and the Shared Interpretations of Media Texts, Southern Communication Journal*，Vol. 75，No. 4，September – October 2010，pp. 392 – 412.

伙和政治组织）的关系加以观察，并及时做出记录和分析，最后从中引出关于社区结构及相互作用方式的结论。

这种观察方法最大的优点是，研究者既能生活在观察群体的环境之中，又能隐蔽地观察其自然的行为表现，所得的信息更加真实丰富。此外这种方法有很大的灵活性，能作深入的探索并能获得深层和隐秘的资料。它常被用来对社区或群体进行个案研究。然而这一方法的局限性在于，完全深入目标群体进行观察所耗费的成本较高。同时也面临着一定伦理道德问题的争议。例如对青少年犯罪团体的参与观察研究，在参与过程中会涉及一些违法行为和道德问题，这是研究者在进行完全参与观察时所面临的重要困境。

## 二、参与观察法的应用

### （一）参与观察研究需要考虑的问题

在进行参与观察研究之前，研究环境和观察对象是研究者所需考虑的两个首要问题。

#### 1. 研究场所

根据研究内容的需要选择合适的观察场所，可以从以下几个方面进行考虑：首先，应确保观察对象能出现在所选择的场所中，并应具有一定的规模，以便于观察活动的进行；其次，要考虑所参与的团体或组织是否愿意接受参与性观察人员，能否找到参与观察对象群体活动的入口；此外，研究场所对观察对象产生的影响也需要仔细评估，即所选择的研究场所是否有利于特定行为的展现而阻碍其他行为？

因此，出于语言和习俗等多种因素考虑，上述因素可能使备选观察场所的数目受到限制。

#### 2. 观察对象

观察对象的言语、行为和相互间的关系是构成参与观察研究资料的核心，因此在参与观察研究中，需要对观察对象以及这一群体本身做出充分地了解。研究者需要在进行参与观察之前确定，被观察的将是哪些人？有多少人会被观察？观察对象彼此之间如何建立关系？该研究群体的本质是什么？在解释这些问题时，观察对象的人口资料将是有效的入口。因此，在这些资料可获得的情况下，要详细记录下每个观察对象的人口资料。人口资料主要包括观察对象的性别、年龄、教育水平、职业、社会经济地位、族群及家庭背景等基本特征。

### （二） 参与观察研究的执行过程

同其他研究方法一样，参与观察研究也需要构建出明确的研究阶段，遵循着一些普遍的步骤来完成，使整个研究过程更具有科学性和可控性。

1. 研究设计

为保证参与观察的顺利进行，在聚焦所需研究的环境和问题之后，需要在执行层面上对整个研究进行设计。研究设计应涵盖每个研究阶段，包括确定进入环境的方式、明确信息记录方式以及准备辅助记录工具、对研究结果的预期、对可能遇到的问题和每一阶段所需时间的估计等。虽然一些细节问题只有在研究执行过程中才能明确，但对每个阶段尽量详细地预估和规划十分必要。

2. 进入环境

对参与观察的研究者来说，如何进入观察环境是关系到整个研究能否顺利有效进行的重要问题。研究者首先必须考虑好自己的定位，即平衡"观察者"和"参与者"的身份。就一般情况而言，作为"观察者"来获准观察一个群体的重要活动可能有一定困难，争取观察对象的信任和接受需要研究者花费很多的时间和精力。然而，没有向观察对象透露其研究意图的"参与者"则涉及一些伦理道德问题，并且参与的涉入度较深会使研究解释偏向主观。因此，参与观察者在进入环境时，必须仔细权衡因定位和参与程度带来的利益与付出的成本。

3. 与观察对象建立有效接触

进入观察环境之后，研究者的主要目标是获得观察对象在特定环境中准确丰富的行为信息，这需要研究者与观察对象建立并保持一种相互信任与合作的关系。信任与合作是双方互动的结果，易受到环境和情境的影响，研究者应该有意识地培养自身识别和理解互动情境的技巧，也要随时对已建立的信任合作关系进行评估，以确保所观察到的言语和行为是观察对象在群体中的常态，从而便于对行为背后的动因以及群体成员间的关系作出分析和判断。

4. 确定观察聚焦点

在进行参与观察研究的过程中，研究者需要关注群体成员的言语和行为，以及他们之间人际互动的情况，但是研究者在一定的时间或者观察角度下，没有办法全面地观察到每个成员所做的每一件事，这就要求研究者在有限的时间和视角之内选择一个聚焦的主题。例如，对某一俱乐部成员的讨论会议进行的参与观察研究中，研究者必须确定将焦点放在主持人与俱乐部成员的互动之上？还是放到成员之间的互动与讨论之上？因此，研究者需要在不同的情境切换中，迅速地找到所要观察的焦点，并围绕研究主题对这些观察焦点进行及时地调整，以确保在不偏离研究主题的情况下，发现丰富有效的信息。

5. 收集与评估记录观察资料

参与观察的资料收集主要通过三种途径：观察、交谈询问和查阅观察群体的资料。这些都会产生大量需要记录的细节和信息，而且这些信息一旦错过很难再次获取。如果对参与观察过程的记录不够充分全面，会使后续的研究变得艰难被动。因此，参与观察研究的质量在一定程度上取决于研究者收集记录信息的质量。研究者需要在不分散观察对象注意力的同时，及时记录观察和联想到的事情。一些研究者通常会为自己在环境中停留时间设限，以便能经常离开环境理清思路，对记录进行整理、解释和补充。

此外，如何保持记录的客观性也是研究者在这一阶段所需厘清的问题。一方面，研究者在进行记录时，要注意分辨观察对象行为的频率和持续时间，包括区分经常性的行为和偶然性的行为、行为的持续性、区分行为的共性和个性、把握行为发生的前提条件；另一方面，研究者需要及时评估所记录的信息是否充分合理，包括确定资料是否是一手信息、有无道听途说的内容，当时所处位置是否完整地看到或听到所描述的内容，观察对象所提供的信息是否真实可靠，等等。

6. 退出环境

退出环境是参与观察研究最后的必然环节，非常容易被研究者忽略。在参与观察研究中，由于研究者已经亲身涉入被观察的群体，尤其是完全参与观察，研究者很可能已经与观察对象建立了私人关系，甚至被环境同化难以退出。另一方面，研究者贸然地退出可能会引起被观察者的质疑、不安甚至感觉到被利用等负面情绪，这种情况会对研究者的后续研究产生一定的阻碍。所以退出环境关系到整个研究能否顺利完成，同样需要研究者事先安排设计，选择合适的时机结束研究进程，并尽量争取再次联络的可能，以便在后续研究中进行资料补充收集。

## 三、参与观察法的优势与局限

参与观察法是少数可以让研究者在一种自然的状态下，获取有关人们

"做什么"资讯的方法之一。透过这个方法，研究者可以把人们所"做"和所"说"的做一个对照。同时它也是最难研究的一种研究方式。这不仅因为人类的本质是非常难于被测度的，也是因为人与人之间的沟通关系复杂且难以被捕捉。研究者在选择参与观察研究时，应充分地考虑到这一方法的优势与局限，做到趋利避害、灵活应对，以达到最终的研究目的。

（一）参与观察法的优势

参与观察法的明显优势在于能够获得较为客观和深层次的信息资料。具体反映在以下几个方面：

1. 深入了解研究对象的行为。参与观察研究可以帮助研究者了解到研究对象的活动常态，得到反映他们个人行为和人际互动的一手资料，可以用于揭示特定行为背后的诱因以及事物之间的关系和模式，这些信息是在参与观察之外无法得到，并且不易推断的。例如，对一个高级轿车的销售团队进行参与观察，可以通过观察团队的培训、团队成员间的互动以及团队成员与客户的交流来研究团队特殊的劝服方式。然而这样的研究通过问卷调查和访谈很难获得丰富有效的信息，而参与观察研究正是在这样的情境下弥补其他研究方法的不足。

2. 获得"非干扰性"的信息。参与观察研究是在研究对象不知情或者受到较少干扰的情况下进行的，观察人员成为群体中的一员，不对环境造成干扰，研究对象也像平时一样展现出生活的常态。在这样的情境下，研究者所获得的资讯中所含的噪音较少，最接近事实的原貌。

3. 获得一些并未预期的资料，扩大建构理论的资料深度和范围。参与观察是一种非结构性的观察，需要研究者在观察过程中不断发现有价值的信息，确定在哪些问题上可以获得研究所需要的资讯。此外，在观察中还可以获得值得关注的新发现，研究者可以借此提出进一步的假设，有针对性地进行询问或是在其他的调查中加以探讨。

（二）参与观察法的局限

1. 研究成本较高。参与观察研究的整个过程需要耗费相当长的时间和人力物力，并且维持研究顺利进行的费用较昂贵。

2. 参与观察过程无衡量标准，所得资料缺乏信度。这是参与观察法最明显的局限，作为一种研究方法，它的观察是无系统的，它的记录内容是无法重现的。同时，观察的结果很大程度上依赖于观察者的敏感度、领悟能力和解释技巧，然而个人观察的信度通常是未知的。

3. 研究者可能在一定程度上被研究群体同化。怀特在其著名的参与观察研究《街角社会》中提到："我起初是作为一个非参与的观察者。随着我变得被社区所接受，我发现自己差点儿变成了一个非观察的参与者。"① 这是参与观察的研究者面临的一种窘境。随着与所研究群体的接触加深，其主观感情、观察视角和思维模式会受到群体的影响，一些研究者可能会对这个群体产生认同，甚至萌生同情或偏见，这会影响他们解释观察记录的客观性、中立性和准确性。

4. 研究结果不能单独归纳出全面的结论。在参与观察过程中，研究者需要判断所观察到的现象是否具有代表性及普遍意义，是否属于偶然事件或个案，是否存在一些外在的诱因，观察对象是否提供了真实的信息等等。在这样的评估过程中，会出现信息质量的参差不齐，如果没有综合考虑大量的资料或是未能被其他研究所证实，那么这个研究结论很难得到充分的探讨。

## 案例1：神秘顾客调查法

观察法既可以用来观察消费者的消费行为，也可以用来观察企业营销部门的服务，这里以神秘顾客调查法来说明观察法的应用。神秘顾客访问是指经过严格培训的调查员，在规定或指定的时间里扮演成顾客，对事先设计的一系列问题或者现象逐一进行评估或评定的一种调查方式。神秘顾客通过自己的观察和体验，即接受服务或实际消费，然后对所接受的服务进行打分或评价。由于被检查或需要被评定的对象，事先无法识别或确认"神秘顾客"的身份，所以"神秘顾客"在购买商品和消费服务时，观察到的是服务人员无意识的表现。该调查方式能真实、准确地反映服务过程中客观存在的实际问题。神秘顾客一般主要用于客户服务、职员忠诚度和生产知识、业务、安全、产品质量、商店环境、停车便捷程度、商品购物等方面的调查。神秘顾客检测能帮助企业解决多方面的问题：

- 了解被检测地点或渠道对已经制定的规程、标准流程的执行情况；
- 对执行情况不良的渠道做出修正和为企业内部处罚提供依据；
- 通过神秘顾客了解消费者需要和不需要的服务项目；

---

① ［美］威廉·富特·怀特：《街角社会》，黄育馥译，商务印书馆2009年版，第411页。

- 持续监督服务质量，调整服务规范；
- 更新、跟进客户服务体系。

餐饮、服务行业的跨国公司较常使用"神秘顾客"的管理与评价方式，他们雇佣并培训一批人，让这些人佯装顾客、秘密潜入店内进行检查评分。由于这些"神秘顾客"来去无迹可寻，这就使餐厅、服务场所的经理、雇员时时感受到某种压力，丝毫不敢疏忽，从而提高了员工的责任心和服务质量。

# 案例 2：店内视频广告效果研究[①]

观察法可以用来研究特定群体的行为和传播模式，同样也可以用于广告效果的研究，通过收集消费者接触广告媒体的行为，辅助调查、实验等其他方法来评估广告的效果。在一项针对店内视频广告效果的研究中，整体项目由三次实地调研构成，观察法为其中之一，旨在观察购物者的媒体接触行为，来验证研究的第一个假设：播放动态画面的店内视频能比店内静态 POP 吸引更多注意力，为后续研究提供依据。

这是一项实验性的、使用仪器的观察研究，观察地点设在一家超级市场中，研究人员招募了那些经常到此购物的人作为研究对象。为了鼓励自然的购物行为，事先不会告知研究对象研究目的，并以 30 美元的礼品卡作为参与奖励。研究者采用装在头上的微型摄像头来获得观察结果，观察的工作主要由仪器来完成。研究中使用的微型无线摄像机通过传输视觉信号，将研究对象看到的东西传输到一台安装有接收器的笔记本电脑上。所有的数据都被存储在电脑的硬盘中。为了使对购物行为的影响最小化，所有的记录设备（如接收器和笔记本电脑）都安装在研究对象看不到的购物车下。头戴微型摄像机的方式虽然在一定程度上会影响研究对象的购物行为，但相比视觉跟踪设备减少了视觉的侵扰性。

对每个研究对象的观察从进入商场大门开始，在收银台结账结束。视频记录了他们在购物过程中接触广告媒体的情况与购物的选择行为，对视频的分析主要聚焦于店内的广告和促销活动，包括 POP 广告、购物车广告、货架视频广告、店内食品样品和店内视频广告。通过分析视

---

① Mark Yi‐Cheon Yim, Seung‐Chul Yoo, Brian D. Till, Matt hew S. Eastin：*In‐Store Video Advertising Effectiveness*，JOURNAL OF ADVERTISING RESEARCH，December 2010.

频中不同广告媒体的曝光次数，最后得出了购物车广告是购物者最常接触的媒体，除此之外，视频媒体比其他形式的媒体获得了更多的关注，从而验证了之前的假设。

思考题

1. 查找一些用到了观察法的广告调查案例，体会观察法的适用范围。

2. 如果要用观察法的方法研究消费者在超市购物的情况，请根据自己感兴趣的研究内容，在此研究方向下进一步明确研究目的和观察对象，并据此编制一张观察记录卡片。

3. 思考可否实施线上观察，并与同学讨论其适用范围。

# 第八章　实验法

## 学习要求

　　理解实验法的含义，了解实验法的基本原理、基本操作流程，以及实验法与其他调查方法的区别。了解实验法的优势和局限，以及其独特的适用范围。

## 关键词

　　自变量、因变量、实验设计

　　实验法由于其费用高、时间长、操作难等特点在一般的广告调查中应用较少。但作为探索因果性关系的唯一方法，实验法在某些领域具有不可替代的地位，比如医学中的药品检验、新产品上市前的测试等。

　　以实验为基础的调查与以询问或观察为基础的调查相比有着根本的区别。从本质上讲，在询问和观察的情况下，调查人员是一个被动的数据收集者。调查人员询问人们一些问题或观察他们在做什么。在实验情况下，情况就大不相同了，研究人员成了研究过程中积极的参与者。

## 第一节　实验法的概念

### 一、实验法的定义

　　实验法作为一种研究方法，是有着明确研究目的和规范化操作的一种程序或试验。实验法的目的在于探求所研究问题的各影响因素之间的因果关系，其操控程序是从影响研究问题的众多因素中选取一个或几个因素（即自变量），将它们置于一定环境条件下，并加以刺激或改变，测量这些因素的改变对其他因素（即因变量），有什么影响，以分析这些因素间是否存在因果关系。这里涉及以下一些基本概念：

自变量（Independent Variable）：又称实验变量，也叫独立变量、因子（Factor）、处理变量（Treatment）。指的是在实验过程中实验者所能控制、处置或操纵的（即实验者可以规定或改变这些变量的水平或取值）、而且其效果可以测量和比较的变量。在市场研究中，自变量往往是价格、包装和广告等。自变量的水平（Level），指的是每个自变量在实验中需要考虑的不同量值或种类。

实验单位（Test Unit）：也叫测试单元，指的是实验的主体，即被施以实验的个人、组织或其他实体，它们对自变量的反应（因变量）是可以测量或考察的。一项有关市场研究的实验，其实验单位可能包括单个的消费者、群体消费者、零售商、全部市场或其他成为公司营销目标的实体。

因变量（Dependent Variable）：实验所观测的变量。是测量自变量对实验单位的效果的变量。因变量也叫做响应（Response）。因变量的取值也叫观察值或实验结果。如在包装设计与销售量关系的研究中，销售量就是因变量。在市场研究中，常见的因变量有销售量、市场份额、满意度等衡量市场表现的一些指标。

外部变量（Extraneous Variable）：又叫无关变量，是影响实验实体反应的除自变量之外的其他所有变量。外部变量是市场实验中必须努力加以控制、排除或平衡的。外部变量有两类：一是研究者可以加以控制的各实验单元之间的差别，如商场规模、消费者的购买能力等；二是研究者难以控制的，如气候、季节、商业状况等。通常只有通过实验单位的随机抽样来减少或平衡掉它们对因变量的影响。

## 二、实验法的分类

根据实验环境的人工化和真实性程度的不同，实验法又可以分为实验室实验（Laboratory Experiment）和现场实验（Field Experiment）两大类。顾名思义，实验室实验指在实验室或者说可控环境下进行的实验，而现场实验则是指在实验室以外的真正市场条件下进行的实验。如果邀请受测者到公司的实验室中，进行三种品牌果汁饮料的口味测试，这种实验环境有相当高的人工化程度，属于实验室实验。但如果在不同地区的商店中进行实验，这种实验就具有相当高的真实性程度，是现场实验。实验室实验对自变量的控制比较严密，自变量和因变量之间的关系比较明确，但是由于研究是在控制情境中进行的，结果难以推广。现场实验对变量的控制较难，容易受到外部变量的影响，因此自变量和因变量之间的关系不那么确定。

实验室实验根据具体的研究问题，需要进行有针对性的实验设计，在操作方式上主要有两种情况，一种是人工的方式进行自变量和因变量的测量，常常是借助于问卷，另一种是借助于各类仪器进行测量，常用的仪器设备包括眼动仪、脑电波测量仪等。

### ● 资料链接：利用眼动仪测试广告 ●

眼动仪顾名思义是能够记录人们眼动轨迹的仪器。它采用一体化的设计，外观很像 PC 的显示器，且携带方便。眼动仪内置广角摄像机和近红外发射系统，能够在完全自然的状态下记录人们的眼动轨迹、面部表情和声音。

使用时将眼动仪连接上台式电脑或笔记本电脑，通过操作电脑，在眼动仪屏幕上显示设计好的测试材料。

眼动仪可以记录每一个被试者在观看广告时的眼动轨迹。并用图示的方式标注出被试者的注视点、视点的顺序、注视时间的长短。可将多名被试者的眼动记录轨迹用不同的颜色标注在同一张图中加以比较，也可形成所有被试者观看广告的注视热点图。

研究人员可以在广告上自定义一些兴趣区域（AOI：Areas of Interest）。眼动仪可以对所划定的兴趣区域进行包括该区域注视点的数目、注视时间、第一注视点的时间等在内的数据分析，并以表格或柱状图的形式表示。

眼动仪可以对平面广告、电视广告、网页广告进行测试。并且可以输出视频、图片、文本等多种形式的测试结果。

## 第二节　实验法的应用

### 一、实验法：探求因果关系

与其他调研方法只能够进行探索性和描述性研究不同，实验法的特点是能够探求所研究问题各影响因素之间的因果关系。因果关系的简单表述即某个或某些"起因"A 影响或引起了某个或某些"效应"B。例如，在市场营销中，要研究价格对销售量的影响，研究者可以选择三个购买力等条件基本相同的地区或商店，分别以同一品牌的三种不同价格销售，然后观察这三个地区在销量上有什么区别。如果较高价格销售的地区销量明显较大，说明价格高反而有助于产品的销售。反之，如果中等价格地区销售量较大，说明中等价格比较适合消费者。

为了证明因果关系，即 A 引起 B，我们必须证明 A、B 间符合以下三个条件：

◇ 存在相关关系
◇ 两者的发生存在适当的时间顺序
◇ 不存在其他可能的影响因素

**1. 存在相关关系**

为了证明 A 的变化引起 B 的某种变化，首先应说明两者具有相关关系，或者说是 A、B 之间存在相互关系，这种关系可能是正相关或负相关。通常情况下，广告和销量就是两个变量正相关的例子，而价格和销售量是两个负相关的变量。调查人员可以借助统计程序来验证这些关系的存在和方向，这些程序包括卡方分析、相关分析、回归分析、方差分析等。但是相关关系并不等同于因果关系，只是因为两个变量碰巧以某些可预见的形式一起发生变化，并不能保证一个变量的变化引起另一个变量的变化。例如，你可能会发现城镇居民的鲜花消费额和肉类食品的消费额之间有高度的相关性。这可能确实是因为两种变量碰巧以相似比率增长。但进一步的验证和考量却表明两者之间没有真正的联系，而真正与两者相关的变量可能是居民收入的增长。为了证明因果关系，必须首先证明相关，但单有相关性却不能成为因果关系的证据。

**2. 两者的发生存在适当的时间顺序**

为了证明两个变量之间可能存在的因果关系，必须证明的第二点是两者的发生存在适当的时间顺序。为了证明 A 引起 B，调查人员必须能够证明 A 在 B 之前发生，或两者同时发生。例如，为了证明价格变化对销量产生影响，必须能够说明价格变化发生在可观察到的销售量之前。然而，证明了 A、B 相关和 A 在 B 之前或同时发生变化仍不能提供充分的证据说明：A 是引起可观察到的 B 的变化的原因。

**3. 排除其他可能的影响因素**

为了得出 A 和 B 之间可能存在的因果关系，在许多营销实验中最难证明的是 B 发生的变化并不是 A 以外的其他因素引起的。例如，营销人员观察到广告费用的增加和产品销量明显增加的现象，相关关系和事情发生的适当的时间顺序也是存在的，但是这可以证明是一种可能的因果关系吗？答案是否定的。因为有可能是销售中的其他因素而不是广告引起了销量的变化，如在广告费增加的同时，可能有竞争对手提高了价格，或者减少了广告投放甚至撤离了竞争市场等原因，造成了销量的增加。即使是竞争环境不变，也可能是一个或几个其他因素的联合作用影响了销量。因此，在前两个条件成立的前提下，只有排除掉其他可能的影响因素后，才能确定 A 和 B 存在因果关系，而这往往是实验法中比较困难的步骤。

## 二、实验设计

### （一） 相关要素及术语

所谓实验设计，就是研究人员对所要进行的实验进行规划，以保证能够很好地控制和操纵自变量，有效地测量因变量。与实验设计有关的要素除了在上一节所讲的自变量、因变量、外部变量和实验单位之外，还有下述概念在实验设计中常被提及：

实验组与控制组：实验组（Experimental Group），也叫干预组，是指在实验期间自变量受到操纵而发生了变化的实验单位群体；控制组（Control Group），也叫对照组，是指在实验期间自变量没有变化的实验单位群体。两组在实验开始时是彼此相似的，为了使两组尽可能相似，一般用随机分配的方式来分组。

前测与后测：前测（Pretest），即在实验初始时段，尚未对实验单位施加实验刺激时（简称实验前）对实验组和对照组的测量；后测（Posttest），即对实验单位施加实验刺激后（简称实验后）对实验组和对照组的测量。

实验刺激：使实验组和控制组的自变量取值发生变化的事或物，统称为实验刺激。对于通过展示某些材料施加实验刺激的方式，将所展示的材料称为实验材料。

### （二） 实验设计的原理

实验设计（Experimental Design）包含 4 个要点：

（1）操纵的处理或实验变量（自变量）

（2）参与实验的目标群体（实验单位或受试者）

（3）要测量的非独立变量

（4）处理外来影响因素的计划或程序

处理变量是指在实验室中被操纵的自变量。操纵是指研究人员通过对实验单位施加试验刺激设置自变量水平，以测试不同的自变量水平下因变量取值的变化，并由此说明自变量和因变量之间的因果关系的过程。例如，为了测试广告（自变量）和产品销售量（因变量）之间的关系，研究人员可以将目标群体放置在三种不同的广告活动中，并记录其在每种广告活动中的购买水平。此时，广告是被操纵的变量，是单一的处理因素，它有三种处理条件。

一个实验可以包括一个实验组和一个控制组。实验组是组里的变量受到操纵而发生了变化的组。控制组是指在实验期间组里的自变量没有变化的群体。之所以要设置实验组和控制组，是为了在探求自变量和因变量的因果关系时，将其他外部变量的影响排除在外。其逻辑关系在于两个在各方面条件都相同的实验组和控制组，如果有外部变量的影响，则对两组的影响是相同的，那也就相当于在实验时外部变量的影响不起作用。

实验影响或实验效应是指自变量对因变量产生的影响，目的是确定每一种实验处理条件对因变量产生的影响。例如，假设在三个不同市场中测试三种不同的广告活动，在每个市场上对每种广告活动进行三个月的测试，然后观察每个市场的销售量的变化情况。实验效应可用下述公式表示：

实验效应 = 实验组的效应 — 控制组的效应 ± 设计误差和随机误差

其中，实验组的效应是实验组后测和前测的差值，控制组的效应是控制组后测和前测的差值。任何测量都会存有误差，公式中的测量误差包含实验设计的不完善所造成的误差和实验测量过程中所产生的随机误差。

实验的后测和前测两次测量的设计，也是用来避免其他外部变量的影响的。原因在于，有些外部变量无法人为控制，发生在实验开始和结束之间，并对因变量产生影响；还有可能在实验过程中受试者随着时间推移而发生变化，例如长大、饥饿、劳累、经验和其他因素，这些变化可能会影响受试者对实验过程中处理变量的反应。对于这类外部变量，无法通过实验手段加以控制，只能通过设置实验组和控制组，比较前测和后测的取值来加以控制。因此，一个标准的实验法架构如下：

1. 将实验的受试者分为两组：实验组（Experimental Group）[也称为处理组（Treatment Group）、干预组（Intervention Group）或刺激组（Stimulus Group）] 和控制组（Control Group）。通常会对实验组做一些处理，但不会处理控制组。

2. 以随机方式分派实验单位到实验组或控制组。

3. 做一个前测。测量各组中因变量的数值。自变量是研究者设定要改变的变量，而因变量是被预期会受自变量影响的变量。

4. 操作一个实验，并且将一个自变量放入实验组。不要对控制组做任何事。

5. 做一个后测，看看实验组和对照组之间在放入变项之后，是否有明显差异。

### （三） 实验设计的类型

实验设计的类型有预先实验设计、真实实验设计和准实验设计。

1. 预先实验设计（Preexperimental Design）

是指对外部变量进行少量控制或不控制的实验设计。预先实验设计有三种类型：一组后期测量设计、一组前后期测量设计、静态组比较。

（1）一组后期测量设计（One‑shot Case Study）：没有控制组，只有实验组，对实验组改变自变量，然后测量因变量的变化。

如某公司为了提高销售量进行新的销售人员培训。这种培训目的是通过增加单个销售者的销售能力，从而增强公司的整体销售能力。为了测试销售培训对销售量的作用，公司可以通过一个小规模的实验设计来确定这一培训是否能带来预期的效果。具体做法是，选择愿意参加测试活动的销售人员参加培训，然后测量这些参加过培训的销售人员的实际销售能力。

这种测试方法的缺点是，没有控制组，同时也没有对实验组的前期销售情况进行测试，没有很强的可比性，所以对销售培训的效果缺乏证明力。

（2）一组前后测试设计（One‑group Pretest‑posttest Design）：没有控制组，在实验前后对实验组进行测试的一种预先实验设计。这种测试方法可能会因为一些外部变量的影响而使测试结果出现偏差。

如在上例中，可以对参加培训销售人员在培训前的销售情况进行测试，比较培训前后的销售情况。但是，在测试前后的一段时间内，可能会发生一些情况而导致销售量的变化，测试前后测量的区别可归因于除了销售培训之外的很多因素，而使测试结果出现偏差。

（3）静态组比较（Static‑group Comparison）：既有实验组又有控制组，对实验组的自变量进行改变，对控制组不作任何改变。这种测试方法可以消除"一组前后测试设计"中提到的外部变量的影响。但这种测试方法没有任何前期的测试，而且测试单元的分配也不是采取随机的方法。

2. 真实实验设计（True Experimental Design）

在真实的实验设计中，实验人员把处理变量随机地分配到随机选出的测试单元中。在这种设计中，随机原则是一种非常重要的机制，真实实验设计优于预先实验设计，最重要的原因就是随机原则兼顾了许多外部变量，使真实实验设计的因果推断更有效。

真实的实验设计可以分为后期测量控制组设计、前后测量控制组设计和所罗门设计。

（1）后期测量控制组设计（After – only With Control Design）：既包括实验组又包括控制组，测试单元的分配也是随机的，对测试单元在自变量改变前的情况不进行测试。除了测试单元的随机分配外，它在测量方法上有点类似静态组比较设计。

（2）前后测量控制组设计（Before and After With Control Group）：既包括实验组又包括控制组。测试单元的分配也是随机的，对测试单元在自变量改变前后的情况进行测试。

（3）所罗门四组设计（Solomen Four – group Design）：一种较为复杂的实验设计方法，包括两个实验组和两个控制组，第二个实验组不接受预先测量，第二个控制组只接受后期测量。

3. 准实验设计（Quasi – experiments）

当设计一个真实实验时，调查人员通常必须创造人为环境来控制独立变量和外部变量。因为这种设计的人为性，使实验结果存在外在有效性问题。为解决这一问题，调研人员开发出准实验设计，它们一般在现场环境方面比真实实验设计更可行。

在准实验中，调查人员不能设置人为环境，不能对实验处理时间进度表进行完全的控制，也不能以非随机的方式将被测者分配到实验处理中。

（四）实验设计效果的影响因素

一项实验的效果好坏或者说其有效性可以从两个层面评价，一是实验本身的效果如何，二是实验结果的适用性如何，即通常所说的内部效度和外部效度。内部效度（Internal Validity）：表示用实验测量自变量对因变量的影响或效应的准确性。控制外来变量是建立内部有效性的一个必要条件。外部效度（External Validity）：表示将实验的结果推广到实验环境以外或更大总体的可能性。如果具体的实验环境没有现实地考虑到现实世界中其他相关变量的交互作用的话，外部有效性就会受到很大的影响。

对实验效果可能产生影响的因素除了前面所说的外部变量之外，还有下面的一些因素：

### 1. 计量因素

指因测量工具的不同或改变而导致测量结果的不同。如对同一事物不同的观察员或同一观察员在不同的时间进行观察时可能会得到不同的结果。

### 2. 选择误差

因为有偏差的选择过程而在实验组和控制组之间出现的系统性偏差。如实验群体与研究人员拟使用实验结果推测的总体有系统差异，或实验群体与研究人员想比较的控制群体有系统性差异，这可以通过搭配或抽样的办法来保证群体的等同性。

### 3. 失员

指在实验过程中测试单位的流失。

### 4. 测试效应

指实验过程本身对实验结果产生的影响。如刊播广告前对产品态度的测量可能会影响到广告刊播后的测量。

### 5. 均值的回归

指具有极端行为的目标群体在实验过程中由于某些原因向着群体行为的平均水平即平均值靠近的趋势。

### （五）实验数据的分析

分析用实验法所获得的实验数据，重点在于比较实验组与控制组在不同自变量水平下因变量的测量值，其对应的统计分析方法是方差分析（ANOVA）。方差分析又称变异数分析或 F 检验，其目的是推断两组或多组资料的总体均值是否相同，检验两个或多个样本均值的差异是否有统计学意义。在 SPSS 软件中有专门的方差分析程序。

## 第三节　实验法的优势与局限

实验法的优势在于，相比于其他的调研方法，实验法的优势在于它能够探求变量间的因果关系。如果能够正确又小心地操作实验，就能够提出强有力的证明，证实某一个自变量的确能够对因变量产生影响，而这种影响是已经被发现的。另外，研究人员可以通过执行实验法来发现各种新的知识，而且实验法能够复制，使得其他研究者也能够执行相同的实验，来印证此实验的有效度。

实验法是一种强有力的研究形式，它是能够证明所感兴趣的变量之间因果关系的存在和性质的唯一研究形式。但是实验法因其明显的局限性而不被经常使用，这里面的原因包括实验成本和保密的问题，以及与实施实验有关的问题。

1. 实验的高昂成本

实验法在费用和时间上的成本都很高，营销管理者在很多情况下需要衡量付出的成本和得到的研究信息之间的价值。例如，考虑在三个不同的地理区域对三种可选择的广告活动进行测试。必须实施三种不同的广告活动，要花费三种广告制作费，三个市场的测试时间必须谨慎地协调，一些系统必须在测试活动的前期、中期、后期使用，以测量不同时间点的销售量，必须对结果进行广泛的分析。为了保证实验的实现，一系列其他工作必须完成，所有这些活动的花费都是实验成本。

2. 保密的问题

现场的实验或市场测试暴露了在真实市场中要进行的某个营销计划或营销计划的某个关键部分，竞争者将会在大规模的市场推广之前率先推出对策，策略也就失去了效果。如调价测试会使竞争者有机会决定是否做出反应，结果也就使营销策略失去了出其不意的效果。

3. 实施的问题

实验法在实施过程中可能会遇到许多障碍导致实验无法顺利完成，主要有以下几方面的问题：

（1）变量控制问题。实际操作中，由于营销与广告中的很多因素都是相互关联的，很难通过实验的方法控制其中的某些因素去了解另外一些因素之间的关系。

（2）企业内部的合作问题。例如，一个地区的市场经理可能不愿在他的市场区域范围内进行调高价格的市场测试，因为调高价格有可能降低这个地区的销售量。

（3）干扰问题。如在某地做促销测试，来自测试地区以外的购买者可能因为看到电视广告，而到测试地区购买产品，这些购买者会扭曲实验结果。

（4）测试市场和总体市场之间的差异。因为各地市场环境的不同，在某地的测试可能不适用于其他市场。

此外，某些实验还可能对受试者在生理和心理上造成伤害，存在一定的道德风险。

# 案例：赠品和鉴定书能提升购买意愿吗？[①]

在台湾政治大学郭贞教授主持的一项关于电视购物销售策略效果的研究中，采用实验法对两岸四城市（台北、北京、上海、哈尔滨）的消费者针对赠品和鉴定书这两项电视购物节目中常用的销售策略进行测试，试图比较两岸城市居民对于电视购物不同销售策略的反应。实验数据结果显示：提供赠品对上海市民众有吸引力，销售珠宝时附上鉴定书则对于两岸的民众都有提升商品好感度与购买意愿的功效。作为案例，这里概述这项研究的实验操作方法。

## 自变量的设定

在检视过众多电视购物影片之后，研究者选择两种经常在电视购物节目中出现的品类——家电（蔬果调理机）和珠宝（翡翠项链）作为实验标的。同时，在考量品类的特性之后，选择"赠品"与"商品鉴定书"为实验操弄的自变量。

## 制作实验材料

研究者先挑出两支实际播出的节目影片，然后根据实验变量操弄的设计需求，进行后期制作剪辑。最后将家电商品影片剪辑成两个大约七分钟的版本：（1）有酸奶机赠品（实验组），和（2）无赠品（对照组）；同时也将翡翠项链影片剪辑成两支大约八分钟的版本：（1）有国家级鉴定书（实验组），和（2）无鉴定书（对照组）。这四支影片两两搭配，分成以下四组：

（1）家电有赠品+珠宝有鉴定书，（2）家电有赠品+珠宝无鉴定书，

（3）家电无赠品+珠宝有鉴定书，（4）家电无赠品+珠宝无鉴定书。

## 实验操弄前测

正式实验施测之前，研究者先进行操弄检测（Manipulation Check）。共有40人分为四组参与前测，每组受试者观看两支影片，家电用品和珠宝各一，然后在问卷中勾选他们在影片中看到的各种销售手法，并且选出印象最深刻者。进行前测的目的是检视操弄变项—"赠品"

---

① 郭贞：《赠品和鉴定书能提升购买意愿吗？比较两岸四城市电视购物节目销售策略之功效》，The 17th International Conference of Advertising and Public Relations 会议论文，http：//nccur. lib. nccu. edu. tw/handle/140. 119/38212.

和"鉴定书"是否让受测者看到而且留下印象。从前测结果认定，实验影片中所操弄变量，都已达到显著的可辨识度。

### 中介变量

研究者在建构研究架构时，也同时纳入先前在两岸三个都会城市（台北、北京、上海）所做的小组访谈会获得的结果。当时三地受访者共同指出会吸引他们电视购物的原因包括了：购物的便利性与产品展示手法。另外，价格优惠及赠品也是三地受访者都提到的重要影响因素。三个城市的受访者普遍认为，节目中产品的功能解说及效果示范，是吸引购买的主要因素。同时，在购买冲动方面，三个城市的受访者则多表示曾经有过这样的经验。根据以上结果，研究者除了上述的操弄变项之外，也纳入消费者个人差异，以及他们对于影片中各种内容的评量作为中介变量。

### 因变量

本研究的因变量有三个，分别是影片态度、商品态度和购买意愿，它们均为单选题。

### 实验受测者招募

筛选实验受测者的必要条件为：他本人必须在过去一年中有过至少一次电视购物的交易。同时，为了增加受测者的多元性，在招募过程依照性别和年龄层做比例分配，每组尽量依照男女三七或四六比，年龄层以 35 岁为分割点，35 岁以下占六成或七成。年龄最小者必须满 18 岁，以就读大学一年级学生为下限。

### 实验执行

每个城市分别进行实验，受测者先齐聚一堂填写第一份问卷，题项中有个人基本资料以及个人的消费倾向、习性以及电视购物的经验等。然后，受测者依序观看两支大约七、八分钟长的电视购物影片，影片中贩卖的商品是蔬果调理机（家电商品）和翡翠项链（珠宝饰品）。受测者先观看第一支家电产品影片，看完后立即填写第二份问卷。其中题项是针对影片内容，例如，对各种销售手法，主持人表现等做评量，以及他们对于影片、商品的态度和购买意愿，还有想购买的原因。填完此问卷后，研究者再播放第二支珠宝影片给受测者，看过之后再请他们填写第三份针对该影片内容所设计的问卷。研究者在受测者观赏过影片之后才发问卷，受测者无法预先知道问卷内容，因此不会对在他们观赏影片时，产生关注焦点的引导。

**思考题**

1. 自己查阅一篇实验法的论文，思考其中所研究的问题可否用其他调研方法解决，能够解决到什么程度？

2. 思考一下，针对广告作品的测试或评价，实验法、调查法、访谈法分别能够做什么？

3. 将上题中关于实验法的思考写成调研提纲，并进一步思考在执行环节会有什么困难？

# 第九章　综合应用案例

## 学习要求

　　通过案例学习，了解广告调查的应用范畴，理解不同调查方法的适用范围。体会如何在消费者研究、媒体研究和广告效果研究中综合应用各种调查方法。

## 关键词

　　*消费者洞察、电视收视率、内容分析*

　　前面几章讲解了几种基本的、常用的调查方法，本章通过几个应用案例说明前述调查方法如何综合应用于广告与营销活动的不同领域。案例 1 通过概述益普索集团公司的研究领域，说明一个综合性的研究公司所能够涉及的广告与营销等相关领域的业务内容。由案例可见，广告调查所涉及或涵盖的内容相当广泛。案例 2 通过描述博报堂聚焦于中国消费者在新媒体环境下信息传播特点的消费者洞察，展示综合运用多种调查方法获得研究结论的过程，启发读者根据研究问题的实际需要，创造性地运用各种调查方法。案例 3 叙述广告调查在媒体研究领域重要应用之一的电视收视率的调查方法，在介绍这一重要媒体指标获取方法的同时意在展示和说明人员和仪器两种不同数据获取方法的适用性。案例 4 呈现的是用多种调查方法进行广告内容的研究，并简单介绍了内容分析的方法，对读者研习更多的调查方法作出提示。

## 案例 1：调查方法与研究领域的多元化[①]

　　前面章节中讲述了几种基础性的调查方法，在实际应用中这些方法

――――――――――

　　① 根据益普索官方网站资料整理，http：//www.ipsos.com/.

在操作手法和应用范畴上都会有一定的拓展。仅从益普索集团的研究范畴和研究方法即可感知广告调查方法的多样性和研究领域的丰富程度，而实际的应用范畴远不止于此。

益普索集团成立于1975年，总部在巴黎，是全球最大的调研集团之一。2000年通过收购中国本土公司进入中国市场。其主要业务范畴包括：

1. 益普索数字研究（Ipsos Digital）

其中包含社群空间（Ipsos Social Space）、社群聆听（Ipsos Social Listening）和移动调研（Mobile Research），采用多样化的方法进行线上和移动的调研。

以社群聆听为例，益普索 Social Listening 工具通过各种在线会话交流持续捕获与客户有关的内容，包括：

◇ 社交分享—分享

◇ 影响行动—建议

◇ 紧急警戒—警示

◇ 反应性核查—告诫/缓解风险

益普索 Social Listening 利用益普索专有的先进技术和分析专长，为客户提供全方位的洞察和可行性方案，其产品内容包括：

◇ 品牌或者问题概要——人们如何评价客户的品牌或问题的初步概要，适用于前测（Pre–survey）调查以及问题的发展；

◇ 市场审计——涵盖多个品牌或问题的深入报告，全方位"聆听"包括竞争对手对比信息、品类综合信息和可实施的建议；

◇ 持续追踪——定期监测潜在的危机和竞争动向并且挖掘意想不到的惊喜；

◇ 全面服务——集 Social Listening 可视化监控面板和集实时获取数据功能于一身的持续报告；

◇ 社区整合——在客户自己的社区，捕捉会话。量化讨论话题，追踪一段时间里的会话数量，并辨别新的主题。

益普索 Social Listening 是一个快速、即时、无需提示的系统，可供客户了解自己的用户。益普索独具特色的 Social Listening 包括：

● 收集信息。可几乎实时获取在线会话，甄别趋势，在潜在问题形成危机之前加以检测，揭开关键问题的细节，并交付一项需求评估。

● 推动创新。揭示新的创意，允许人们通过建议/投诉联合创造，为提高过程/产品的效率提供建议。

● 获得影响力。推动用户对创意的所有权，从而提升用户的忠诚度和拥护度。

● 研究背景和专长。Social Listening 团队的专家们拥有无与伦比的在线技术。

● 全球化的解决方案。可执行超过 20 种语言，在 60 多个国家设有办事处。

● 完整的社交媒介实践。覆盖 Social Listening、Social Spaces、移动调研等，有效整合数据，并加以全盘化的审核/分析。

**2. 品牌与广告研究（Ipsos ASL）**

产品和解决方案包括：创意研发（Creative Development）、广告前测（Ad – Pre Testing）、市场评估（In – Market Assessment）、市场营销品牌价值（Marketing Brand Equity）、整体传播评价（Holistic Communication Evaluation）、情绪测量（Emotional Measurement）。

**3. 营销研究**

益普索营销研究通过四大领域提供全球化的解决方案：

● Market Understanding and Measurement——营销咨询（Ipsos Marketing）：了解消费者、市场和品牌，推动业务增长。

● Innovation and Forcasting——创新和预测（Ipsos InnoQuest）：助力客户实现其最大化创新行动的投资回报，并构建盈利的业务。

● Healthcare——医药保健（Ipsos Healthcare）：了解制药公司利益相关者的体验、动机、相互作用和影响。

● Qualitative——定性研究（Ipsos UU）：了解世界各地的人们，并生动展现研究成果。

**4. 媒介研究**

当人们通过众多平台参与、观看、聆听、阅读、搜索和创建内容时，媒体内容和技术会产生前所未有的影响、冲击和选择机会。益普索媒介研究（Ipsos MediaCT）致力于帮助客户同数字时代建立联系，帮助客户测量并探寻消费者如何进入各种数字平台及使用媒体内容。益普索媒介研究在以下领域的专长帮助客户取得突破，并且建立同受众和市场之间的联系。

● 测量和分析目标受众；

● 将分析结果用于媒体规划和"大数据"能力；

● 内容测试；

- 品牌权益和参与度；
- 了解市场；
- 测试新概念和创新。

益普索媒介研究不仅提供基于调查的研究服务，亦采用一系列其他特有的数据采集技术，包括数字和被动测量、网络监听、社区和神经科学技术等。

**5. 公共事务研究**

全球声誉中心和益普索社会研究所涉及广泛的公共事务研究。

**6. 满意度和忠诚度研究**

满意度和忠诚度的研究所涉及的研究方法包括：面访（F2F）、电脑辅助电话访问（CATI）、焦点小组（FDG）、深度访谈（In-depth）、在线访问（Online）、移动调查（Mobile）、即时交互应答（IVR）、社群空间（Social Space）、社群聆听（Social Listening）。

这里尽管只选取了一家全球性调研公司的业务范围和研究方法作为例子，但其他大型调研公司的情况基本类似，在研究方法和研究业务范围上都反映了一种多元化的趋势。具体到研究方法，可以看到，线上和线下的调查都有广泛的应用。而在每个研究领域，调研方法都不是单一的，多种方法的综合应用成为一种趋势，并催生新的研究方法和研究思路：定性调查方法中，访谈法常常和投射法结合在一起来使用；传统的观察法由于网络研究的需要，派生出网络观察的方法；实验法借助网络或移动网络也可以远程实施。

## ● 资料链接：投射法 ●

投射法（Projective Techniques）来源于临床心理学，它是采用一种无结构的、非直接的方式，使受访者将感情"投射"到无限制的情境中，从而探究受访者隐藏在表面反应之下的真实心理，以获知其真实的情感、意图和动机。

投射法的基本原理来自于对人们经常难以或者不能说出自己内心深处的感觉的认识，或者说，人们受到心理防御机制的影响而感觉不到的某些感情。在调查中，调研人员会对受试者给出一种无限制的并且模糊的情景，要求他做出反应。由于这种情景很模糊，也没有什么真实的意义，受试者必须根据自己的偏好做出回答，于是在理论上受试者就将他的情感"投射"到了无规定的刺激上。因为受试者不是在直接谈论自己，所以就绕过了防御机制。虽然受试者谈论的是其他的事情或者其他的人，透露的却是自己的内在感情。投射法收集的资料比一般提问方法所收集的更为丰富，而且可能更有揭示性。下面是几种常用的方法：

1. 语句联想法（Word Association Tests）

语句联想法是动机调查法中较传统且较容易实施的方法，同时也是非常实用和有效的投射方法。调查人员一般使用语句联想法测定商标、品牌、产品和标语等的知名度、印象强度等。语句联想法又可以分为自由联想法和限制联想法两种。例如，"请列举出您所喜爱的饮料名称"，属于自由联想法，受测对象可以不受任何限制任意回答；又如"请举出下列几种饮料中，您最喜爱的品牌"，显然受测试对象被局限在某些范围之内做出选择，这就属于限制联想法。

2. 完成技法（Sentence And Story Completion）

完成技法也称句子与故事完型法，它和语句联想法同属于联想法中的一种，在市场调查中很多时候可以和语句联想法共同使用。两者的区别在于，完成技法偏向于探测受访者的生活空间和行动范围；而语句联想法则着重于测试受访者感情、态度的倾向及注意的范围或对象等。

在测试中，受访者通常会拿到一组残缺的句子或一段不完整的故事，然后按照自己的意思将其补充完整。其中回答的范围有的受到限制，即限制完成法；有的不受限制，即自由完成法。

3. 漫画测试法（Cartoon Tests）

漫画测试法又称绘画激发法（Picture Response Technique），或称略画法（Picture Illustration Test）。该方法是使用与连环漫画册相似的漫画图像和连环画，创造出高度的投射机制。例如，请受访者画出他所认为的理想生活的不同场景，研究人员可以据此分析其生活态度乃至价值观。

4. 照片归类法（Photo Sort）

照片归类法是由美国最大的广告代理公司——环球 BBDO 公司（BBDO Worldwide）开发出来的一种已经注册成商标的技术。在测试中，受试者通过研究人员特殊安排的一组照片来表述他们对品牌的感受。

另一种照片归类法——理想图形化技术（Picture Aspirations Technique）是由格雷广告公司（Grey Advertising）开发的，该公司也是美国著名的一家大型广告代理公司。这种技术旨在发现一种产品符合消费者期望的程度。消费者根据照片描述出自己对产品期望的程度，将一组照片进行分类。

**5. 叙述故事法（Narrative）**

叙述故事法就是让消费者讲述他们自己的经历，调研人员从中洞察一些微妙的消费者行为。哈佛商学院杰拉尔德·扎尔特门为此创造了一个暗喻测试室。暗喻是用一种事物来描述另一种事物，人们用暗喻来表达心照不宣的、暗含的和不可言传的想法。

通常调研人员会先让消费者花几周的时间考虑如何形象地描述他们对某一个公司或某一品牌的感受，要求他们从杂志上剪下任何能反映这种感受的图片；然后消费者聚集到特定的测试室中，用几个小时的时间以故事的形式讲述他们所选择的图片以及图片间的相互关系。

**6. 消费者绘图法（Consumer Drawings）**

消费者绘图法是让受测试者画出他们对某一特定事物的感受或印象，有时消费者画的图形可以揭示消费者的动机，表达消费者的理解。

## 案例2：消费者洞察——中国信息传播的新兴群体

消费者行为研究历来是广告调查应用的重镇，无论是广告主还是广告公司，抑或是媒体及研究机构都是相关领域的研究主体，研究内容更是丰富多样，研究成果层出不穷。这里列举的是广告公司与研究机构合作，采用多种研究方法完成的针对中国消费者信息传播特点的研究成果。

**1. 调查背景及研究思路**

网络、智能手机的普及，微博、微信、Twitter、Line、Facebook等诸多社交媒体诞生，自媒体时代随之来临。作为一种全球趋势，日新月异的信息传播环境似乎席卷了世界上所有的国家和地区。但实际上，就信息的扩散方式而言，每个国家应当拥有各自不同的特点。那么，中国信息传播的特征是什么，为什么会有这样的特征，这一特征的影响又体现在哪些方面？为了解答这一系列问题，博报堂生活综研（上海）携手中国传媒大学广告学院开展了"生活者'动'察2014——中国信息传播的新兴群体"这一研究项目。该研究采用定量与定性研究相结合的方法，调查范围覆盖面广，在国内，除北上广三地以外，还选取了几个有代表性的二、三线城市作对比，在国外则涉及东京、大阪、纽约、洛杉矶。总样本量近万人。

研究结果表明，与日本、美国不同，中国的消费者更愿意积极地分享和传递新产品与新服务的相关信息，研究将这群新信息的传播者命名为"信蜂"（InfoBee）。该研究调查执行分为三个层面，首先，通过定量调查和街头定点访问的方法分别考察中日美三国在信息传播模式上的差异，并提出"信蜂"概念；其次，利用家庭访问调查的方式探知"信蜂"的行为与欲求；第三，利用微信网络聊天的方式实施MROC调查，了解"信蜂"带来的社会影响。在此基础上，为了让企业能够合理地应对"信蜂"所催生的社会现象与变化，该研究为企业提出了市场营销方面的相关建议。上述三个层面的调查过程分述如下。

2. 调查执行与分析过程

（1）中日美三国信息传播调查：定量调查与街头定点访问

调查采用定量调查和街头定点访问的方法，调查地点及样本量等调查情况见表9-1。此阶段调查的目的在于了解中日美三国消费者信息传播的模式。调查内容围绕信息接收和发送的途径以及频率、信息收发的意识等。由于有明确的受访者人口统计信息，在分析受访者资料时可以探寻不同人群所持态度形成差异的成因，以及描绘中国特有的信息传播群体特征。

表9-1　中日美三国信息传播调查情况

| 调查城市 | 日本：东京、大阪 |
| --- | --- |
| | 美国：纽约、洛杉矶 |
| | 中国：北京、上海、广州 |
| 调查时间 | 第一次：2013年12月；第二次：2014年4月 |
| 样 本 量 | 第一次：日本、美国各1400人 |
| | 第二次：日本、美国各840人 |
| | 中国1260人 |
| 调查对象 | 15～49岁的男性和女性 |
| | 平均每周上网4次 |
| 调查方法 | 日本、美国：定量调查（网络调查） |
| | 中国：街头定点访问 |
| 调查机构 | 上海诚越市场研究有限公司（Consumer Insight Research） |

关于信息接受和发送途径的调查结果显示，在中国，人们多从"朋友"那里接受信息并向外扩散。传播对象多限定在自己的朋友范围

内，传播途径也多集中于微信或 QQ，而不是开放式的、面向大众的网络媒体。也就是说，"来自朋友回归朋友"，正是中国信息传播所独有的一大特征。相比之下，在日本和美国，人们更多地是通过以电视为主的大众媒体，或者谁都可以接触到的网络媒体来获取新产品或新服务的相关信息，并通过 Line 或 Facebook 等面向大众的、不限定传播对象的途径大范围地向外界扩散。

调查中关于信息发送和接收频率的结果显示，"每周 2 次以上接收并发送相关信息"的人，也就是所谓的"高频率收发者"，在中国占到了整体受访者的 55% 左右。而同一数据在美国只有 44%，日本则更低，只有 10% 左右。另一方面，日本"低频率发送以及低频率接收"的人却占到了整体的约六成之多。可见，信息技术的发达，并不一定能代表信息传播的发达。至少，在信息技术相对发达的日本，生活者之间相互收发新产品或新服务信息的活跃程度其实并不高。结合受访者的人口统计信息来看，占整体 55% 左右的中国"高频率收发者"在性别、年龄和家庭月收入三个属性上分别呈均匀分布状态。也就是说，他们遍布在社会的各阶层各角落，从这个意义上来讲，"高频率收发者"不同于以往的"早期使用者"或"意见领袖"等特殊人群，而是更接近于"日常生活者的主流人群"这一概念。

结合上述调查结果，该研究指出，在中国，消费者更倾向于"朋友"这个途径收发信息的原因是由于"圈子"意识在起作用。由于网络的普及以及智能手机等信息传播工具的进化，消费者所接触的信息量剧增。"圈子"这种可信赖的、可相互依靠的团体起到了"信息过滤网"的作用。其中以共同兴趣或生活环境为契机建立起来的多样化浅交型"轻圈子"可以帮助消费者在信息收发的过程中实现圈子内利益共享这一目标。在这一过程中，"圈子"发挥着犹如生活者"巢穴"一样的功能，众多的信息传播者则好比辛勤采蜜忙于筑巢的蜜蜂，为了充实"巢穴"内的生活，而不断地从外部"采集"回有价值的信息。如果将信息比作"花蜜"，将圈子比作"蜂巢"的话，那些为数众多的"高频率收发者"就如同蜜蜂一样。该研究将这类中国特有的信息传播者定义为"信蜂"（InfoBee）。

（2）"信蜂"的行为与欲求调查：家庭访问调查

为了探知"信蜂"的具体行为以及背后的欲求，该研究利用家庭访问的方法调查了包括一到三线城市7地28名"信蜂"，访谈执行情况见表9-2。

表9-2　信息传播者家庭访问执行情况

| | |
|---|---|
| 调 查 城 市 | 北京、上海、广州、石家庄、张家口、合肥、芜湖 |
| 调 查 时 间 | 2013年12月下旬——2014年1月初 |
| 样 本 量 | 28人（4人*7城） |
| 调 查 对 象 | 无孩子男性和女性（25岁左右）、有孩子男性和女性（30岁左右） |
| | 家庭月收入5 000～19 999元 |
| 调 查 方 法 | 家庭访问调查 |
| 调 查 机 构 | 上海诚越市场研究有限公司（Consumer Insight Research） |

　　通过将访谈获取的信息以及研究人员在日常生活中的所见所想进行综合分析，"信蜂"的具体行为可用三个关键字概括，即"相濡以沫""秀外慧中"和"各领风骚"。这三个关键词都是用来表示个人和"圈子"之间关系的词语。"相濡以沫"意味着想通过和朋友体验同一事物，或拥有共同的话题，来增进彼此之间的关系；"秀外慧中"表示人们为获取"圈子"内朋友的感谢和信赖，向"圈子"提供有价值的信息；"各领风骚"则是通过自己率先体验和分享，为"圈子"带来更为精彩的生活方式。

　　以"秀外慧中"为例，访谈中一位位于北京20多岁的女性受访者表示非常习惯于跟朋友分享新信息，如新的蛋糕店开张信息、便宜的海外旅行套餐信息、杂志上看到的电子产品发售信息等等。即便是自己不感兴趣的信息，只要觉得周围朋友有可能会感兴趣的话，就会积极地去投稿分享。这位受访者还表示，如果能将上述信息比其他人更快地分享到圈子里的话，自己就能成为朋友心目中靠谱的人。研究者通过对访谈内容的综合分析，将这种"为获取圈子内朋友的感谢和信赖，向圈子提供有价值的信息"的想法概括为"秀外慧中"。

　　在对"信蜂"的行为进行概括的基础上，该研究认为，"信蜂"的三种行为主要生发于以下两大社会背景：一是由于城市间人口移动的增加以及通讯工具的日渐发达，人际关系日趋淡薄，由此人们对于"圈子归属感"的追求日趋强烈；二是在物质生活选择面扩大以及信息量的激增的双重影响下，人们追求各种不同生活体验的心理需求日趋强烈，由此产生筛选可信信息的需求，对"圈子信息"的依赖度也日益增加。在这两大背景之下，人们开始对自己能否在社会中站稳脚跟感到不安，从而产生了希望借"圈子"之力来确保自我存在感的欲求，这也正是"信蜂"的深层心理欲求。

（3）"信蜂"带来的社会现象：聊天型 MROC 调查（Marketing Research Online Community）

在这一调查阶段，研究者要求受访者就"新产品或新服务的相关话题"这一主题，在微信上开展自由发言讨论，为期两周。这种调查方法利用微信等交流工具，营造出人们容易接受的会话环境，从而听取其心声，调查详情见表 9-3。

表 9-3 "信蜂"带来的社会现象的调查情况

| 调 查 城 市 | 北京、上海、广州 |
| --- | --- |
| 调 查 时 间 | 2013 年 12 月——2014 年 1 月 |
| 样 本 量 | 96 人（8 人 * 4 组 * 3 城） |
| 调 查 对 象 | 无孩子男性和女性（25 岁左右）、有孩子男性和女性（30 岁左右） |
| | 家庭月收入 5 000 ~ 19 999 元 |
| | 每周 3 次以上在微信上投稿 |
| 调 查 方 法 | 利用微信的网络聊天方式实施 MROC 调查 |
| 调 查 机 构 | 上海诚越市场研究有限公司（Consumer Insight Research） |

调查结果显示，期间有数个完全相同的话题出现在毫无关联的几个不同城市的被访对象小组内，如 4G 话题于北京无孩子男性组、北京无孩子女性组、上海有孩子男性组和广州有孩子男性组中出现，日本动漫人物 K 的相关活动话题于北京无孩子女性组和有孩子女性组、上海无孩子女性组、广州无孩子男性组、广州无孩子女性组中相继出现。其中，12 月 22 日首发于微博的"马上有钱"一帖在数小时内便传遍上海、北京的各被访对象小组，成为一时的热门话题。该话题于 22 日在微博首发，同日的 17:42 于上海无孩子女性被访对象小组的群内成为话

题，之后于 22:00 在北京有孩子被访对象小组的微信群内热烈讨论。而到了 24 日 9:36，该话题又同样成为了广州被访对象小组内的热门话题。通过分析聊天式 MROC 调查中的发现，该研究认为"信蜂"的信息传播行为特点有三：一是信息的高速扩散；二是信息的大面积扩散；三是信息的同质化。此外，该研究还指出，"信蜂"乐于收集和传播的信息范围不仅止于自身兴趣所在，他们更倾向于收集和传播其所在圈子可能会关注的事物，换句话说就是有多人会共同关注的信息。

3. 研究结论

该研究通过定量、定性的调查方法，利用问卷及街头定点访问考察了当下消费者信息传播模式。利用定性家庭访问的形式探知了消费者日常信息行为及其背后的欲求，并结合微信网络聊天的方式实施 MROC 调查，就信息传播的构造进行综合性的解释和阐述。在调查的基础上，对这一背景下企业所运用的营销方式进行了探索。该研究指出，信息收发行为及其对象内容是因"国"而异的。在中国，信息的传播更多地是以朋友为媒介载体，信息的流通则表现为出自朋友，而后又去向朋友。究其原因，主要是因为中国拥有"圈子"这一独特的文化背景。社交媒体的到来，使得圈子内的交流更加灵活，并且出现了各种各样的浅文化圈子。这两者相互作用的结果就是消费者之间的信息交流变得异常频繁，信息量得到极大膨胀，"信蜂"应运而生。在"信蜂"行为的带动下，圈子内群体同步行为的发生机会大大增加，信息的筛选标准也由"是否对自己有利"渐渐转变为"是否对圈子有利"，有助于圈子活性化的信息类需求同时增长。根据上述研究结论，该研究为企业进行市场营销选择了两个切入点：一是促进群体同步行为的发生，二是提供有助于圈子活力的信息，如易于带动其他朋友参与协作的活动和容易诱发共享行为的机会。

### ● 资料链接：消费者行为研究的常规内容 ●

消费者行为研究的常规内容包括：消费者的实际消费状态，具体的项目如，谁是购买者、购买的动机、购买行为（购买的时间、地点等）、使用的状态等；消费者对商品的看法，具体项目如：消费者对商品的评价、消费者所认为的商品在市场中的地位等；品牌渗透的情况，具体项目如：消费者对品牌的认知、消费者心目中的品牌形象等；消费者的基本属性，如性别、年龄、文化水平、职业、家庭结构、收入等；消费者的生活方式。有关消费者行为的研究方法丰富多样，几乎所有的调查方法都可以应用于消费者行为研究，具体方法的选择视研究目的与内容而定。不论采用何种方法，对消费者行为的研究通常至少分为两个层面的内容，一是先对消费者进行分类，二是在分类的基础上，研究不同消费者的具体消费行为等方面的问题，如购买动机、商品的使用状态等。日本电通公司编写的《实践广告》① 中列举了有关消费者分类的标准，摘录如下（见表9-4）：

表9-4　有关消费者分类的标准

| | 客观上的特性 | 主观上的特性 |
|---|---|---|
| 消费者的背景性格 | ● 基本属性<br>　—性别、年龄、地域等<br>● 生活属性<br>　—职业、收入、消费水平等 | ● 个人特性 |
| 消费行为与意识 | ● 消费者的生命阶段<br>● 居住特性分类<br>● 与媒体的接触状况 | ● 生活方式的特性 |

## 案例3：电视收视率调查

收视率不仅是评价电视节目的标准，同时也是电视广告投放的主要参照指标。其调查方法包括传统的日记式调查方法，以及家庭和个人视听仪器调查的方法，电话调查也是可用的方法之一。

1. 日记式记录。最早的电视收视率数据的收集采用日记式的记录方法，被调查的家庭和个人记录在一周时间内看电视的状况，一周以后，有访员入户回收记录单，然后进行数据录入、整理和统计分析，按照月、季的方式提出收视率的报告。

随着电视节目播放时间的增长，企业和电视台经营者对收视率数据

---

① 《实践广告》是日本电通公司在为期五年的"中日广告教育交流项目"中，从1996年开始，为北京、上海6所大学所开设广告讲座时所使用的教材，教材由日本电通能力开发中心编写，1996年10月第一版。

的时效性要求迫切，日记式的方式也有很多改进：如数据的录入过程由原先的人工输入，改成使用扫描仪的方式；把消费者每天要记录的内容做成时间上间隔15分钟的固定登记卡片，受访者记录工作也变得简单了。

被调查的家庭，是由随机抽样法抽出的。调查员访问被调查家庭，首先记录该家庭所有成员的人口特征，包括家庭人口数，不同成员的性别、年龄、职业、收入等；然后请家庭主妇（或任何一人）逐日记录该家庭所有成员每日所看的节目。记录的内容如表9-5所示，一张问卷记录一个家庭成员一天的收看情况记录。日记式的调查方法既了解家庭收视率，也可以记录个人收视的数据。

表9-5　日记式调查问卷

| 时　　间 | 电视台-1 | 电视台-2 | 电视台-3 | 电视台-4 | ****电视台-N |
|---|---|---|---|---|---|
| 12:01－12:15 | | | | | |
| 12:16－12:31 | | | | | |
| 12:31－12:45 | | | | | |
| 12:46－13:00 | | | | | |
| M | | | | | |
| M | | | | | |
| M | | | | | |
| M | | | | | |
| M | | | | | |
| 11:45－12:00 | | | | | |

调查期间一般是一周，在调查期间，调查员须通过电话访问被调查家庭，督促其按时记录，调查期间届满，收回记录卡。对收回的记录卡，经过统计分析，算出百分比，这就是由日记式调查法所得的收视率。

但是日记式方法是回忆式的记录，整个调查非常依赖受访者的详细记录，即使是非常合作非常认真的受访者也可能出现记录不准确的情况，这就直接影响数据的正确性；而且日记式的方法是不可能全年实施的，客户只能得到一个月中一周的收视记录，这样的时效性广告客户是不会满意的。

2. 收视仪。最早利用收视仪（Meter）对电视收视率进行记录的是 AC Nielsen 公司。与日记式不同的是，收视仪的记录方式不需要受访者做很多事情，由机器对电视机的开关和频道的转换自动识别和记录，采用收视仪的调查方法将收视率的时间单位由原先日记式的 15 分钟，缩短到 1 分钟。并且，每天调查的数据可以在当天凌晨的时候，传输到计算机中心，研究人员稍加整理统计，在上午 9 点钟报告就可以放在客户的桌上了。使用固定样本的方式，利用收视仪可以在全年实施收视率的调查。

3. 个人电视收视率调查。随着电视机的普及，现在一个家庭通常拥有一台以上的电视机，最初的收视仪所记录的只是家庭的收视状况，如果电视机开着，但是却没有看，还是会记录收视的情况，这就和实际的电视节目的收看情况发生矛盾。因此用于个人电视收视率调查的收视仪（People Meter）开始得到应用。其与传统收视仪的区别是，在机器上安装了家庭里每个成员的代表装置，在父亲看电视的场合，父亲首先要按下属于自己的标志键，如果这个时候母亲也走到电视旁，那么母亲也需要按下自己的标志键，当然如果离开的话，也必须结束代表自己的标志键。个人收视仪记录的是每分钟家庭每个成员的收视数据，数据的传输和统计方法及报告的时间，并没有增加。尽管个人收视仪可以高效率地测量个人电视收视率，但是因为个人收视仪的成本很高，所以还不能完全替代传统的日记式调查方法。表 9-6 是利用收视仪的调查方式和日记式调查方式的比较。

表 9-6　收视仪调查与日记式调查的比较

| | 收视仪调查 | 日记式调查 |
|---|---|---|
| 优势 | 1. 可以得到每天的调查数据；<br>2. 前一天的数据第二天就可以得到报告；<br>3. 调查的数据整理和分析的过程简单；<br>4. 人为介入少，造成的误差也相应较少。 | 1. 调查费用低廉；<br>2. 样本数大，可以弥补一定的误差；<br>3. 不在家收看电视的情况也能测试。 |
| 局限 | 1. 调查费用高；<br>2. 样本数少；<br>3. 很难测试不在家看电视的状况。 | 1. 单纯依靠记忆，误差较大；<br>2. 只能得到调查期间的收视率数据；<br>3. 形成报告的周期长。 |

4. 电话调查法。关于新播出的电视广告或者节目，如果想了解其收视情况，也可以采用一次性的电话调查法收集数据。首先从电话簿中按随机抽样方法，选出所要调查的家庭，进行电话访问。

如调查晚间 8 点 30 分到 9 点之间 30 分钟的节目收视率时，要从 8 点半起调查员同时向各家庭打电话，问他们家中是否在看电视，如果在看的话，是什么节目。电话调查所问的问题，要特别简单，以免受访者厌烦而拒绝或敷衍答复。特别是电脑辅助的电话调查，在调查结束时，简单的统计报告就可以提供相关的数据结果。对于临时性的调查，这种方法经常被采用。

按照不同的数据来源、调查内容和统计方法的差异，收视率可以有不同的表述方式：

1. 家庭（户）收视率、个人收视率。表示某一节目有多少家庭（一家之中至少有一人看）在看，这是家庭收视率；有多少个人在看，则称之为个人收视率。假如拥有电视机的 100 个家庭中，如果有 38 个家庭看该节目时，那么家庭收视率为 38%；如果调查的 100 个人中有 38 个人看该节目时，那么个人收视率为 38%。

如果看电视的所有家庭全家都在看该节目时，那么家庭与个人这两种收视率几乎相同。但是现在家庭电视的多机状态，以及电视频道的日趋增多，对于同一节目家庭收视率和个人收视率，差异比较大，通常是个人收视率要低于家庭收视率。家庭收视率和个人收视率之间也有相当高的相关关系。如果家庭收视率高时则个人收视率亦高。因此，如果能知道任何一方的收视率，就能推测另一方的收视率。

2. 节目收视率、时间段收视率。按照节目或者时间段来计算收视率，分别叫做节目收视率和时间段收视率。调查的过程中，是以时间作为记录单位的，日记式的方法记录的是每 15 分钟收视率，仪器调查法记录的是每分钟的收视数据。按照时间的划分，如按每个小时或者每30 分钟等进行收视率的计算，就可以得到时间段收视率；如果按照某节目播放时间的收视率统计，就是节目收视率。

3. 平均收视率、最高收视率。这两种收视率是从不同角度来看节目收视率的。在节目播映期间收视率最高的数据，成为最高收视率；节目播放期间的收视率的平均值，即平均收视率。

4. 累积收视率、GRP（Gross Rating Points）。电视台节目通常是持

续播放的，有所谓累积的效果，连续播放同一节目，测量观众累积增加的收看情形，就是累积收视率。例如连续转播体育竞赛的节目，就可以计算其累积收视率。

GRP 用于计算广告投放的收视率的总和，将投放的广告在当时的收视率相加，得到的就是 GRP。

5. 总收视率、占有率（收视份额）。总收视率，是指同一区域内所有电视台在某一时刻收视率的总和。某台的占有率，又叫收视份额，是在某一时间段内某台的收视率占总收视率的比例。

## ● 资料链接：网络广告的评价指标 ●

1. 广告印象（Impression）。通常情况下用含有广告的页面的下载次数推测广告被看到的次数，并称其为"广告印象数"。

2. 广告点击（Click）。当浏览者对广告内容产生兴趣并希望了解更多内容的时候，他们就会点击广告进入相关链接。广告点击率（CTR, Click Through Rate）是用广告点击数除以广告印象数。广告点击率常常用来衡量横幅广告的效果，点击率越高，说明广告的效果越好。

3. 每千人印象成本（CPM, Cost Per Thousand Impression）。利用载有网络广告的网页被浏览次数的方式来衡量网络广告的效果。网页被浏览的次数越多，表明网络广告的效果越好。采取 CPM 指标，广告主能够确知每天有多少受众有机会看到自己的广告，但是无法确知他们是否真的注意了这些广告。

4. 每点击成本（CPC, Cost Per Click）。利用网络广告被点击并链接到相关网址或详细内容页面的次数来衡量网络广告的效果。对网站而言，利用 CPC 指标计费更能吸引广告主，更能体现网络区别于其他媒体的优势。但是 CPC 计费方式也伴随着一定的风险，例如网站不能从不产生"点击"的广告曝光中获得收益；网站获得的广告收益直接与点击率有关，而广告点击率的高低却受广告创意、目标人群特征等多方面因素的影响，这些因素又是网站无法控制的。形式新颖的广告和有选择地定向投放的广告往往可以带来较高的点击率。

5. 每回应成本（CPR, Cost Per Response）。利用网络访客的回应（可以是在线填表、发出电子邮件等）次数来衡量网络广告的效果。根据 CPR 指标衡量网络广告效果，充分利用了网络媒体相对于传统媒体所具有的媒体与受众双向互动的技术优势。这种方法比较适合具有促销性质的广告，对于网上的企业形象广告不太适合。

6. 每行动成本（CPA，Cost Per Action）。是以网络广告所引发的"行为"来评价网络广告的效果。这里，"行为"的具体含义多种多样，其计算既可能是按照搜集到的潜在客户名单的数量CPL（Cost Per Leads），也可能是按照实际销售的产品数量CPS（Cost Per Sales），还有可能按照由广告主的媒体网站约定的其他行为。如果采用CPA计价方式，媒体网站将要承担较大的风险，但若广告投放成功，其收益也比CPM计价方式要大得多。

## 案例4：电视购物节目内容与销售策略研究：两岸都会区之比较[①]

这一案例是选取了一篇关于电视购物节目内容研究的学术论文。之所以选用为案例是因其在下述方面具有的启发意义：一是，其研究内容或者说研究对象涉及电视节目内容，这既与以人为研究对象的调查有所区别，也不同于传统的以纸媒为研究对象的文本研究。而这类研究内容的需求在媒体形态多元化的趋势中是越来越多了。二是，研究中多种方法的综合应用值得借鉴，其中的小组访谈法和深度访谈法是常规的广告文案测试的重要辅助方法。所用到的内容分析方法在本教材中未作讲解，以案例形式引入，意在启发读者深入学习更多的研究方法，也想说明各种研究方法的相通之处。从案例中可见，内容分析在操作上与问卷调查法有很多共通之处，都需要进行抽样设计，内容分析的编码表类似于调查法的问卷。主要的不同之处在于研究对象的区别，内容分析面对媒体内容并记录研究内容于编码表，问卷调查询问受访者并于问卷记录答案。下面是研究论文涉及方法部分内容的摘录：

本研究以海峡两岸四个都会区——台北、北京、上海、广州——的电视购物市场为探讨主体，主要的研究问题有二：

1. 海峡两岸四个都会区之电视购物节目在销售手法、产品呈现、产品推荐与售后服务上有无差异？各种说服策略的结合方式为何？

---

① 郭贞、黄振家：《电视购物节目内容与销售策略研究：两岸都会区之比较》，广播与电视（第三十六期），2013年6月，1~36页。

2. 幅员广大的大陆三个都会区之电视购物节目，其产品销售手法和说服策略与台湾相比较，有哪些异同之处？

本研究结合质化与量化方法，两者并用来搜集资料。质化方法包括深度访谈与焦点团体讨论法[①]，量化方法则采用内容分析法。

## 一、深度访谈

研究者与两岸的电视购物经营业者以及资深媒体人做深度访谈，深入了解电视购物的各种经营模式、商品来源以及销售运作等层面。接受深度访谈的大陆媒体与专家分别是（1）橡果国际副总裁；（2）广告导报总编辑；（3）中央电视台购物节目制作人。

## 二、焦点团体讨论

在两岸具有代表性的城市进行消费者焦点团体讨论，以了解各地电视购物节目内容中，对于当地的消费者最有吸引力和最有效之销售策略和手法是什么。本研究分别在台湾与大陆进行数场焦点访谈。在台湾地区研究小组分别在台北市、台中市、高雄市各举办一场。在大陆地区，研究小组则选择两个都会区——上海市、北京市，与一个三级城市——山东潍坊市，各举办一场。

## 三、内容分析

内容分析的目的是针对电视购物频道与电视购物节目中，销售特定商品类所使用的各种广告销售手法和说服技巧，作整理与确认。执行方式是研究者在先选定两岸的地区——台北、北京、上海、广州后，再选定收录日期。然后委托大陆的市调公司收录当地的电视购物节目，作为内容分析的素材。

### （一）取样步骤

为了顾及取样的代表性与多样性，本研究决定分秋、冬两季进行二波段抽样。此研究案从 2007 年 7 月正式开始，由于行政程序和联系沟通的时间需要较长，第一波抽样选择九月的假日和非假日各一天，23 日（日）及 26 日（三）。台湾 7 个购物频道全录，大陆则选择收录上

---

① 即小组访谈法。

海、北京、广州三大都会区的电视购物节目。第二波抽样，是相隔 3 个月再抽样，本来应该在 12 月进行，但是为避开 12 月圣诞节档期（怕产品类别差异大或太过独特），因此选择 1 月的假日和非假日各 1 天，6日（日）及 8 日（二）。由于 1 月 8 日台湾 VIVA 购物台的资料出问题，补了 1 月 24 日（四）VIVA 一整天的节目。最后被纳入内容分析的购物节目如下：

1. 台湾电视购物台

东森 1、2、3、4、5 台；MOMO 富邦、VIVA 购物台。挑选 2007 年9 月及 2008 年 1 月二波电视购物节目内容做分析，最后纳入分析的电视购物节目有 723 个。

2. 大陆电视购物台

上海、广州、北京之电视购物节目，分别为广州购物、中视购物、BTV 购物电视、中国教育台、上海教育台、东方购物及橡国国际之七家电视购物节目。为了比对台湾二波电视购物节目内容分析，时间分别为 2007 年 9 月及 2008 年 1 月。最后纳入分析的电视购物节目有281 个。

（二）编码表的制定

内容分析编码表之制定十分重要，所包含之类目必须与研究目的紧密扣联。本研究采取浮现编码（Emerging Coding）建构编码类目，换言之，作者事前并无理论引导，而是在审视数据之后建立类目，最后的类目系统依据数据本身所显现出的主题。例如，研究者在看过电视购物频道节目后，再制定出现在影片中常见的销售策略之编码。由于本研究希望比较两岸的电视购物节目中所使用的各种广告销售手法和说服技巧之异同，因此在编码类目方面包含商品类型、商品展示与呈现、特卖形式、促销策略、产品推荐者类型、主持人销售手法等项目。编码表附录于论文后，摘录如下。

附录：内容分析编码表

影片编号＿＿＿＿ 编码员＿＿＿＿ 日期＿＿＿＿年＿＿＿月＿＿＿日 星期＿＿＿＿

产品名称＿＿＿＿＿＿＿＿ 时间＿＿＿＿ 时＿＿＿ 分至＿＿＿ 时＿＿＿分

主持人 □无 □有＿＿＿＿＿ 节目编号＿＿＿＿＿

城市 □台北 □北京 □上海 □广州

| 台别 | □东森1台 □东森2台 □东森3台 □东森4台 □东森5台 |
| --- | --- |
| | □VIVA 购物台 □MOMO 富邦购物台 |
| | □BTV □东方购物 □广州购物 □中视购物 □橡果国际 |

商品价格  □1 000 元以下　　　□1 001 ~ 3 000 元　　　□3 001 ~ 5 000 元
　　　　　□5 001 ~ 10 000 元　□10 001 ~ 20 000 元　□20 000 元
　　　　　□20 001 ~ 30 000 元　□30 001 ~ 50 000 元　□50 000 元以上

产品类别  □3C 数位　□健康美容　□珠宝精品　□家电　□流行服饰
　　　　　□美食　　□休闲旅游　□家具寝具　□厨具　□运动保健器材
　　　　　□开运摆饰　□其他_____

特卖形式  □无　　□限时抢购　□限量商品　□全台首卖　□独家商品
（可复选）□限本档次商品　　　□其他_____

促销形式  □价格折扣　□产品以外赠品　□强调价格低　□红利回馈
（可复选）□抽奖活动　□限期送达

产品呈现与展示　□现场示范产品特性/功能　□现场用比较式手法展示产品
（可复选）　　　□影片中示范产品特性/功能　□影片中用比较式手法展示产品
　　　　　　　　□书面呈现产品特性/功能　□书面资料用比较式展示产品
　　　　　　　　□模特儿展演产品使用情境　□模特儿走秀展示商品

| 产品资讯介绍 | 数　据　源 | | | | | | |
| --- | --- | --- | --- | --- | --- | --- | --- |
| 类目 | 无 | 有 | 主持人 | 厂商代表 | 来宾 | 画面出现 | 跑马灯 | 具体事证 |
| 解说产品特性及使用方式 | | | | | | | | |
| 品牌资讯（包含历史与轶事） | | | | | | | | |
| 产品认证信息 | | | | | | | | |
| 产品得奖证明 | | | | | | | | |
| 选材与产制过程 | | | | | | | | |
| 呈现市调/实验数据 | | | | | | | | |
| 售后服务 | | | | | | | | |
| 强调保固 | | | | | | | | |

产品推荐 □主持人代言/见证 □名人亲临现场推荐（包括代言人）
□引用名人使用相关资料 □专家推荐
□消费者见证 □引用媒体新闻报道（平面媒体新闻、电视新闻）
□播放资讯式广告 □其他_____

主持人销售手法 □引导消费者产生需求 □为消费者向厂商代表争取利益
□节目中凸呈主持人地位/能耐，建立消费者信任
□贬低其他竞争品牌
□现身说法或引用亲友经验 □人气炒作（凸显商品热卖）
□增加戏剧效果 □其他_____

| | 最高 | | | | | | 最低 |
|---|---|---|---|---|---|---|---|
| 主持人产品知识丰富程度 | 7 | 6 | 5 | 4 | 3 | 2 | 1 |
| 主持人介绍产品深入程度 | 7 | 6 | 5 | 4 | 3 | 2 | 1 |
| 主持人介绍产品生动程度 | 7 | 6 | 5 | 4 | 3 | 2 | 1 |
| 主持人增加节目娱乐性程度 | 7 | 6 | 5 | 4 | 3 | 2 | 1 |
| 主持人个人魅力评分 | 7 | 6 | 5 | 4 | 3 | 2 | 1 |
| 主持人亲和性评分 | 7 | 6 | 5 | 4 | 3 | 2 | 1 |
| 主持人整体印象总评分 | 7 | 6 | 5 | 4 | 3 | 2 | 1 |
| 节目整体呈现富有娱乐性 | 7 | 6 | 5 | 4 | 3 | 2 | 1 |
| 节目整体呈现具有资讯性 | 7 | 6 | 5 | 4 | 3 | 2 | 1 |
| 节目整体呈现具有销售力 | 7 | 6 | 5 | 4 | 3 | 2 | 1 |

最后，概述其研究结果如下：（1）电视购物即使在商店林立的都会区也有其利基点，因其提供在家购物的便利性。而且消费者因为能看到电视上详尽的产品解说，又有鉴赏期与保证售后不满意的退换机制，降低了购买认知风险，使得消费者敢于尝试。（2）价格优惠和赠品常是吸引消费者的主要因素。主持人的专业与热诚态度往往能发挥临门一脚的功效。（3）电视购物与网络购物之结合是必然的趋势，消费者经常从网络搜寻需要购买的品类，然后查询电视购物节目的内容，作为商品信息寻求的管道。（4）政府以及主管单位若能积极立法与执法，保护消费者的相关权益，将更有助于电视购物事业之发展。

所谓的文案测试（Copy Test），一般来讲指的是对各种形式的广告作品所做的各种测试的总称。具体来说文案测试就是将一则或数则广告作品，提供给被测试者（消费者代表等），观察其反应，或要求被测试者打分，测试的结果一般是以分值表示，然后按分值的高低进行相互比较，有时也会与标准值（某一特定的分值作为标准值，这个值一般由实验统计得到）比较，得出结论。从历史的演变来看，首先以报纸、杂志广告文案测试比较发达。后来随着电波媒体的发展，文案测试方法应用在电波媒体测定上，近年测定方法不断改进，并不断有新的方法出现。另外随着 IT 技术的发展，很多广告测试技术开始与计算机相结合，使数据的分析处理更加方便快捷。

按照不同的标准，可以划分出不同种类的广告文案测试方法。按调查是否使用仪器区分，可以分为非仪器测评法与仪器辅助测评法。按调查地点区分，可以分为实验室测试（Lab Test）和实地访问调查（Field Survey）。还可以按照广告文案发布的不同时期所做的测试，分为事前测试、事中测试和事后测试。

## 思考题

1. 案例 2 中的聊天型 MROC 调查类似于教材中所讲的哪种调查方法？可否自己设计一个选题，并尝试用一下聊天型 MROC 调查，看看能得到什么结论。

2. 案例 3 中讲述的是传统的收视率调查方法，用查阅二手资料的方法看看关于收视率有没有新的调查方法和指标。

3. 案例 4 的研究中分别使用了深度访谈法、小组访谈法和内容分析法，不同的方法在整体研究中的地位和作用如何？谈谈你的看法。

# 参考书目

1. ［美］小卡尔·迈克丹尼尔、［美］罗杰·盖兹：《当代市场调研》，范成秀等译，机械工业出版社 2000 年第 4 版。

2. ［美］拉里·珀西：《市场调研》，文岳译，机械工业出版社 2000 年版。

3. ［美］菲利普·科特勒：《市场营销导论》，华夏出版社 2001 年版。

4. ［美］托马斯·C·奥吉恩、［美］克里斯·T·艾伦、［美］理查德·J·塞梅尼克：《广告学》，程坪、张树庭译，机械工业出版社 2002 年第 2 版。

5. ［美］丹·E·舒尔茨等：《广告运动策略新论》（上、下），中国友谊出版社 1991 年版。

6. ［美］威廉·阿伦斯：《当代广告学》（第 8 版），丁俊杰译，华夏出版社 2005 年版。

7. ［美］L. G. 希夫曼、［美］L. L. 卡纽克：《消费者行为学》（第 7 版），俞文钊、肖余春等译，华东师范大学出版社 2002 年版。

8. ［美］珀维斯：《创意的竞赛》，张树庭、张宁译，中国财政经济出版社 2004 年版。

9. ［美］托马斯·C·奥吉思等：《广告学》，程坪、张树庭译，机械工业出版社，2002 年第二版。

10. ［美］马尔霍特拉：《市场营销研究：应用导向》（第三版），涂平译，电子工业出版社 2002 年版。

11. ［美］约翰·C·雷纳德：《传播研究方法导论》（第三版），中国人民大学出版社 2008 年版。

12. ［美］尼尔森、［美］佩尼斯：《用眼动追踪提升网站的可用性》，冉令华、张欣、刘太杰译，电子工业出版社 2011 年版。

13. ［澳］林恩·休谟：《人类学家在田野——参与观察中的案例分析》，上海译文出版社 2010 年版。

14. 樊志育：《市场调查》，上海人民出版社 1995 年版。

15. 谢邦昌：《市场调查实战手册》，广东经济出版社 2002 年版。

16. 樊志育：《广告效果研究》，中国友谊出版社 1995 年版。

17. 陈俊良：《广告媒体研究》，中国物价出版社 1997 年版。

18. 黄京华：《广告调查理论与实务》，中央广播电视大学出版社 2009 年版。

19. 黄京华、陈素白、谢俊：《广告调查与数据库应用》，中南大学出版社 2003 年版。

20. 黄升民、黄京华、王冰：《广告调查——广告战略的实证基础》（第 2 版），中国物价出版社 2002 年版。

21. 丁俊杰、康瑾：《现代广告通论》（第二版），中国传媒大学出版社 2007 年版。

22. 柯惠新、沈浩、黄京华：《调查研究中的统计分析法》，北京广播学院出版社 1992 年版。

23. 高志宏、徐智明：《广告文案写作》，中国物价出版社 2002 年第 2 版。

24. 黄合水：《市场调查概论》，东方出版中心 2001 年版。

25. 李小勤：《市场调查的理论与实践》，暨南大学出版社 1999 年版。

26. 孙忠群、张巍、张书芬等：《营销调研理论与实务》，工商出版社 2001 年版。

27. 屈云波：《数据库营销》，企业管理出版社 1999 年版。

28. 夏俊：《直复营销管理》，中国发展出版社 2001 年版。

# 高等教育出版社广告专业系列书目

## 一、"十五"国家级规划教材系列

| 书　　号 | 书　　名 | 作　　者 | 定价 | 出版年 | 重点项目 |
|---|---|---|---|---|---|
| 978-7-04-040727-3 | 广告学概论（第三版） | 陈培爱 | 32.00 | 2014 | "十五"国家级规划 |
| 978-7-04-038187-0 | 广告经营与管理（第二版） | 张金海　程　明 | 25.00 | 2013 | "十二五"国家级规划、"十五"国家级规划 |
| 978-7-04-032138-8 | 广告心理学（修订版） | 黄合水 | 29.80 | 2011 | "十二五"国家级规划、"十五"国家级规划 |
| 978-7-04-033298-8 | 广告文案写作（第二版） | 初广志 | 27.20 | 2011 | "十五"国家级规划 |
| 978-7-04-031260-7 | 世界广告经典案例——经典广告作品评析（第二版） | 胡晓芸等 | 29.60 | 2012 | "十五"国家级规划 |
| 978-7-04-036878-9 | 广告策划（第二版） | 纪华强　刘国华 | 30.00 | 2013 | "十五"国家级规划 |
| 978-7-04-036508-5 | 广告摄影与摄像（第二版） | 邵大浪　蒋斐然 | 25.90 | 2013 | "十五"国家级规划 |
| 978-7-04-020308-1 | 企业形象导入——优势整合时代 CI 计划 | 刘瑞武 | 24.50 | 2006 | "十五"国家级规划 |
| 978-7-04-020318-9 | 广播电视广告原理 | 姚　力 | 22.30 | 2006 | "十五"国家级规划 |
| 978-7-04-020317-0 | 广告设计与制作 | 李景斌 | 12.00 | 2006 | "十五"国家级规划 |
| 978-7-04-016109-5 | 现代市场研究 | 刘德寰 | 32.80 | 2005 | "十五"国家级规划 |
| 978-7-04-022543-3 | 中国广告史（修订版） | 赵　琛 | 29.80 | 2008 | "十五"国家级规划 |
| 978-7-04-017548-7 | 简明世界广告史 | 姚　曦　蒋亦冰 | 22.40 | 2006 | "十五"国家级规划 |
| 978-7-04-017575-4 | 创新思维学引论 | 卢明森 | 28.40 | 2005 | "十五"国家级规划 |

## 二、高等学校广告专业系列

| 书　　号 | 书　　名 | 作　　者 | 定价 | 出版年 | 重点项目 |
|---|---|---|---|---|---|
| 978-7-04-025748-9 | 中外广告史新编 | 陈培爱 | 31.00 | 2009 | "十二五"国家级规划 |
| 978-7-04-022544-0 | 广告创意学 | 金定海　郑　欢 | 36.00 | 2008 | "十二五"国家级规划 |
| 978-7-04-035617-5 | 广告效果 | 王晓华 | 29.00 | 2012 | "十二五"国家级规划 |

| 书　号 | 书　　名 | 作者 | 定价 | 出版年 | 重点项目 |
|---|---|---|---|---|---|
| 978-7-04-029007-3 | 网络广告 | 陈　刚 | 22.00 | 2010 | "十二五"国家级规划 |
| 978-7-04-033083-0 | 中国广告经典案例评析 | 金定海 吴冰冰 | 29.80 | 2012 | "十二五"国家级规划 |
| 978-7-04-026309-1 | 媒体策划与营销 | 黄升民等 | 25.00 | 2009 | "十一五"国家级规划 |
| 978-7-04-031032-0 | 品牌学 | 赵　琛 | 36.00 | 2011 | "十一五"国家级规划 |
| 978-7-04-028721-9 | 现代广告学教程 | 张金海 余晓莉 | 25.10 | 2010 | |
| 978-7-04-029329-6 | 广告策划 | 张　翔等 | 35.00 | 2010 | |
| 978-7-04-031634-6 | 广告策划与创意 | 丁邦清 | 36.00 | 2011 | |
| 978-7-04-026498-2 | 广告设计（配光盘） | 胡川妮 | 39.00 | 2009 | |
| 978-7-04-028636-6 | 影视广告 | 项建中等 | 28.00 | 2013 | |
| 978-7-04-028785-1 | 新媒体广告 | 舒咏平 | 25.10 | 2010 | |
| 978-7-04-026308-4 | 广告法规与管理 | 刘林清 | 29.90 | 2009 | |
| 978-7-04-035555-0 | 中国广告通史 | 杨海军 | 36.00 | 2012 | |
| 978-7-04-026307-7 | 品牌学概论 | 黄合水 | 32.00 | 2009 | |
| 978-7-04-039354-5 | 市场营销学 | 汪　涛 望海军 | 32.00 | 2014 | |
| 978-7-04-031785-5 | 广播电视广告（第二版） | 何建平 汪　洋 | 32.00 | 2014 | |
| 978-7-04-040690-0 | 整合营销传播概论 | 初广志 | 32.00 | 2014 | |
| | 现代广告文案写作 | 方蔚林 | | 2015 | |
| 978-7-04-042215-3 | 广告调查 | 黄京华 | | 2015 | |
| 978-7-04-013436-5 | 广告文案写作 | 胡晓芸 | 15.00 | 2003 | |

## 三、数字化配套资源

| 书　号 | 书　　名 | 作　　者 | 定价 | 出版年 |
|---|---|---|---|---|
| 978-7-89423-022-5 | 分类广告资源库（1—5） | 赵　琛 | 1000.00 | 2012 |
| 978-7-89423-066-9 | 网络广告课程智能备课系统 | 陈　刚 | 500.00 | 2012 |
| 978-7-89423-067-6 | 广告法规与管理课程智能备课系统 | 刘林清 | 500.00 | 2012 |
| 978-7-89423-493-3 | 广告创意学课程智能备课系统 | 金定海 郑　欢 | 500.00 | 2014 |
| 978-7-89423-492-6 | 品牌学概论课程智能备课系统 | 黄合水 | 500.00 | 2014 |
| 978-7-89423-569-5 | 中外广告史新编课程智能备课系统 | 陈培爱 | 500.00 | 2014 |
| | 现代广告学教程课程智能备课系统 | 张金海　余晓莉 | 500.00 | 2015 |
| | 广告策划课程智能备课系统 | 张　翔等 | 500.00 | 2015 |
| | 新媒体广告课程智能备课系统 | 舒咏平 | 500.00 | 2015 |

免费赠送赠授课教师课件，欢迎请加入教师服务 QQ 群 234985060（实名制）。